新文科·交大法学创新系列

法治社会讲义

程金华 著

中国教育出版传媒集团

高等教育出版社·北京

内容提要

本书结合当前中国法治建设与社会建设所面临的问题，融合法学和社会学的相关研究，以通俗语言阐释法治社会的理论逻辑。全书分为七讲：第一讲通过真实案例揭示国家治理的法治挑战；第二讲介绍"共同体"的内涵，说明理想治理所需要的"规范之网"；第三讲对理论界已有的法治社会内涵界定进行归类，并给出本书对法治社会的定义；第四讲通过对"坚持法治国家、法治政府、法治社会一体建设"的解读，说明法治社会的体系性任务及其在"规范之网"建构中的基础性地位；第五讲梳理中央和地方政府对法治社会建设规划的基本情况；第六讲结合案例讨论法治社会建设在全国各地的实践探索；第七讲从两个方面对法治社会建设之于"中国之治"的意义进行总结性讨论。

本书既可作为法学本科生和研究生的教材，也可作为相关法律实务工作者和理论研究者的参考书目。

图书在版编目（CIP）数据

法治社会讲义 / 程金华著. -- 北京：高等教育出版社，2025.8. -- ISBN 978-7-04-065500-1

Ⅰ. D920.0

中国国家版本馆 CIP 数据核字第 2025G5H066 号

Fazhi Shehui Jiangyi

| 策划编辑 | 袁阳阳 | 责任编辑 | 袁阳阳 | 封面设计 | 张志奇 | 版式设计 | 马　云 |
| 责任绘图 | 李沛蓉 | 责任校对 | 马鑫蕊 | 责任印制 | 赵　佳 | | |

出版发行	高等教育出版社	网　　址	http：//www.hep.edu.cn
社　　址	北京市西城区德外大街 4 号		http：//www.hep.com.cn
邮政编码	100120	网上订购	http：//www.hepmall.com.cn
印　　刷	辽宁虎驰科技传媒有限公司		http：//www.hepmall.com
开　　本	787mm×1092mm　1/16		http：//www.hepmall.cn
印　　张	10.5		
字　　数	210 千字	版　　次	2025 年 8 月第 1 版
购书热线	010-58581118	印　　次	2025 年 8 月第 1 次印刷
咨询电话	400-810-0598	定　　价	33.00 元

作者简介

　　程金华,美国耶鲁大学法律科学博士(JSD),现任上海交通大学图书馆馆长,凯原法学院特聘教授、博士生导师,上海交通大学中国法与社会研究院副院长、研究员,法律实证研究中心主任。兼任中国计算机学会计算法学分会执委、上海高校图工委秘书长、上海市法治研究会副会长、上海市法社会学研究会副会长等。

　　主要研究领域包括法律社会学和法律实证研究,涉及法律与发展、司法制度、律师职业、纠纷解决、中央与地方关系、元宇宙法治等议题。在《中国社会科学》《法学研究》《中国法学》《社会学研究》以及 The China Review 和 Hong Kong Law Journal 等中英文刊物发表 60 余篇学术论文;出版 States, Intergovernmental Relations, and Market Development (New York : Palgrave MacMillan, 2018)和《法律实证研究:古典的探索》(法律出版社 2022 年版)等中英文学术专著;联合主编《法律实证研究:入门读本》(法律出版社 2020 年版)和《法律实证研究:经典选读》(当代中国出版社 2024 年版)等学术读物;主持国家社科基金重点项目等 20 余项研究课题。

总序

上海交通大学法学教育有着悠久历史和优良传统。早在 1901 年，在上海交通大学前身南洋公学的创始人盛宣怀的邀请下，蔡元培主持南洋公学特班，开设宪法、国际公法、行政纲要等课程，培养中西贯通人才，引领近代新学大潮。从这里，走出了黄炎培、李叔同、邵力子等一大批杰出人士，在那个风云激荡的年代写下了浓墨重彩的一笔。时光荏苒，初心未变。2002 年，上海交通大学法学院成立。这是一所既古老又年轻的法学院。它从南洋公学走来，穿越一个多世纪，见证了中国近现代法学教育的沧桑变迁。这是交大精神的一次穿越，传承了爱国奋斗、追求卓越的交大基因，可谓一脉相承、如薪传火。它赓续的是求真务实、工文兼教、报效国家的文脉，传递的是知识之火、创新之火和法治之火。在上海交通大学法学院成立 20 周年之际，编写出版一套高质量的教材就具有更加特别的意义，既是"空山新雨后"的美好追求，也是"东风花柳逐时新"的一次大胆尝试。

这套教材无先例可循。尽管会有同名或者类似书名的教材，但本套教材的定位、编写范式等都自成一格。"新法学、新体验"，是本套教材的定位。在新时代、新文科背景下，面对新一轮科技和产业变革浪潮，教材编写也要因时而变，要给读者前所未有的体验和能量满满的收获。所以，无论是季卫东教授主编的《法社会学》、孔祥俊教授的《知识产权法导论》、王先林教授的《经济与法律》，还是程金华教授的《法治社会讲义》、徐冬根教授的《金融科技法》、李学尧等教授的《法律与认知科学》以及彭诚信教授的《民法原理新论》，在编写范式上既遵循教材编写一般规律，即通说性、科学性、体系性；又注重前瞻性、引领性与理论性，希冀为法学研究开辟新方向；同时，本套教材还注重教学适用性，通过案例和图表的引入使教材更接地气，从而有利于教师教学和学生自主探索。例如，《法社会学》在保证教材内容的广度和深度的前提下，为了增强教材的趣味性和实用性，在每章后设置若干贴士，介绍最有代表性的经典作家和研究范式；在每章统一配备导语、参考文献等内容,明确相应的基本概念和知识点,起到导学、助学作用。相信这些有益的探索能为中国法学教材的编写带来一股清新之风。

这套教材有三个突出特点。

一是新。选题新颖,学科交叉性强,知识更新全面。本套教材的作者都是活跃在教学与科研一线的知名学者。在内容上,既注重基本理论体系和方法的系统传授,也注重前沿知识的引领和跨学科知识的交叉融合;在形式上,既重视结构编排上的体系性、科学性,也注重创新性;在观点上,既博采中外学术观点,又能提出原创性的学术见解。一言以蔽之,这套教材在推陈出新上狠下功夫,希望能给读者带来耳目一新的感受。

二是实。强调实践性和应用性。对实践中经常遇到的法律问题,结合案例进行重点讲解,对热点和难点问题做启发式的专门讲解,引导和启发读者对当前新问题进行研究和思考,培养读者的问题意识和独立思考、解决问题的能力。例如,如何回应数字经济时代给法律学科带来的新挑战与新问题,《经济与法律》从问题提出、司法实例、学理思考等方面做了重点介绍,帮助读者用最短的时间掌握前沿知识和处理问题的方法。

三是专。具有较强专业性和理论深度。本套教材秉承服务课堂教学、满足教学需求的宗旨,通过简明而系统地介绍学科领域知识,使读者掌握基本概念、专业术语、法学原理、理论脉络、前沿动态等。同时,注重点面结合、由浅入深,使学生对本专业有一个系统的认知。在写作风格上,力戒天马行空、高深莫测,注重结合实际讲解抽象的法律原理,培养学生的法律思维。例如,《知识产权法导论》对本领域的理论和实践进行全局性描述,同时针对知识产权领域的经典问题、难点问题和前沿问题加大笔墨,力求给读者呈现出一个内容涵盖全面但对重点问题有深入解读的作品。该书的理论高度和思想层次由此得到升华。

上述三个特点是我们努力达到的目标。当然,本套教材肯定会有不少问题或不尽如人意之处,希望读者批评指正。我们将在以后的教材修订中不断吸收读者和社会各界的建议和意见,更好地达到培养一流法治人才的教书育人要求。

感谢高等教育出版社给本套教材提供宝贵的出版机会,特别要感谢姜洁女士所付出的辛勤努力!

新文科·交大法学创新系列

编委会

2022 年 9 月

前言

改革开放以来,法治在国家治理中的作用日益凸显。早在 1997 年,党的十五大就提出了"依法治国"基本方略。《中华人民共和国宪法》(以下简称《宪法》)第 5 条也规定,"中华人民共和国实行依法治国,建设社会主义法治国家"。近年来,中国共产党明确提出以"中国式现代化"全面推进中华民族伟大复兴,法治中国战略是其中一个重要的组成部分。① 在这一历史背景下,"法治社会"这四字术语也逐渐成为我们日常用语、政法话语和学术名词的一部分。

然而,虽然挂在大家的嘴边,但是在不同的语境中,"法治社会"有明显不一样的含义,社会各界也没有达成共识。例如,越来越多的中国人去欧洲自驾游,自由穿越陌生的城市,甚至居住在陌生人的家中。你问这些中国人:"到陌生的地方旅行,你不怕吗?"很多人会说:"不怕,因为'欧洲是法治社会'。"这是第一个语境。中国人所说的"法治社会",大多也是在这一语境中使用的。

又如,党的十八大以来,中央多次强调"坚持法治国家、法治政府、法治社会一体建设"②。2020 年 12 月,中共中央印发了《法治社会建设实施纲要(2020—2025 年)》,明确指出"法治社会是构筑法治国家的基础,法治社会建设是实现国家治理体系和治理能力现代化的重要组成部分"③。此后,各

---

① 党的二十届三中全会通过的《中共中央关于进一步全面深化改革 推进中国式现代化的决定》的第九部分"完善中国特色社会主义法治体系"用了 1300 余字对法治领域的改革工作作了部署。该决定明确指出"法治是中国式现代化的重要保障"。参见《中共中央关于进一步全面深化改革 推进中国式现代化的决定》,人民出版社 2024 年版,第 29—32 页。

② 党的二十大报告在第七部分"坚持全面依法治国,推进法治中国建设"中指出:"坚持依法治国、依法执政、依法行政共同推进,坚持法治国家、法治政府、法治社会一体建设,全面推进科学立法、严格执法、公正司法、全民守法,全面推进国家各方面工作法治化。"参见习近平:《高举中国特色社会主义伟大旗帜 为全面建设社会主义现代化国家而团结奋斗——在中国共产党第二十次全国代表大会上的讲话》(2022 年 10 月 16 日),人民出版社 2022 年版,第 40 页。

③ 《法治社会建设实施纲要(2020—2025 年)》,中国法制出版社 2020 年版,第 1 页。

地方政府也纷纷制定本区域的法治社会建设规划。这是第二个语境。我国政策文件和政策实施中的"法治社会",是在这一语境中使用的。

上述两个语境中的"法治社会"含义相关,但不完全一致。在第一个语境中,"法治社会"通常是对一个国家的政府治理方式和社会秩序的整体性描述,说的是政府和公民都守规矩、依法办事。此时,如果我们把"法治社会"换成"法治国家",表达也同样成立。这也是我们对一些国家或者地区的整体印象。也因此,我们乐意去讲法治的地方旅游消费。相反,如果一个地方动不动就出现车匪路霸,我们便认定这种地方是"强盗社会",还是躲得远远的为妙。①

而在第二个语境中,"法治国家""法治政府""法治社会"被放在并列的语句中。从逻辑上就可以推断,这三个概念是不一样的,"法治社会"一定和"法治国家"的内涵不一致。既然同时出现了"国家""政府""社会"三个概念,那么其中的"法治社会"一定更多从社会的维度去归纳某种法治状态,并更多强调公民的行动,而非政府的行为,因此,其内涵和外延也必定比第一个语境中的"法治社会"更窄。鉴于此,不妨称第一个语境中的法治社会为广义上的法治社会,称第二个语境中的法治社会为狭义上的法治社会。②

在当代中国,无论是学术研究还是治理实践,从广义上思考法治社会,通盘考虑公权力和私权利的配置与实施,既是法学界的一个重要学术传统,也是政治家的一个伟大历史使命。张文显早在1989年便在《中国社会科学》上以"中国步入法治社会的必由之路"为题撰写文章,开门见山提出:

> 法治社会的基本标志是:经济、政治和社会生活的基本方面均纳入到法律的轨道,接受法律的调控和治理,而法律是建筑在尊重人类的人格、尊严、自由、合理愿望、进取精神和财产权利的基础之上;法律具有至上的地位和最高的权威,国家中的一切权力均根源于法律,而且要依

---

① 类似地,我们之前经常讲中国是"熟人社会""老乡社会""人情社会""关系社会"或者"政策社会",而不是"法治社会",也是对政府治理方式和社会秩序的整体性描述。参见陈刚:《法治社会与人情社会》,载《社会科学》2002年第11期;吴志攀:《"老乡社会"与法治社会》,载《法学杂志》2004年第4期;王洁:《从"人情社会"到"法治社会"》,载《人民论坛》2015年第32期;蔡定剑、刘丹:《从政策社会到法治社会——兼论政策对法制建设的消极影响》,载《中外法学》1999年第2期。

② 国务院研究室原主任、时任北京师范大学中国社会管理研究院/社会学院院长魏礼群在2015年召开的第五届中国社会治理论坛的主旨演讲中提到,关于法治社会的内涵,主要有三种看法。第一种是广义的法治社会,指立法机关科学立法,行政机关依法行政,司法机关公正司法,执政党依法执政,公民和社会组织、团体在宪法和法律范围内活动。第二种是中义的法治社会,认为法治国家和法治社会既相对独立又密切联系,两者之间属于"一体两面"的关系。第三种是狭义的法治社会,更多强调的是公民、社会组织和社会团体等社会主体行为的法治化。参见魏礼群:《全面推进法治社会建设》,载《社会治理》2015年第2期。

法行使;公民在法律面前一律平等,不因性别、种族、肤色、语言和信仰及其他情况而在权利和义务上有差别;凡是法律没有禁止的,都是准许的,每个人只要其行为不侵犯别人的自由,不超越法定的界限,就有权按照自己的意志活动;公民的人身和财产权利非经正当的法律程序和充足理由不受剥夺,一切非法的侵害(不管是来自个人或国家)都能得到公正、合理、及时的补偿。①

可以看出,该文的"法治社会"基本上等同于"法治国家"或者"法治"本身。② 长期以来,有不少论著以这样的方式讨论法治社会。从国家治理的角度看,在广义上讨论法治社会有重要的理论和实践价值。近年来,各国都非常关心法治化的营商环境建设,其本质就是关心法治国家或者广义上的法治社会的建设。法治不但是"最好的营商环境",也是"最好的消费环境"和"最好的生活环境"。

不过,本书讨论的主要是狭义上的法治社会,也就是与法治国家以及法治政府有区别的法治社会。当然,把法治社会与法治国家区别对待,并不一定意味着法治社会的概念"小于"或者"矮于"法治国家的概念。在这里,必须提及老一辈法学家郭道晖的研究。在1995年发表的一篇重要的开拓性文章——《法治国家与法治社会》——中,他如此论述:

> 人们一谈到法制(或法治),往往想到的是国家、政府或者执政党运用法制来治理国家,控制社会。法制只是这些主体控制社会的工具。而社会、作为社会主体的人民,只处在法治的客体地位。其实,这是一种误解或扭曲。……这种片面的国家观念与国家实践,在过去一段时期造成了"国家—社会"一体化的格局,以致人们除国家之外,不知道还存在一个居于国家之上,或作为其基础的、相对独立自主的民间社会。……作为法学界,需要研讨的是,在市场经济体制下,如何在对"国家与法"这一主题的关注的同时,进而加强对"社会与法"的研究,以此展望当代中国法治的新走向:由法作为国家单向控制社会的工具,转到法成为国家与社会双重与双向控制的工具;由逐步实现法治国家,到最

---

① 张文显:《中国步入法治社会的必由之路》,载《中国社会科学》1989年第2期。

② 相同用法参见徐显明:《论"法治"构成要件——兼及法治的某些原则及观念》,载《法学研究》1996年第3期。相关研究参见张苏军:《推进法治社会建设》,载《中国司法》2015年第4期;孙文恺:《"法治社会"辨析——以"社会"为中心的考察》,载《浙江社会科学》2015年第2期;姚建宗:《中国语境中的法治社会及其地方性》,载《当代法学》2024年第4期。

终形成法治社会。……总之,国家与社会由一体化到双元相辅而行,由以国家立法、执法为主,到逐渐辅以社会的多元立"法"执"法"(这里,"法"是借用来表述社会组织自订的自律规则,如团体章程、行业行为规范、校规厂规、乡规民约等等)。这样,从单一的国家法制为主,辅以社会规范的双重机制,最后逐渐发展为以社会规范为主……首先建立法治国家,并经过长期努力,形成法治社会。①

很显然,郭道晖不仅认为法治社会有别于法治国家,而且——深受马克思关于国家终将消亡观点的影响——认为法治社会是高于法治国家的法治形态,并具有非常浓厚的民本主义法治观念。② 除了郭道晖的研究,在党的十八大以前,虽然也有个别学者把法治社会和法治国家区别对待,③但这不是法学界的主流看法,也没有产生较大影响。

学术界真正从狭义上研究法治社会,始于党中央提出"坚持法治国家、法治政府、法治社会一体建设"的法治中国建设方略,以及为了实现这个方略作出一系列部署。其中,《法治社会建设实施纲要(2020—2025 年)》指出:"法治社会是构筑法治国家的基础,法治社会建设是实现国家治理体系和治理能力现代化的重要组成部分。建设信仰法治、公平正义、保障权利、守法诚信、充满活力、和谐有序的社会主义法治社会,是增强人民群众获得感、幸福感、安全感的重要举措。党的十九大把法治社会基本建成确立为到2035 年基本实现社会主义现代化的重要目标之一,意义重大,影响深远,任务艰巨。"④

在这个背景下,关于法治社会的研究也逐步形成了相对丰富的学术成果(本书将专章介绍,在此不予展开),不过,法治社会的内涵以及法治社会建设的理论逻辑与任务规划,至今仍没有得到充分的说明。因此,向理论上感兴趣以及/或者工作实践上有需要的读者提供一个从狭义上理解法治社会的知识体系,便是本书的初衷,也是本书的潜在价值。

---

① 郭道晖:《法治国家与法治社会》,载《政治与法律》1995 年第 1 期。
② 在党中央明确"坚持法治国家、法治政府、法治社会一体建设"的法治中国建设方略之后,郭道晖略微修正了自己的观点,把法治社会和法治国家视为相互支撑的关系,但仍然主张"以人民为主体,以社会为本位"的民本主义法治观念。参见郭道晖:《论法治社会及其与法治国家的关系》,载《中共中央党校学报》2015 年第 1 期。学术界对郭道晖关于"法治社会"的开拓性研究的评价,可以参见李双元、肖北庚:《法治社会——中国法治进程的最终目标——兼评郭道晖先生的〈法的时代精神〉》,载《法学》1998 年第 1 期。
③ 参见李丹葵:《论法治社会与法治国家——兼谈中国社会主义法治模式的价值选择》,载《西安政治学院学报》2000 年第 4 期;范进波:《法治社会与法治国家问题研究》,载《社科纵横》2005 年第 4 期。
④ 《法治社会建设实施纲要(2020—2025 年)》,中国法制出版社 2020 年版,第 1 页。

据了解,目前还没有专门系统讲述法治社会的教材。如下几类研究成果是有相关性的。

第一类是关于法治社会内涵及法治社会建设的学术论著。相对而言,关于法治社会的论文出版较多,但专著出版较少。至今有代表性的专著包括江必新著《法治社会的制度逻辑与理性构建》(中国法制出版社出版)、龚廷泰主编《当代中国的法治社会建设》(法律出版社出版)和张清等著《包容性法治社会的实践逻辑》(商务印书馆出版)。除了这些书名直接有"法治社会"字样的专著,还有对基层治理法治化进行经验与规范相融合研究的学术作品,如宋维志著《何以为社:城市社区的治理过程与组织逻辑》(社会科学文献出版社出版)。

第二类是关于法治社会及其研究的连续出版物。其中,有代表性的包括广东省法学会主办的学术期刊《法治社会》(2016 年创刊)和公丕祥主编的《中国法治社会发展报告》系列(社会科学文献出版社从 2020 年开始出版)。

第三类是法治社会相关领域的教科书。在中国法学界,近年来有学者倡导"社会治理法学"学科建设,高等教育出版社也出版了徐汉明主编的《社会治理法学概论》。① 从内容看,社会治理法学研究的内容也是法治建设和社会建设的交叉领域,因此和本书有很多相通之处。不过,从字面理解,"社会治理法学"有更大的抱负,希望开拓一个新的法学领域。冠以"××法学"的字样,在内容上应该有比较丰富的知识传统或者/和知识体系,并且——顾名思义——会聚焦社会治理相关法律规范的制定与执行。然而,无论在中国还是全球,关于法治社会的学术讨论和制度实践,时间不长,积累还不够丰富,因此本书更愿意以一种知识探索的方式(也就是"讲义"的方式)和读者分享对这个领域相关问题的不成熟看法。随着学术讨论和制度实践的日益丰富,法治社会及其建设兴许会成为一门可以单独研究的学科。另外,与法治社会相关的是法律社会学的教科书,相对也比较多。有代表性的包括赵振江主编《法律社会学》(北京大学出版社出版)、朱景文主编《法社会学》(中国人民大学出版社出版)、高其才著《法社会学》(北京师范大学出版社出版)、付子堂主编《法社会学新阶》(中国人民大学出版社出版)、黄家亮和郭星华主编《法社会学教程》(中国人民大学出版社出版)和季卫东主编

① 另参见庞正:《中国式法治现代化视域下的社会治理法治化》,载《法治现代化研究》2023 年第 2 期;徐汉明:《论新时代中国社会治理理论》,载《中国法学》2023 年第 6 期;郭人菡主编:《社会治理法学》(第 1 辑),浙江大学出版社 2023 年版;钟会兵主编:《社会治理法学》(第 1 辑),社会科学文献出版社 2024 年版。

《法社会学》(高等教育出版社出版)。除此之外,关于法治建设或者社会建设的研究与教材也都与法治社会相关,值得参考。

最后一类是各高校与科研院所关于法治社会的学位论文,尤其是博士论文。① 不过,很可惜,很多高校并不对外公开学位论文(尤其是最新提交的硕博士论文),这让广大读者失去了研习这些研究成果的机会。

当然,上述不同类型的研究成果虽然是本书写作的知识基础,但并不能替代本书。本书在撰写过程中,不仅希望能融入上述相关知识,也有如下两个小目标:(1)尽量结合当前中国法治建设与社会建设——或者更宽泛意义上的国家治理体系与治理能力现代化——所面临的问题,用真实案例和通俗语言把法治社会的理论逻辑理清楚、说明白。(2)关于法治社会的讨论,顾名思义,至少既涉及法学的知识,也必然和社会学的研究相关,因此,本书希望能够真正融合法学和社会学的相关研究,真正做到法律社会学的跨学科分析。另外,正如本书讨论的那样,法治国家、法治政府和法治社会一体建设,表面上看是法律规范和社会规范的统一建设与协调实施问题,在深层次则涉及国家(权力)、社会(权力)和个人(权利)的关系问题。如何处理这三者的关系,可以说是所有社会科学共同的根本性问题之一。因此,本书尽量在不误解本意的前提下,把法学和社会学以外的学科知识纳入讨论,以激发读者的跨学科思考。

针对法治社会及其相关问题,本书提出了如下主要观点:(1)关于"法治社会"的定义:法治社会是指在符合法治精神的前提下,社会性共同体依据社会规范和法律规范进行有效自治,并辅助国家依法有效治理社会的治理形态——法治社会的内涵具有包容性和"差序格局"的特征。(2)关于法治建设和社会建设的关系:在法治社会建设中,国家自上而下推动的法治建设和社会性共同体自下而上探索的社会建设是相互支撑、互为表里的。(3)关于法治社会和"中国之治":如果建设成功,法治社会或许可以通过"规范之网"有机连接中国的个人、社会与国家,建构面向未来的充满活力的中华民族共同体。(4)关于法治社会的跨科学研究:没有法学指导的法治社会建设,可能会失去方向;反过来,没有社会学和其他社会科学支撑的法治社会建设,可能是无源之水——关于法治社会的研究同时具有规范性和经验性,是探索"解决问题的法律社会学"的一个有益尝试。

---

① 比如,谭玮:《法治社会评价体系研究》,华南理工大学 2017 年博士学位论文;周恒:《网络社群在法治社会建设中的功能研究》,南京师范大学 2019 年博士学位论文;刘青:《法治社会论》,武汉大学 2019 年博士学位论文;邱佛梅:《"一体化"导向的法治政府评价与法治社会评价比较研究》,华南理工大学 2019 年博士学位论文;景勤:《论我国法治社会建设中的普法创新》,中南财经政法大学 2021 年博士学位论文;杨婷:《法治社会建设评估研究》,中共中央党校 2021 年博士学位论文。上述博士学位论文可以通过中国知网平台查阅全文。

　　另外值得说明的是，一方面，无论是法治建设还是社会建设，都不是中国独有的问题。这也意味着，在这两大领域，有大量的外国文献可以参考。但是，另一方面，把法治社会作为一个独立的概念提出来，并把法治社会建设作为一个专门的重大国家治理工程来推进，目前看来，应该是中国首创。在本书作者有限的阅读范围内，目前还没有找到能够很好翻译"法治社会"的英文词汇。① 正因如此，对法治社会的系统诠释，也是本书参与建构中国法学自主话语体系的一种努力。

　　以上便是本书写作的初心和目标，希望正文的内容不偏离初心，也能较好实现写作目标。在内容上，本书作如下安排：

　　第一讲结合三个在当代中国实际发生的法治事件，说明参与现代国家依法治理的主要行动主体和所需要的基本规范类型，由这些主体和规范构成的最基本的国家治理体系和三种依法治理路径，以及与之相关的三类依法治理挑战。

　　针对这三类治理挑战，第二讲讨论"共同体"的内涵与价值，说明"国家"和"社会"这两大类共同体的含义以及彼此之间的关系，从共同体建设角度重点说明法律规范和社会规范协同治理的重要性，并提出理想国家治理需要实现"规范之网"的建设目标。

　　第三讲结合前两讲的问题意识和解决方案，讨论"法治社会"概念的源流，梳理理论界对这个概念的研究状况，厘清对法治社会内涵的不同理解，并从"差序格局"视角对法治社会的内涵进行界定。

　　第四讲聚焦与法治社会概念密切相关的"坚持法治国家、法治政府、法治社会一体建设"这一战略部署，梳理理论界的不同解读，明确本书对法治建设"整体性"的理解，并阐述法治建设目标任务的"体系性"和法治社会在整个法治国家建设中的"基础地位"。

　　第五讲和第六讲分别从"书本里的"法治社会视角分析中央和地方政府对法治社会建设的规划及针对规划的学理思考，从"行动中的"法治社会视角分析在规范制定、规范执行、纠纷解决和规范遵守四个领域中法治社会建设的实践情况，并主张通过规范体系的"体系化"方法来有效衔接"书本里的"法治社会规划和"行动中的"法治社会实践，推动法治中国一体建设迈上更高的台阶。

　　第七讲结合党的十八大以来国家治理体系和治理能力现代化的"中国

---

　　① 在英文中，目前对"法治社会"的翻译包括"a rule of law society""a society ruled with law""a society governed by law""a law-based society""a law-abiding society"等。

之治"方略,回顾法治社会的内涵,并归纳法治社会建设的历史性意义。

在正文之后,本书在"余论"中提出了与法治社会相关的几个重大理论课题,并以附录的方式分享了本书作者对于如何在元宇宙这样的数字虚拟空间中建设法治社会的理论探索,以便读者可以针对法治社会这个概念作更多前瞻性思考。

程金华

2024 年 12 月

目录

第一讲　国家治理的法治挑战

当前,中国一直在推进治理改革,其目标是实现国家治理体系与治理能力的"中国式现代化"。所谓"治理"(governance),与传统的"统治"有本质差别,指的是掌握国家公权力的政府组织或者掌握社会权力的社会组织在自己管辖范围内运用自身的权威、力量和资源去管理公共事务,维护公共秩序,并满足公众或者成员的需求。[①] 国家治理体系本质上就是规范国家运作的一系列制度和程序。[②] 国家治理体系走向现代化的重中之重是实现法治化。[③]

不过,自改革开放以来,尤其是 1997 年党的十五大提出依法治国以来,中国的法治建设虽然已经取得了举世瞩目的成就,但仍然面临多方面的挑战。本讲从介绍 21 世纪初以来真实发生在中国并具有较大社会影响的法治事件开始,通过解读真实事件说明法治国家的治理体系及其面临的挑战。直面真实的国家治理问题,正是本书的出发点和终点。

第一节　法治事件三则

随着法治建设日益推进,与法律相关并引发社会普遍关注的事件在中国层出不穷。有些事件虽然影响很大,但主要涉及法律的理解和适用问题。另外一些事件则远远超出了法律的理解和适用范畴,与国家治理体系与治理能力建设相关,可以称为"法治事件"。本书简要介绍三则在不同时期发生,引发社会广泛关注与讨论,并对中国法治建设产生历史性影响的事件。

---

① 本书对"治理"的定义参考了俞可平的观点,但作了调整。俞可平认为:"治理不同于统治,它指的是政府组织和(或)民间组织在一个既定范围内运用公共权威管理社会政治事务,维护社会公共秩序,满足公共需要。"参见俞可平等:《中国的治理变迁(1978—2018)》,社会科学文献出版社 2018 年版,第 2 页。另外,《牛津治理手册》对"治理"作了如下定义:治理是一个跨学科的研究议程,它关注秩序与混乱、效率与合法性,所有这些都在控制模式混合化的背景下展开,控制模式的混合化使得在国家内部、由国家主导、脱离国家以及超越国家的范围内,能够产生碎片化和多维度的秩序。参见 David Levi-Faur ed. , *The Oxford Handbook of Governance*, Oxford University Press, p. 3。

② 参见俞可平:《论国家治理现代化》(修订版),社会科学文献出版社 2015 年版,第 5 页。

③ 高尚全认为,法治是实现中国国家治理现代化的"必由之路"。参见高尚全:《新时期改革逻辑论》,人民出版社 2015 年版,第 151—160 页。俞可平认为,判断一个国家治理体系是否现代化至少依据五个标准,分别是"制度化""民主化""法治""效率"和"协调",其中"民主化"和"法治"最为重要。参见俞可平:《走向善治:国家治理现代化的中国方案》,中国文史出版社 2016 年版,第 69—70 页。

一、"孙某刚案件"与收容遣送之终结（2003 年）

2003 年 4 月 25 日，一篇题名为"被收容者孙某刚之死"的报道刊登在《南方都市报》上。当时，全国正受到"非典"（传染性非典型肺炎，也称"SARS"）疫情的严重冲击。即便如此，孙某刚之死的报道也迅速引发了广泛关注。

根据《南方都市报》的报道和案发后的调查，事情经过大致如下：2003 年 3 月 17 日晚，来广州才 20 多天并任职于广州达奇服装公司的武汉一大学毕业生孙某刚在前往网吧的路上，被广州市天河区黄村街派出所民警拦下。民警以其是"三无人员"（无身份证、无暂住证、无用工证明的外来人员）为由，将孙某刚遣送至广州市收容遣送中转站。3 月 18 日，孙某刚因"心动过速待查"被广州市收容遣送中转站送往广州市收容人员救治站。在救治站期间，孙某刚因不服被监禁等而呼救，遭救治站护工乔某琴等人报复，后者指示与孙某刚同监的"仓头"李某婴等人两度轮番殴打孙某刚，致使孙某刚于 3 月 20 日上午抢救无效死亡。4 月 18 日，法医尸检结果表明，孙某刚死前 72 小时遭受毒打，背部遭受钝性暴力反复打击，造成大面积软组织损伤致创伤性休克死亡。①

该事件被《南方都市报》报道之后，全国各大媒体纷纷跟进，网络上随即出现了舆情。当时，中国的第一代网民已有上亿人，加上"非典"迫使很多人在家上网，网络舆情不断发酵。中央和地方对"孙某刚案件"高度重视，广东省和广州市迅速成立由政法委、纪检、监察、检察、公安、民政和卫生等部门组成的联合调查专案组。很快，调查专案组先后把李某婴等多名涉嫌殴打孙某刚的人员以及涉嫌指使殴打孙某刚的护工乔某琴等抓捕归案。② 6 月 9 日，广州市中级人民法院对该案的 12 名被告人作出一审判决，判处乔某琴死刑、李某婴死刑缓期二年执行、钟某国（被收容人员）无期徒刑、其他 9 名被告人有期徒刑 3 至 15 年不等。乔某琴等 12 名被告人不服，提出上诉。6 月 27 日，广东省高级人民法院作出终审判决，驳回所有被告人上诉，维持原判。同时，涉及该案的派出所民警和救治站工作人员李某辉等 6 人因渎职犯罪也分别被判处有期徒刑 2 至 3 年。③ 此外，与该案有关的广州市公安系统 12 名责任人、卫生系统 3 名责任人以及民政系统 5 名责任人也分别受到不同的党纪政务处分。④

尽管致使孙某刚死亡的所有涉案人员都受到了应有的惩处，但是，该案暴露出来的更重要问题仍值得深思：所有被判处刑罚和给予党纪政务处分的涉案人员，都是因执行收容遣送制度而直接或者间接导致孙某刚死亡的。黄村街派出所民警决定遣送孙某刚的依据是国务

---

① 参见陈峰、王雷：《被收容者孙志刚之死》，载《南方都市报》2003 年 4 月 25 日。

② 参见《坚决查清孙志刚被伤害致死案》，载《广州日报》2003 年 5 月 13 日。

③ 参见《孙志刚被故意伤害致死案一审宣判　6 名涉案渎职犯罪人员同日宣判》，载《人民日报》2003 年 6 月 10 日；《孙志刚被故意伤害致死案终审　主犯乔燕琴被执行死刑》，载《人民日报》2003 年 6 月 28 日。

④ 参见游春亮：《孙志刚案一批相关责任人受处分》，载《法制日报》2003 年 6 月 6 日。

院于 1982 年发布的《城市流浪乞讨人员收容遣送办法》和广东省人大常委会于 2002 年通过的《广东省收容遣送管理规定》。根据《城市流浪乞讨人员收容遣送办法》第 2 条、第 3 条和第 5 条的规定，民政、公安等执法部门可以对"家居农村流入城市乞讨的""城市居民中流浪街头乞讨的"或者"其他露宿街头生活无着的"人员予以收容并遣送回原户口所在地。虽然该办法第 10 条明确规定"收容遣送工作人员应当遵守国家政策、法令，严禁违法乱纪"，但在实践中，正如"孙某刚案件"所暴露出来的那样，个别收容遣送工作人员仍然违法乱纪，甚至草菅人命。

在字面上，收容遣送法律法规并没有直接赋予工作人员（执法人员及其帮工）剥夺被遣送人员人身自由的权力，但事实上给他们提供了未经正当的法律程序就剥夺公民人身自由的便利。2000 年，全国人大通过了《立法法》。该法第 8 条规定，"对公民政治权利的剥夺、限制人身自由的强制措施和处罚"只能由全国人大或其常委会制定法律。换言之，国务院发布的任何行政法规均不得限制公民的人身自由，地方立法更无权作如此规定。收容遣送制度起始于中华人民共和国成立初期。当时，解放战争刚结束，城市里经常出现对社会秩序有潜在危害的人员，把他们收容遣送回原籍，对于维护当时的社会秩序有积极的作用。但是随着社会的发展，国家治理已经进入新的历史阶段。这个制度不仅在法理上站不住脚，在执行中更是被扭曲，潜藏的收容遣送"制度之恶"不但被释放，而且被不断放大。①

在广州市中级人民法院作出一审判决之后，前来旁听庭审的孙某刚父亲在法庭外对新华社记者说："某刚已经死了，希望我们国家再也不要出新的孙某刚了。希望我儿子这么一个血的惨案能推动法制建设，改变收容遣送现状，让更多有孩子出门在外打工的父母能够在家安心。"②

基于上述缘由，该案引发的重要讨论是收容遣送制度何去何从。2003 年 5 月 14 日，在广东司法机关对涉案人员作出最终判决之前，3 位年轻的法学博士以公民的名义向全国人大常委会递交了对《收容遣送办法》进行法律审查的建议书。在建议书中，这几位年轻博士写道：《城市流浪乞讨人员收容遣送办法》的有关规定实际上赋予了行政部门剥夺或限制公民人身自由的权力，而我国《宪法》规定公民的人身自由不受侵犯，并且《立法法》规定对公民政治权利的剥夺、限制人身自由的强制措施和处罚只能制定法律，因此建议予以改变或撤销。③ 5 月 23 日，又有 5 位法学学者给全国人大常委会法制工作委员会发了一份传真，该传真的标题是"提请全国人大常委会就孙某刚案及收容遣送制度实施状况启动特别调查程序

---

① 参见《关注孙志刚案件意义重大》，载《经济观察报》2003 年 5 月 26 日；张鲜堂、张帆：《反思孙志刚案一审的法律困境》，载《中国经济时报》2003 年 6 月 11 日；童之伟：《自由 秩序 规则——孙志刚案的法理思考》，载《法学》2003 年第 7 期；尹萍：《行政法价值的冲突与协调——孙志刚案的再思考》，载《理论月刊》2005 年第 9 期。

② 肖文峰：《"再也不要出新的孙志刚了"：孙父希望儿子的血案能够推动法制建设，改变收容遣送现状》，载《新华每日电讯》2003 年 6 月 11 日。

③ 参见黄一琨：《从孙志刚之死到三博士上书》，载《经济观察报》2003 年 5 月 26 日。

的建议书"。3 位博士的第一份建议书更加注重问题的实质,就全国人大常委会"干什么"提出建议。作为补充,5 位学者的第二份建议书特别指出《宪法》第 41 条赋予公民建议权、第 71 条赋予全国人大及其常委会针对特定问题启动调查程序权,从法律程序上提供了全国人大常委会"怎么干"的补充建议。①

值得庆幸的是,中央政府以极其高效的方式顺应了民意。2003 年 6 月 18 日,国务院常务会议审议并原则通过了《城市生活无着的流浪乞讨人员救助管理办法(草案)》,认为"20 多年来,我国经济社会发展和人口流动状况发生了很大变化,1982 年 5 月国务院发布施行的《城市流浪乞讨人员收容遣送办法》已经不适应新形势的需要"。2003 年 8 月 1 日,《城市生活无着的流浪乞讨人员救助管理办法》开始施行,至此,收容遣送制度被正式废止。② 中国从此告别收容遣送时代,城市流浪乞讨人员可以获得救助,而不是被强力驱逐。

"孙某刚案件"成为当年中国法治建设的焦点案件,③也是法治中国建设历史进程中的一个标志性案件。它不仅直接促成了收容遣送制度的废止,还倒逼了中国本土合宪性审查机制的产生,④并催生了公民与国家(中央政府)进行善意互动、合作治理的可能。⑤

"孙某刚案件"发生之后的 20 多年来,包括规制人口自由流动和迁徙在内的方方面面制度规范在不断优化,中国公民享受到了历史上前所有未的流动迁徙自由,以及由此带来的工作机会和幸福生活,这充分证明中国法治在不断进步。

二、"未成年人因文身被取消入学资格事件"(2023 年)

当然,并非所有法治事件都存在公权力的不作为和乱作为。一些有较大社会影响力的法治事件,涉的问题主要不是法律的执行和适用,而是各类社会组织制定并执行自身规范的合法性与合理性。在中国人民大学公法研究中心发布的"2023 年度中国十大宪法事例"中,一例是"未成年人因文身被取消入学资格事件"。⑥

① 参见段文北:《两份建议书给中国违宪审查点题》,载《21 世纪经济报道》2003 年 5 月 29 日。

② 参见《从遣送到救助意味着什么》,载《经济观察报》2003 年 6 月 23 日;《中国正式废止收容遣送制度》,载《人民日报(海外版)》2003 年 8 月 2 日。

③ 参见《解读 2003 年中国的法治进行时》,载《中国文化报》2003 年 12 月 25 日;何军:《2004 法治在路上》,载《经济观察报》2004 年 1 月 5 日;谢远东、陈煜儒:《2003 政府法治十大热点》,载《法制日报》2004 年 1 月 7 日。

④ 参见秦前红、底高扬:《合宪性审查在中国的四十年》,载《学术界》2019 年第 4 期。

⑤ 参见王光泽:《新公民维权行动》,载《21 世纪经济报道》2003 年 12 月 29 日;Cheng Jinhua, "A Three-fold Legal Campaign: The Central State, Local Bureaucracies, and Social Forces Relating to the Sun Zhigang Case," *HKUST Theses*, 2005; Keith Hand, "Using Law for a Righteous Purpose: The Sun Zhigang Incident and Evolving Forms of Citizen Action in the People's Republic of China," *COLUM. J. TRANSNT'T LAW*, Vol. 45, 2006。

⑥ 参见《2023 年度中国十大宪法事例发布暨研讨会举行》,载明德公法网。

　　根据与该事件相关的裁判文书,①其基本事实如下:孙某某系 2021 级应届初中毕业生,经长沙市教育局中招办审核同意,于 2021 年 8 月 2 日被长沙某职业技术学院(以下简称"长沙学校")录取为该校计算机平面设计专业学生。9 月 4 日,孙某某凭录取通知书到学校报到。9 月 7 日,学校举行集训时发现孙某某手臂上有一处文身,遂通知其父亲孙某辉赶来学校,交涉中双方发生争执。之后,学校决定开除孙某某的学籍,并将学费退还给孙某辉。该校作出如此决定的依据是其发布的《招生简章》与《入学须知》,两者均载明要求学生"无文身",并且"开学发现学生有文身,将取消入学资格"。

　　孙某某认为,学校作出退学决定无法律依据,而且该退学决定使自己因另寻昂贵私立学校就读而承担了巨大的物质和精神压力,故诉请法院依法确认学校作出的退学决定违法,并判决学校赔偿其各项损失及精神损害抚慰金 15.74 万元。长沙铁路运输法院于 2022 年 8 月 18 日作出判决,确认被告长沙学校决定取消原告孙某某入学资格的行为违法。孙某某不服行政判决的赔偿部分,向长沙市中级人民法院提起上诉。长沙市中级人民法院于 2022 年 12 月 1 日作出行政赔偿调解,双方当事人就相关赔偿问题自愿达成协议。

　　法院在判决中认为,长沙学校取消文身学生的入学资格除以该校《招生简章》和《入学须知》为依据外,并不具备法律法规依据。同时,根据《中华人民共和国未成年人保护法》规定,学校应当保障未成年学生受教育的权利。虽然国务院于 2022 年 6 月发布了《未成年人文身治理工作办法》,但该办法主要是为了保护未成年人身心健康。在本案中,孙某某的文身是面积不大的卡通图案,位于手臂较为隐蔽处,为衣袖遮挡。虽然文身是一种侵入性的人体绘图措施,容易对未成年人的身心健康造成影响,但未成年人出于一时好奇,难以认识到文身带来的危害,由其承担文身带来的取消入学资格的不利后果显然违反有关法律和行政法规的立法目的,违反行政行为的比例原则。基于上述理由,法院判定长沙学校开除孙某某学籍的行为是违法的。

　　该案件不仅入选了前述"2023 年度中国十大宪法事例",还荣获"全国法院系统 2022 年度优秀案例分析评选三等奖",并于 2024 年 1 月入选最高人民法院与中央广播电视总台共同主办的"新时代推动法治进程 2023 年度十大提名案件",具有很强的典型性和社会影响力。

三、"丰县生育八孩女子事件"(2022 年)

　　2022 年 1 月 27 日,网络上出现了一段视频,视频中一女子在寒冬中身穿单衣,被铁链拴在一间破屋里——网民形象地把该女子称为"铁链女"。该视频在网上一出现,便被广泛转

---

　　①　参见"孙某某与长沙市某学校取消入学资格案"的一审裁判文书[长沙铁路运输法院(2022)湘 8601 行初 168 号]及二审裁判文书[长沙市中级人民法院(2022)湘 01 行终 1197 号]。

发,并引发了人们的急切追问:她是谁? 她经历了什么? 为什么如此悲惨? 之后,针对该女子身世和现状的舆情持续发酵。为应对舆情,江苏省于 2 月 17 日成立专案组,对此事进行调查。经过大约一周左右的调查,江苏省委省政府调查组在 2 月 23 日发布了《关于"丰县生育八孩女子"事件调查处理情况的通报》。①

根据通报,该事件的基本情况如下:视频中女子现户籍名为杨某侠,其丈夫为董某民,家住江苏省徐州市丰县欢口镇董集村(后并入李庄行政村)。杨某侠本名为小花梅,1977 年生,云南省福贡县亚谷村人。小花梅于 1995 年嫁到云南省保山市,1997 年离婚后回到亚谷村。1998 年初,小花梅被桑某妞从亚谷村带至江苏省东海县,后者以给小花梅介绍对象、看病为由,将小花梅卖给徐某东,收取现金 5000 元。徐某东与小花梅共同生活几个月后,于 1998 年 5 月上旬某日发现小花梅不知去向,寻找两三天未果。其后,到处流落的小花梅被多次转手贩卖,直至转卖给董某更(小花梅现任丈夫董某民之父)。之后,董某民通过村委会将其改名为杨某侠,并在欢口镇民政办违规办理结婚登记。杨某侠先后与董某民生育 8 子女(7 子 1 女),长子董某港于 1999 年 7 月出生,第八子于 2020 年 1 月出生。杨某侠刚到董家时,虽然存在痴笑、目光呆滞等表现,但生活基本能够自理,能与人交流。在生育第三子之后,杨某侠精神障碍症状逐渐加重(事件曝光后,徐州市医疗专家会诊并诊断杨某侠患有精神分裂症)。据董某民交代,2017 年以来,董某民在杨某侠发病时对其实施用布条绳索捆绑、用铁链锁脖及有病不送医治疗等虐待行为。

很显然,虽然杨某侠患有精神疾病,但是,用铁链锁脖以限制其人身自由,是毫无疑问的违法犯罪行为。也正因如此,在事件曝光之后,不仅董某民和将杨某侠拐卖至董家的多名犯罪嫌疑人被依据《中华人民共和国刑法》追究了刑事责任,②从丰县县委书记到李庄村计生专干的十多名党政干部也受到程度不一的党纪政务处分。

在"丰县生育八孩女子事件"中,不仅当事人对法律的理解和执行出现了偏差,法律的存在也被置若罔闻。正如江苏省委省政府调查组负责人在接受新华社记者采访时所说的:"(该)事件暴露出我省有关地方党委和政府一段时间贯彻落实党中央决策部署不力,在基层组织建设、妇女儿童权益保障、特殊群体救助关爱等方面存在不少问题和短板,反映出少数党员、干部没有树牢以人民为中心的发展思想,形式主义、官僚主义严重,法治意识淡薄,导致基层服务管理缺位,维护群众合法权益防线失守。"③从中也可以看出,该法治事件暴露

---

① 关于该事件的官方调查与通报,参见《"丰县生育八孩女子"事件十三问——新华社记者访江苏省委省政府调查组负责人》,载《新华每日电讯》2022 年 2 月 24 日。

② 2023 年 4 月 6 日,江苏省徐州市中级人民法院一审公开开庭审理该案,4 月 7 日作出判决,认定董某民犯虐待罪,判处有期徒刑 6 年 6 个月,犯非法拘禁罪,判处有期徒刑 3 年,数罪并罚,决定执行有期徒刑 9 年;认定被告人时某忠、桑某妞、谭某庆、霍某渠、霍某得犯拐卖妇女罪,分别判处有期徒刑 11 年、10 年、13 年、8 年 6 个月和 8 年,并处罚金。

③ 《"丰县生育八孩女子"事件十三问——新华社记者访江苏省委省政府调查组负责人》,载《新华每日电讯》2022 年 2 月 24 日。

出当前中国法治建设存在一些体系性问题。

第二节　法治国家治理体系

除了上述事件,近年来还有很多引起广泛关注的法治事件。不过,从国家治理角度看,这三则事件很具有代表性,可以帮助我们从依法治理角度梳理当前中国国家治理所面临的挑战。本节将结合上述事件,梳理法治国家治理体系。

从上述事件中,我们可以发现三类主体。第一类主体是个人。孙某刚、杨某侠、董某民和孙某某等都是个人。个人的身份多样,可以是国家的公民、某个城市的居民、某个村的村民或者某个学校的学生等。个人是法治事件的主角,几乎所有的法治事件都聚焦某个或者某几个人的权益是否被非法或者不当侵害这个问题。而加害者则是多样化的:在"丰县生育八孩女子事件"中,加害者是其他个人;在"孙某刚案件"中,加害者是政府机构的执法人员及其雇用的辅助人员;在"未成年人因文身被取消入学资格事件"中,加害者是学校这样的社会组织。不过,虽然个人是法治事件的主角,并且法治事件也往往涉及行为规范的执行与适用,但个人并不直接制定行为规范,而是行为规范的适用对象。

第二类主体是掌握公共权力的机构或者工作人员。像"孙某刚案件"中广州市天河区黄村街派出所民警或者广州市收容遣送中转站的工作人员,"丰县生育八孩女子事件"中的江苏省、徐州市、丰县和欢口镇的各级政府,以及"未成年人因文身被取消入学资格事件"中的长沙市中级人民法院和长沙铁路运输法院,都是掌握公共权力的机构或者工作人员。从上述事件可以看出,掌握公共权力的机构或者工作人员虽然在绝大多数时候都能够严格执法或者公正司法,但在个别时候反而是问题的来源。

这些机构或者工作人员所掌握的公共权力来自国家的授权。国家则是个人以公民身份直接或者间接组成的一个共同体("共同体"是本书的一个重要基础性概念,下一讲将专门讨论其含义)。根据德国思想家马克斯·韦伯(Max Weber)的定义,国家是唯一合法垄断暴力使用的政治共同体。① 关于国家是如何起源并形成的,以及为什么国家可以合法垄断暴力使用,目前理论界还存在争议。② 英国思想家霍布斯(Thomas Hobbes)认为,国家是一种像海怪"利维坦"一样的必要之恶,是自然状态(state of nature)下的人们为了避免出现弱肉强

---

① See Max Weber, "What Is a State," in Bernard E. Brown ed., *Comparative Politics: Notes and Readings*, Peking University Press, 2003, pp. 146−150.

② 参见[德]恩格斯:《家庭、私有制和国家的起源》,人民出版社 2018 年版;V. Gordon Childe, *Man Makes Himself*, Watts, 1965; Robert L. Carneiro, "A Theory of the Origin of the State," *Science*, Vol. 169, No. 3947, 1970, pp. 733−738。

食的战争状态,而通过某种形式的合意组建成的共同体。根据霍布斯的描述,自然状态下的人们苦不堪言:

> 在没有一个共同权力使大家慑服的时候,人们便处在所谓的战争状态之下。这种战争是每一个人对每个人的战争。……在这种状况下,产业是无法存在的,因为其成果不稳定。这样一来,举凡土地的栽培、航海、外洋进口商品的运用、舒适的建筑、移动与卸除需费巨大力量的物体的工具、地貌的知识、时间的记载、文艺、文学、社会等等都将不存在。最糟糕的是人们不断处在暴力死亡的恐惧和危险中,人的生活孤独、贫困、卑污、残忍而短寿。……这种人人相互为战的战争状态,还会产生一种结果,那便是不可能有任何事情是不公道的。是和非以及公正与不公正的观念在这儿都不能存在。没有共同权力的地方就没有法律,而没有法律的地方就无所谓不公正。暴力与欺诈在战争中是两种主要的美德。[①]

为了改变这种不能更糟的自然状态,作为社会契约的一部分,个人同意放弃自己的权利,将其授予一个被称为"国家"的政治共同体,由后者组建政府并通过国家机器的强制力确保"每一个人对每个人的战争"不会出现。代表国家行使公共权力的政府可以制定并执行行为规范,其核心就是避免弱肉强食,确保国家这个政治共同体的所有成员(也就是"公民")能安居乐业。在《社会契约论》中,卢梭这么写道:

> "要寻找出一种结合的形式,使它能以全部共同的力量来卫护和保障每个结合者的人身和财富,并且由于这一结合而使得每一个与全体相联合的个人只不过是在服从其本人,并且仍然像以往一样地自由。"这就是社会契约所要解决的根本问题。……这些条款毫无疑问地可以全部归结为一句话,那就是:每个结合者及其自身的一切权利全部都转让给整个集体。……只是一瞬间,这一结合行为就产生了一个道德的与集体的共同体,以代替每个订约者的个人;组成共同体的成员数目就等于大会中所有的票数,而共同体就以这同一行为获得了它的统一性、它的公共的大我、它的生命和它的意志。这一个由全体个人的结合所形成的公共人格,以前称为城邦,现在称为共和国或政治体;当它是被动时,它的成员就称它为国家;当它是主动时,就称它为主权者;而以之和它的同类相比较时,则称它为政权。至于结合者,他们集体地就称为人民;个别地,作为主权权威的参与者,就叫做公民,作为国家法律的服从者,就叫做臣民。[②]

---

① [英]霍布斯:《利维坦》,黎思复、黎廷弼译,杨昌裕校,商务印书馆 2020 年版,第 94—97 页。
② [法]卢梭:《社会契约论》,何兆武译,商务印书馆 2017 年版,第 19—21 页。

　　第三类主体是社会组织。它们代表的往往是大小不一的共同体,如家庭、村落、学校、俱乐部、行会和教会等。这些共同体虽然与国家一样,都是由个人组成的,但在现代社会中,并不能合法使用暴力,本书称之为"社会性共同体"。① 代表社会性共同体的社会组织与代表国家的政府既有类似的地方,也有明显的区别。在"未成年人因文身被取消入学资格事件"中,长沙学校是个社会组织,它制定了适用于组织成员(如学生孙某某)的行为规范(如《入学须知》)。因此,在给自己的共同体成员制定并执行行为规范这一点上,社会组织和政府很相似。正是在这个意义上,理论界把社会组织代表社会性共同体制定并执行行为规范的力量称为"社会权力"(与政府行使的"国家权力"或者"国家公权力"相对应)。② 本书也援引"社会权力"这个说法,用来表示社会组织在代表自身所在社会性共同体对成员进行治理时所形成的影响力,是介于"国家权力"和"个人权利"之间的一种状态。③

　　但是,由于社会性共同体并不能够合法使用暴力,社会组织所制定的行为规范通常不具有强制性,并且受到政府制定的行为规范的约束——后者可以给前者背书,也可以强制性否

---

　　① 姜明安持类似的观点。他认为,人们总是生活在一定的共同体中,其中最基本的共同体是"国家共同体"与"社会共同体"。国家共同体设置立法、行政和司法等公权力机构管理公共事务,而社会共同体也通常设置一定的组织机构管理内部事务和处理与国家(政府)及其他社会共同体的关系。参见姜明安:《法治中国建设中的法治社会建设》,载《北京大学学报(哲学社会科学版)》2015 年第 6 期。

　　② 参见郭道晖:《论国家权力与社会权力——从人民与人大的法权关系谈起》,载《法制与社会发展》1995 年第 2 期;郭道晖:《权力的多元化与社会化》,载《法学研究》2001 年第 1 期;郭道晖:《社会权力:法治新模式与新动力》,载《学习与探索》2009 年第 5 期;江平:《社会权力与和谐社会》,载《中国社会科学院研究生院学报》2005 年第 4 期;徐靖:《论法律视域下社会公权力的内涵、构成及价值》,载《中国法学》2014 年第 1 期;蔡宝刚:《论催生法治社会的社会权力引擎》,载《求是学刊》2016 年第 2 期;胡水君:《法律与社会权力》,中国政法大学出版社 2011 年版。

　　③ 就大的框架而言,本书一直围绕国家(权力)、社会(权力)和个人(权利)之间的关系对法治社会展开讨论。其中,"国家权力"和"个人权利"的表述是比较确定的,分别对应英文的"state power"和"individual rights"。但在"社会权力"的表述上应选择"社会权力""社会权威"还是"社会势力"来描述一种介于国家权力和个人权利中间的状态,存在争议。德国思想家韦伯用的是社会"权威"(authority),以此与国家能够用强制方式实施的权力(power)相对应。而本书引用的米格代尔和许慧文等人主编的经典著作 State Power and Social Forces(Joel S. Migdal, Atul Kohli & Vivienne Shue eds. , State Power and Social Forces: Domination and Transformation in the Third World, Cambridge University Press, 1994),提出了著名的"国家在社会之中"(state in society)的分析范式,对本书也有重要的参考意义——该书名在中国出版时被翻译成了"国家权力与社会势力"(参见[美]乔尔·S. 米格代尔、[美]阿图尔·柯里、[美]维维恩·苏主编:《国家权力与社会势力:第三世界的统治与变革》,郭为桂、曹武龙、林娜译,江苏人民出版社 2017 年版)。而本书频繁引用的当代中国资深法学家郭道晖先生对"法治社会"的开拓性研究,一直把法治社会的理念和"社会权力"结合在一起(参见郭道晖:《权力的多元化与社会化》,载《法学研究》2001 年第 1 期)。并且,郭道晖先生关于社会权力和法治社会关系的研究也得到了法学界不少同仁的呼应。因此,本书遵从法学界大部分同仁的看法,用"社会权力"来描述介于国家权力和个人权利中间的状态。不过,需要说明的是,本书并不认为社会权力中的"权力"和国家权力中的"权力"有同等的"含力量":对于国家权力而言,它得到了包括军警在内的国家机器所保障的合法强制力量;对于社会权力而言,它得到的更多是像韦伯说的那样因为"权威"而形成的一种较强的影响力——但在常态的现代国家中,社会权力在大部分时候没有办法与国家权力抗衡,也不应该抗衡。

定前者的合法性。所以,社会权力弱于国家权力。

从上文分析可以看出,除了三类主体,我们也在法治事件中看到了两类行为规范。一类行为规范由政府代表国家制定并在辖区范围内的全体公民中适用。它们是法律规范。前述法治事件中的《中华人民共和国刑法》《中华人民共和国未成年人保护法》《城市流浪乞讨人员收容遣送办法》和《未成年人文身治理工作办法》等都是在全体中国公民中适用的法律规范,《广东省收容遣送管理规定》则是在广东省范围内适用的地方性法律规范。另一类行为规范则由社会组织制定并在对应的社会性共同体成员中适用。它们是社会规范,是成员参加社会性共同体活动时所遵循的行为规矩和活动准则。① 不像国家的法律规范可以强制适用于主权范围之内的所有个人与组织,社会规范只能适用于制定该规范的共同体成员,因此社会规范是自治规范。前述法治事件中长沙学校制定的《招生简章》和《入学须知》属于社会规范,仅适用于该校师生。

值得说明的是,在中国,虽然法律规范须以成文的方式展现,但是社会规范则未必。事实上,很多社会规范隐藏在人们的日常生活之中,并扮演着关键角色。在"丰县生育八孩女子事件"中,杨某侠和董某民在董集村应有为数不少的邻居。在董某民先后非法"购买"杨某侠,与其违规登记结婚,并长期虐待杨某侠的二十多年里,并没有邻居向有关部门告发董某民。这说明,董集村村民对于拐卖妇女这样的行为有不同于法律的理解,受制于某种看不见的邻里规范的约束。那些看不见但有力制约着邻里之间行为的社会规范——"习惯法"或者"民间法"——有时候会比国家的法律规范更有影响力。基于对清代习惯法的研究,梁治平认为民间法在古代中国社会某些方面扮演着比国家法更重要的角色:

> 所谓国家法可以被一般地理解为由特定国家机构制定、颁布、采行和自上而下予以实施的法律。以往,许多法学家不但主张这些是法律,而且倾向于认为它们是全部的法律。结果,一个可能更广大的领域被忽略了。事实上,国家法在任何社会里都不是唯一的和全部的法律,无论其作用多么重要,它们只能是整个法律秩序的一部分,在国家法之外、之下,还有各种各样其他类型的法律,它们不仅填补国家法遗留的空隙,甚至构成国家法的基础。当然,也正因为其非官方性,这部分法律往往与国家法不尽一致,乃至互相抵牾,但这并不妨碍它们成为一个社会法律秩序中真实和重要的一部分,甚至,它们是比较国家法更真实而且在某些方面也更重要的那一部分。应该说,这种判断尤其可以适用于中国古代社会。②

---

① 参见陆学艺主编:《当代中国社会建设》,社会科学文献出版社 2018 年版,第七章"社会规范",第199—226 页。

② 梁治平:《清代习惯法:社会与国家》,中国政法大学出版社 1996 年版,第 35 页。

习惯法或者民间法对中国社会的巨大影响不仅在古代存在,大量的研究都表明,这种影响在现代中国也广泛存在。① 当然,不仅在中国,其他国家也存在大量可见或者不可见的社会规范,并制约着人们的日常行为选择。美国法社会学家斯图尔特·麦考利(Stewart Macaulay)在 20 世纪 60 年代的研究发现,非合同规范在美国的商业经营中扮演着非常重要的角色。② 在后来的研究中,美国法社会学家罗伯特·C.埃里克森(Robert C. Ellickson)认为当代美国存在"无需法律的秩序"。③ 马克格·兰特(Marc Galanter)进一步归纳了法律秩序之外的"私人秩序"(private ordering)。④ 在现代社会中,"无需法律的秩序"可能是好的秩序,也可能是坏的秩序,并且都广泛存在。其根本原因在于社会规范的执行虽然不能以合法的暴力为后盾,但也经常展现出强大的强制力。比如,道德规范是一种常见的社会规范,并时不时出现"道德绑架"甚至"道德杀人"这样的强制力。

总的来说,法律规范和社会规范的关系非常复杂。⑤ 两者在各自的领域各行其是,可以相互支撑,当然也可能发生对抗。从长沙学校开除孙某某学籍被法院判定违法这个事件可以看出,社会组织制定的社会规范未必与政府制定的法律规范"同心同德",甚至可能与后者发生直接的冲突。⑥

在任何一个现代国家,上述三类主体和两类规范均构成了一个最基本的国家治理规范体系。图 1-1 展示了法治国家治理体系的架构和依法治理的三种路径。在这个体系中,个人是基石,以公民的身份组成国家这个政治共同体,并同时以成员的身份组成各种形式的社会性共同体;社会性共同体也在不同程度地参与国家的建构,三者发生互动。

---

① 参见高其才:《中国习惯法论》(第三版),社会科学文献出版社 2018 年版;周俊光:《习惯的规范分析》,湖南师范大学出版社 2022 年版;高其才、李沁霖:《当代中国法治社会建设中的习惯权利》,载《人权法学》2024 年第 6 期。

② See Stewart Macaulay, "Non-Contractual Relations and Business: A Premiminary Study," *American Sociological Review*, Vol. 28, 1963, pp. 55-69.

③ 参见[美]罗伯特·C.埃里克森:《无需法律的秩序——相邻者如何解决纠纷》,苏力译,中国政法大学出版社 2016 年版。另参见 Robert C. Ellickson, *The Household: Informal Order Around the Hearth*, Princeton University Press, 2007。

④ See Marc Galanter, "Justice in Many Rooms: Courts, Private Ordering, and Indigenous Law," *Journal of Legal Pluralism*, Vol. 19, 1981, p. 1.

⑤ 关于法律规范和社会规范的关系,可以参见[美]埃里克·A.波斯纳:《法律与社会规范》,沈明译,中国政法大学出版社 2004 年版。

⑥ 在李扬导演的电影《盲山》中,女大学生白雪梅被拐卖到某山村黄德贵家,并被强迫与后者同居生娃。在整个村子中,几乎所有村民都支持或者间接支持黄德贵买大学生媳妇。当白雪梅一次又一次尝试逃跑的时候,整个村子都被发动起来把她抓回来。甚至在最后,当公安人员进村救人的时候,村民在村书记的鼓动之下,与公安人员发生直接的暴力冲突。这部电影非常生动地展现了国家法律规范与山村邻里规范在拐卖妇女方面的冲突。

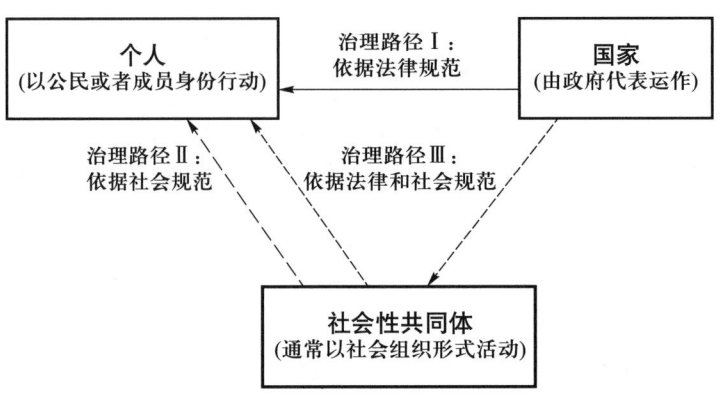

图 1-1 法治国家治理体系示意图

第一种路径发生在代表国家掌握公共权力的政府机关和个人之间,主要体现为政府机关制定和执行法律规范,个人依法行动(图中"治理路径 I"所示)。其基本的法治原则是:政府机关只能在职权范围内行动(即"法无授权不可为");反之,个人则可以做任何法律不禁止的行为(即"无法禁止即可为")。在"孙某刚案件"中,其核心的问题是:作为公民的"三无人员"是否可以自由出行?根据上述法治原则,除全国人大或其常委会制定的法律有明确限制以外,公民的出行是自由的;除了法律明确授权,政府机关及其工作人员不得随意限制公民的出行自由。无论是被废止的《城市流浪乞讨人员收容遣送办法》还是"孙某刚案件"中被刑事处罚或者行政处罚的人员,均违背了这样的法治原则。

第二种路径发生在社会组织和个人之间,主要体现为个人根据社会规范来行动(图中"治理路径 II"所示)。个人以各种方式参与社会性共同体建设,并遵循后者确立的各种有形或者无形的社会规范。例如,在现代社会,除"国"之外,"家"也是最基本的共同体。个人或者通过婚姻主动组建家庭,或者因为出生而被动成为家庭成员。无论是主动组建还是被动参与,个人原则上也需要遵循家规——家庭这个共同体的自治规范。

第三种路径则同时发生在国家、社会性共同体和个人之间,主要体现为法律规范支持、否定或者修正社会规范,并由后者来规范个人的行为(图中"治理路径 III"所示)。在这种情形下,法律规范和社会规范同时对个人产生影响。法律规范适用于辖区范围内的所有个人,因此天然具有高度的概括性,而社会规范适用的成员范围较小,因此可以更加具体细微。法律规范通过社会规范影响个人的行为选择,也就可以起到"四两拨千斤"的治理效果。法律规范和社会规范同时对个人的行为发挥引导作用,就需要两者协同,这是一个非常具有挑战性的社会工程。在"丰县生育八孩女子事件"中,江苏省委省政府调查组负责人在接受新华社记者采访时,就含蓄地提到法律规范和社会规范的衔接问题。

第三节　依法治理的三类挑战

图 1-1 勾画出了法治国家治理体系的基本架构。在理想情况下,法律规范和社会规范在各自的领域有效地发挥作用,彼此之间相安无事,并最好能够相互支撑。但是,前述三个法治事件表明,这一理想并未完全实现。依法治理的三种路径都面临挑战,本书把这些挑战归纳为如下三种类型。

一、 类型一挑战： 依据法律规范直接治理的挑战

在"孙某刚案件"中,我们已经直观地看到了国家依据法律规范进行治理面临的挑战。《中共中央关于全面推进依法治国若干重大问题的决定》将这些挑战归纳如下:"有的法律法规未能全面反映客观规律和人民意愿,针对性、可操作性不强,立法工作中部门化倾向、争权诿责现象较为突出;有法不依、执法不严、违法不究现象比较严重,执法体制权责脱节、多头执法、选择性执法现象仍然存在,执法司法不规范、不严格、不透明、不文明现象较为突出,群众对执法司法不公和腐败问题反映强烈;部分社会成员尊法信法守法用法、依法维权意识不强,一些国家工作人员特别是领导干部依法办事观念不强、能力不足,知法犯法、以言代法、以权压法、徇私枉法现象依然存在。"

简言之,依据法律规范直接治理的挑战是立法不科学、执法不严格、司法不公正以及守法不普及。为此,党中央提出了要实现科学立法、严格执法、公正司法和全民守法的法治中国建设目标。这部分内容在相关领域的教科书或者专著中,已经有较多论述,本书不再赘述。①

二、 类型二挑战： 依据社会规范进行治理的挑战

"未成年人因文身被取消入学资格事件"向我们展示了社会规范制定不科学可能对成员带来的损害。按照法院的判决,长沙学校发现学生文身即开除学籍的做法,违背行政法上的

---

① 参见季卫东:《法治中国》,中信出版社 2015 年版;沈国明:《探索中的法治道路》,上海人民出版社 2018 年版;李霞:《法治中国的实践逻辑》,中国社会科学出版社 2020 年版。

"比例原则",即学校惩罚举措远远超出孙某某行为的危害性。① 确定学校在行政诉讼法上的被告资格,也就是承认学校对师生有某种强制力所支撑的"行政权力"——实质上是前文提到的"社会权力"。在这个意义上,学校制定的社会规范也的确可以被视为一种"法",即"软法"。

如同依据法律规范直接治理会面临立法、执法、司法和守法四个方面的挑战,依据社会规范进行治理也不只有立"法"的问题,还有"法"的执行是否严格、适用是否公正以及是否被普遍遵守的问题。应该说,相较于法律规范,作为"软法"的社会规范的制定、执行、适用和遵守所遇到的挑战有过之而无不及。

在现代社会,有些社会规范是自然演化形成的,有些社会规范则是社会组织根据共同体建设的需要制定并修改的。一些自然演化形成的社会规范,如习惯,在新的时期仍有生命力。② 为此,《中华人民共和国民法典》第 10 条规定:"处理民事纠纷,应当依照法律;法律没有规定的,可以适用习惯,但是不得违背公序良俗。"例如,在中国一些农村,村民在翻修祖宅时,仍时常根据"滴水为界"的习惯来确定宅基地边界。

但是,也有很多传统习惯越来越不适应新时代的治理要求,从之前的"良俗"变成了"陋习"。最为典型的一个例子是,中国社会曾经长期通用的婚嫁彩礼越来越不适应时代发展,因彩礼问题而产生的民事纠纷和刑事案件屡见不鲜。为此,最高人民法院于 2023 年 11 月 13 日审议通过了《关于审理彩礼纠纷案件适用法律若干问题的规定》(自 2024 年 2 月 1 日起施行)。最高人民法院在说明制定该规定的背景和意义时提到:

> 近年来,多地彩礼数额持续走高,形成攀比之风。这不仅背离了彩礼的初衷,使彩礼给付方家庭背上沉重的经济负担,也给婚姻稳定埋下隐患,不利于社会文明新风尚的弘扬。党的二十大报告提出,要提高全社会文明程度。2021 年以来,"中央一号文件"连续三年对治理高额彩礼、移风易俗提出工作要求。从司法实践反映的情况看,涉彩礼纠纷案件数量近年呈上升趋势,甚至出现因彩礼返还问题引发的恶性刑事案件。为贯彻落实党的二十大精神和"中央一号文件"要求,回应人民关切,最高人民法院全面总结近年来司法实践经验,经过充分调研、反复论证、广泛征求意见,制定了本《规定》。

在最高人民法院发布上述规定之后,2025 年《中共中央、国务院关于进一步深化农村改

---

① 关于行政法上的比例原则,参见余凌云:《论行政法上的比例原则》,载《法学家》2002 年第 2 期;梅扬:《比例原则的适用范围与限度》,载《法学研究》2002 年第 2 期。

② 参见苏力:《当代中国法律中的习惯——一个制定法的透视》,载《法学评论》2001 年第 3 期;王利明:《论习惯作为民法渊源》,载《法学杂志》2016 年第 11 期;高其才主编:《当代中国分家析产习惯法》,中国政法大学出版社 2014 年版;高其才主编:《当代中国的刑事习惯法》,中国政法大学出版社 2016 年版。

革扎实推进乡村全面振兴的意见》又继续提出"推进农村移风易俗",明确要求"推进农村高额彩礼问题综合治理,发挥妇联、共青团等组织作用,加强对农村适婚群体的公益性婚恋服务和关心关爱"。在社会组织自主制定的社会规范中,虽然有些规范及时填补了行为规范的空白,但也有很多规范"假大空",难以起到规范共同体成员行为的作用。例如,对于一个新建成的社区而言,由于其居民往往来自四面八方,社区自治公约的制定就非常必要,它能够及时解决社区绿化、居民停车、养宠物、新能源车充电等具有新时代特点的问题。但是,在实践中,有的社区自治公约制定得并不科学:要么由一小部分业主"闭门造车",要么简单地套用从网上找的公约模板。以如此方式制定的社会规范,在实践中也没有生命力。法国思想家孟德斯鸠(Montesquieu)在《论法的精神》中提出了一个经典论断:"法律应该量身定做,仅仅适用于特定的国家。"①套用孟德斯鸠的话,我们也可以说:任何共同体的规范都应该量身定做,非常适合于该共同体。无论因为时间的演化还是空间的差异,当社会规范的内容不能适合共同体时,其执行、适用和遵守的效能就势必大打折扣。因此,类型二挑战就是:当需要依据社会规范对社会性共同体进行有效治理时,我们可能会面临社会规范制定不科学、执行不严格、适用不合理以及遵循不普遍的问题。其中,社会规范制定不科学是最具根本性的挑战。

三、 类型三挑战: 法律规范和社会规范协同治理的挑战

即便类型一和类型二的挑战被解决了,也不能认为依法治理的体系就理顺了。从"未成年人因文身被取消入学资格事件"和"丰县生育八孩女子事件"中,可以看到第三类挑战,它涉及法律规范和社会规范在依法治理中的兼容性和协同性问题。

兼容性要求法律规范和社会规范之间不直接发生冲突。长沙学校的《招生简章》和《入学须知》违背了行政法中的"比例原则";丰县董集村的邻里规范对拐卖妇女的默许违背了刑法禁止拐卖妇女的规定,这都是法律规范与社会规范不兼容的表现。通俗地讲,两类规范不兼容,就是针对同一个情景,法律规范要求公民"往东",而社会规范要求成员"往西",两者背道而驰。法学界把这种现象称作"法律不统一"。② 在理论上,现代社会中的法律规范比社会规范更有权威性,其执行得到国家机器的背书。通常而言,面对法律规范,社会规范应当受到如下几个方面的限制:(1)对于国家法律明确保留的事项,只能遵循法律保留原则;(2)不得违反国家法律的原则和禁止性规定;(3)遵循公序良俗;(4)设定罚则应受严格限

① [法]孟德斯鸠:《论法的精神》(上卷),许明龙译,商务印书馆2017年版,第15页。

② 汪习根和廖奕主张,不同的法律规则之间、法律规则和道德、习俗、宗教规则之间,直至法律与文化、法律与社会之间的统一和契合,是法律和外界的形式统一,可以统称为"法律的统一化",着眼于法律形式和外部规则的整体协调。参见汪习根、廖奕:《论法治社会的法律统一》,载《法制与社会发展》2004年第5期。

制,如必须来源于成员的自愿让渡,并严格遵循上述几个限制。① 然而,个人最终选择"往东"还是"往西",并不必然遵循上述理论,而是一个比较复杂的过程。人们之所以会遵从某种制度规范,是因为他们要么认为这样做就是对的(基于合法性认同),要么认为这样做是对自己有利的(基于理性选择),要么两者兼而有之。②

还以前文提到的婚嫁彩礼为例。根据现行法律,婚姻的成立以依法登记为要件。③ 而在中国很多地方(不仅在农村,也包括城镇),双方的父母、亲朋好友和邻里等往往把彩礼的给付、酒席的举办视为婚姻成立的要件。因此,彩礼的给付要办得"惊天动地",在很大程度上有"公示催告"的意味。有时候,在外务工的新人已经登记结婚并生了孩子,但出于种种原因没有送彩礼、办酒席,因此被亲朋好友与邻里视为"未婚先育",这给双方父母(尤其是女方父母)造成很大的心理压力。在传统中国封闭的熟人社会中,这种心理压力会成为人们日常生活的高昂成本。对彩礼给付的强烈诉求,表面上是因为女方"贪财",根本上则是关于婚嫁的传统社会规范(或者"风俗")使然。因此,只要此类关于婚嫁的传统社会规范存在,关于彩礼以及嫁妆的法律纠纷就会存在。关于这一点,最高人民法院在发布前述《关于审理彩礼纠纷案件适用法律若干问题的规定》时也有非常清醒的认知:"彩礼作为我国传统婚嫁习俗,有广泛的社会文化基础。"

在诸多传统习惯之中,民间禁忌是比较特别的一类。④ 所谓"禁忌",是指"犯忌讳的话或行动"⑤。禁忌具有很强的规范性,是一种独特的社会规范。有些学者认为,禁忌与法律有紧密的联系。⑥ 禁忌也通常和特定的风俗、民俗、信仰和职业等相关,具有很强的地域性或者行业性。对于信奉特定禁忌的人而言,他们相信,违反禁忌就会带来不利——很多时候是非常不利——的后果,因此在进行相关活动时会奉禁忌为圭臬。但是,一旦超越地域或者行业,禁忌就会失灵。在当前中国,随着人们迁徙的频繁、行业变化的加剧,不同个体可能遵守不同的禁忌,因而就更容易产生冲突。比如,发生过火灾的房子,对于一些地区的人而言,是非常不吉利的住所,不应居住;对于另一些地区的人而言,则意味着红红火火,是好住所。所以,在房屋买卖中,如果出售方隐瞒了房屋曾经着火的信息,就有可能产生纠纷。一旦此

---

① 参见朱最新:《法律多元与府际合作治理双重视角下的自治规范研究——兼论自治规范与国家法的关系》,载《法治社会》2017 年第 1 期。

② 参见[美]汤姆·R.泰勒:《人们为什么遵守法律》,黄永译,中国法制出版社 2015 年版;程金华、吴晓刚:《社会阶层与民事纠纷的解决——转型时期中国的社会分化与法治发展》,载《社会学研究》2010 年第 2 期。

③ 《中华人民共和国民法典》第 1049 条规定:"要求结婚的男女双方应当亲自到婚姻登记机关申请结婚登记。符合本法规定的,予以登记,发给结婚证。完成结婚登记,即确立婚姻关系。未办理结婚登记的,应当补办登记。"

④ 参见任骋:《中国民间禁忌》(增补本),中国社会科学出版社 2004 年版。

⑤ 《现代汉语词典》(第七版),商务印书馆 2021 年版,第 683 页。

⑥ 参见韩轶:《从禁忌到法律——法起源的社会学考察》,载《唯实》2006 年第 6 期;郝国强:《从宗教禁忌、石牌律到习惯法——大瑶山无字石碑的田野调查与研究》,载《宗教学研究》2014 年第 3 期。

类纠纷升级为诉讼案件,涉案禁忌是否应当受到法律规范的尊重与保护,在何种范围内、何种程度上受到保护,就会成为国家法律实施中的疑难问题。①

当然,在法律规范和社会规范共存的国家治理领域,除兼容性问题外,还有协同性问题。协同性要求两者共同发力,一起解决问题。近年来,中国的理论界②和实务界③日益意识到法律规范和社会规范进行协同治理的重要性。因此,代表国家制定和执行法律的政府机关就有必要对与法律背道而驰的社会规范进行"移风易俗",使得法律规范和社会规范能够兼容,最好能够协同治理。相对而言,兼容(不冲突)是底线要求,能协同是理想期待。但是,要实现规范体系之间的不冲突很难,实现两者的协同治理更是难上加难。法律规范和社会规范的不冲突、能协同不是抽象的,而是具体的,体现在规范的制定、执行、适用和遵循等方面。在这个意义上,前述类型二挑战的存在,不可避免地会导致类型三挑战的存在。要解决类型三挑战,就要解决社会规范自身存在的问题,两者是相互牵制的。

上述三类法治国家治理体系面对的挑战是韦伯意义上的"理想类型"。在实践中,这三类挑战通常纠缠在一起,相互影响,变成依法治理的"综合征"。"丰县生育八孩女子事件"就生动地展现了这种依法治理的"综合征"。当然,通过促成法律规范与社会规范之间的和谐共存与合作共治来应对依法治理的"综合征",表面上是规范整合与体系化的技术问题,深层次则涉及国家共同体与社会性共同体之间的价值分歧与利益协调。拐卖妇女在一些地区的盛行,表面上反映的是法律与这些地方邻里规范之间的冲突,深层次则折射出国家和家族(或者更大范围的村落)在妇女人身自由问题上的利益冲突:国家坚持公民的人身自由与婚姻自由,只有这样国家才能得到更多公民的认同,才能实现国家这个共同体的繁荣;而家族甚至村落把传宗接代和家族繁衍视为更高的利益诉求,因此在拐卖妇女问题上采取了不同的看法。在这个意义上,要解决本讲归纳的法治国家治理体系存在的问题与挑战,还要深入分析现代社会的共同体结构。这正是下一讲的内容。

---

① 参见江西省高级人民法院研究室:《直面民俗习惯的司法之难》,载《法律适用》2008 年第 5 期;马文:《风水纠纷的解决——兼论民间法适用的程序规则》,载《河北法学》2015 年第 8 期。

② 参见薛刚凌、王文英:《社会自治规则探讨——兼论社会自治规则与国家法律的关系》,载《行政法学研究》2006 年第 1 期;黎军:《基于法治的自治——行业自治规范的实证研究》,载《法商研究》2006 年第 4 期;刘旺洪:《论民间法及其与国家法的关系》,载《江海学刊》2007 年第 4 期;杨立新:《商业行规与法律规范的冲突与协调》,载《法治研究》2009 年第 6 期;朱最新:《法律多元与府际合作治理双重视角下的自治规范研究——兼论自治规范与国家法的关系》,载《法治社会》2017 年第 1 期。

③ 参见宋烈、俞静贤:《"软法"也能解决"硬问题"——更好发挥社会规范在法治社会建设中的积极作用》,载《中国司法》2021 年第 3 期。

思考题:

1. 如何理解法治国家治理体系?
2. 在当前中国社会,开展依法治理存在哪些类型的挑战?

第二讲　共同体与规范之网

第一讲提到法治国家治理体系遇到的三类挑战。其中,第二、三类挑战来自社会规范自身及其与法律规范衔接的制度技术问题,以及更深层次的共同体之间的利益协调问题。那么,这是不是意味着,可以化繁为简,尽量解散其他共同体,不用或者少用社会规范,直接用法律规范来实现国家的大一统治理呢？答案是:不可以。不仅事实上做不到,而且现代国家治理还应当建设丰富多元的社会性共同体,健全各类社会规范,这样才能让法治国家治理体系更加高效。

本讲延续上一讲的思路,从共同体建设角度重点说明为什么法律规范和社会规范的协同治理重要,以及怎样才是一个理想的法治国家治理体系。本讲首先介绍"共同体"的内涵,然后从共同体的概念出发理解"国家"和"社会"的含义以及彼此之间的关系,最后说明理想治理所需要的"规范之网"。

第一节　共同体的内涵与价值

现代社会的个人,一出生就自然属于某个或者某几个由个人组成的群体,其中最常见的是"家"和"国",合起来是"国家"。① 环顾四周,不属于某个家庭或者国家的个人,即使不是绝对没有,也非常罕见。当然,大部分现代社会的个人不只属于家或者国,出生时,还通常属于某个居住的村落或者社区,属于某个种族或者民族;随着年龄的增加,还会属于某个学校、某个宗教团体、某个政党等。这些由个人通过各种方式组成的群体是人类肉身赖以生存的环境,精神赖以寄托的家园,信仰赖以作用的世界。人们所寄居的群体数量和质量,将决定其生活的品质。换言之,在现代社会中,个人的生活是否美好通常取决于是否归属于层次丰

---

① 在中国古代社会,家国同构,家是缩小的国,国则是放大的家。《孟子·离娄上》载:"天下之本在国,国之本在家,家之本在身。"哲学家冯友兰曾言:"旧日所谓国者,实则还是家。皇帝之皇家,即是国,国即是皇帝之皇家,所谓家天下者是也。"参见冯友兰:《新事论》,东方出版中心 2017 年版,第 47 页。

富、种类繁多并且和谐共存的群体。在学术上,这些由个人组成的群体通常被称为"共同体"(community①)。

一、 何谓"共同体"

理论界对"共同体"尚没有给出统一的定义。② 之所以难以在学理上对共同体进行精准界定,部分原因在于共同体自身也在不断演化,在不同的时代呈现不同的形态。③ 作为社会学奠基者之一的德国社会学家斐迪南·滕尼斯(Ferdinand Tonnies)是全球最早对共同体进行系统研究的学者之一。在其 1887 年首次出版的经典著作《共同体与社会》中,滕尼斯对"共同体"与"社会"作了区分和对比:

> 通过这种(人们的相互扶持、相互慰藉、相互履行义务——本文作者注)肯定的关系形成的群体(Gruppe)一旦被理解成统一地向内或向外发挥作用的生命体或物体,那么它就被称作一个结合(Verbindung)。对关系本身,因此也即结合而言,如果我们将它理解为真实的(reales)与有机的(organisches)生命,那么它就是共同体(Gemeinschaft)的本质;如果我们将它理解为想象的(ideelle)与机械的(mechanische)构造,那么这就是社会(Gesellschaft)的概念。……"共同体"与"社会"之间的对立是一组既定的对立。所有亲密的、隐秘的、排他的共同生活都被我们理解成共同体中的生活;而社会是公共生活(Offentlichkeit),社会就是世界。在共同体里,一个人自出生起就与共同体紧紧相连,与同伴共同分享幸福与悲伤;而一个人走入社会就像走入另一个国度。……共同体是古老的;相反,无论作为事物还是名称,社会却是新的。……共同体是持久的、真实的共同生活,社会却只是一种短暂的、表面的共同生活。与此对应,共同体本身应当被理解成一个有生命的有机体,社会则应当被视为一个机械的集合体和人为的制品。④

滕尼斯把"共同体"定义为主要基于血缘和地缘形成的传统乡村共同生活群体,并且是有机的;"社会"则主要是工业化时代形成的城市人群,并且是机械的个人结合。虽然滕尼斯

---

① 在当代学术研究中,"共同体"对应的英文为"community"。不过,历史学家许倬云认为"共同体"对应的英文是"common-wealth":"'共同体'之名称,假如用英文表达,应当是'common-wealth',意指大家在这个共同体之内,不仅互相容忍,而且互相支持、共蒙福祉。"参见许倬云:《说中国:一个不断变化的复杂共同体》,广西师范大学出版社 2015 年版,第 4 页。这两个英文的含义并不一样,但可能恰恰对应了"共同体"在不同语境中的含义。

② 参见李义天主编:《共同体与政治团结》,社会科学文献出版社 2011 年版,第 3—12 页。

③ 关于全球学术界对"共同体"研究和思考的综述,可以参考 Gerard Delanty, *Community*, 3rd Edition, Routledge, 2018。

④ [德]斐迪南·滕尼斯:《共同体与社会》,张巍卓译,商务印书馆 2019 年版,第 67—71 页。

对共同体的定义非常经典,但是他把共同体和社会视为对立的概念,有非常明显的时代烙印和局限性:像同时代的很多思想家一样,滕尼斯对工业化、城市化和市场化给传统(德国)社会带来的冲击忧心忡忡,对刚刚到来的现代"社会"有深深顾虑。

随着时代的发展,在全球大部分国家,以城镇为中心的新型群体生活替代了传统乡村共同生活。在传统生活无可避免衰落的背景下,如何建设让人们更有安全感和归属感的现代乃至后现代社会？ 这一问题使全球学术界对共同体产生了更加浓厚的兴趣,围绕这一问题的研究也逐步扩大了共同体的内涵。

出生于波兰的当代欧洲社会学家齐格蒙特·鲍曼(Zygmunt Bauman)在 2000 年出版了一本研究共同体的专著《共同体:在一个不确定的世界中寻找安全》(*Community: Seeking Safety in An Insecure World*)。从该书副标题可以看出,作者不仅对当今全球普遍存在的动荡不安有很大的顾虑,也对通过共同体建设来解决问题抱有非常高的期待。根据译者的归纳,鲍曼如此定义共同体:"共同体指社会中存在的、基于主观上或者客观上的共同特征(或相似性)而组成的各种层次的团体和组织,既包括小规模的社区自发组织,也可指更高层次上的政治组织,而且还可以指国家和民族这一最高层次的总体。"①

与一百多年前滕尼斯的定义相比,鲍曼眼中的共同体不仅已经远远超越了传统的乡村共同体,也从一种客观存在扩展到主观认知。这是一个很大的内涵扩张,正因如此,共同体就不再受限于特定的地域空间,也不一定看得见摸得着。在这个意义上,本尼迪克特·安德森(Benedict Anderson)把民族界定为一种"想象的共同体"就非常有代表性:

> 遵循着人类学的精神,我主张对民族作如下的界定:它是一种想象的政治共同体——并且,它是被想象为本质上有限的(limited),同时也享有主权的共同体。它是想象的,因为即使是最小的民族的成员,也不可能认识他们大多数的同胞,和他们相遇,或者甚至听说过他们,然而,他们相互联结的意象却活在每一位成员的心中。……事实上,所有比成员之间有着面对面接触的原始村落更大(或许连这种村落也包含在内)的一切共同体都是想象的。区别不同的共同体的基础,并非他们的虚假/真实性,而是他们被想象的方式。……民族被想象为有限的,因为即使是最大的民族,就算他们或许涵盖了十亿个活生生的人,他们的边界,纵然是可变的,也还是有限的。……民族被想象为拥有主权,因为这个概念诞生时,启蒙运动与大革命正在毁坏神谕的、阶层制的皇朝的合法性。……民族于是梦想着成为自由的,并且,如果是在上帝管辖下,直接的自由。衡量这个自由的尺度与象征的就是主权国家。最后,民族被想象为一个共同体,因为尽管在每个民族内部可能存在普遍的不平等与剥削,民族总是被想象为一种深刻的、平等

---

① ［英］齐格蒙特·鲍曼:《共同体:在一个不确定的世界中寻找安全》,欧阳景根译,江苏人民出版社 2003 年版,第 1 页,译注①。

的同志爱。最终，正是这种友爱关系在过去两个世纪中，驱使数以百万计的人们甘愿为民族——这个有限的想象——去屠杀或从容赴死。①

安德森把民族界定为"想象的共同体"，很好地说明当代人对共同体的认识远远超越了滕尼斯界定的"亲密的、隐秘的、排他的共同生活"，也和鲍曼提出的共同体"还可以指国家和民族这一最高层次的总体"的主张有很好的呼应。另外，共同体内涵的变化与扩张，也说明共同体的形态在不断演化。

共同体的形态之所以不断演化，是因为构成共同体的基本单元发生了变化：在远古社会，部落是共同体的基本单元（也是共同体的唯一形态）；在农业社会，家庭为共同体的基本单元；在工业社会，家庭逐渐"原子化"为自然人个人，个人成为共同体的基本单元；在数字社会，个人进而"原子化"为比自然人更小的部分肌体（想象一下自然人可以克隆或者大脑部分可以人机对接成功）或者可以"复制和粘贴"的数字人（体现为虚拟数字空间中的数字孪生）。在共同体基本单元发生变化的同时，基本单元之间发生联系的环境与方式也发生了改变，形成了新的共同体整合机制。对于传统乡村熟人社会而言，18世纪以来的工业化、城市化和市场化使得自然人个人成为共同体的基本单元，并且由于彼此之间相当陌生，所以需要以契约为基本方式的新型整合机制。② 而21世纪以来席卷全球的数字化，使得区块链等数字技术又将逐步替代传统契约，成为数字化时代共同体的更新型整合机制，并形成元宇宙等最新形态的共同体。③

本书对共同体作如下定义：共同体是通常具有共同利益诉求、共同价值认同和共同行为规范的一些个体较为稳定地进行共同活动的群体。④ 个体是组成共同体的基本单元。如同前述，在不同时代，共同体的基本单元是不一样的，在农业社会主要是家庭，在工业社会主要是个人，在数字社会则可能是自然人的部分肌体或者数字化身。目前人类处在从工业社会向数字社会转型的阶段，共同体的基本单元是个人，但也有家庭或者数字化身组建共同体的情形。两个或者两个以上的个体在一起较为稳定地共同活动是共同体的基本属性。顾名思义，单个个体的活动不能构成共同体。虽然有多个个体一起活动，但是活动不稳定，甚至是"一锤子买卖"，也不能算是共同体。比如，两个江洋大盗合伙干了一票，分赃之后就分道扬镳，这就不能算是共同体。但是，如果他们长期合作，甚至有明晰的分工和固定的帮手，就是一个盗窃共同体，甚至是有组织的黑社会共同体。常见的人类共同体有家庭、家族、村落、村

---

① ［美］本尼迪克特·安德森：《想象的共同体——民族主义的起源与散布》（增订版），吴叡人译，上海人民出版社2016年版，第6—7页。

② 参见张康之、张乾友：《共同体的进化》，中国社会科学出版社2012年版，第53—91页。

③ 参见程金华：《元宇宙治理的法治原则》，载《东方法学》2022年第2期；季卫东：《元宇宙的秩序——虚拟人、加密资产以及法治创新》，上海人民出版社2023年版。

④ 对"共同体"的类似定义，可以参见李义天：《共同体：内涵、意义与限度》，载李义天主编：《共同体与政治团结》，社会科学文献出版社2011年版，第1—39页。

社、公社、采邑、社区、教区、企业、学校、行会、政党、民族和国际组织等。

通常而言,共同体成员之间有"三共",即共同的利益诉求、共同的价值认同和共同的行为规范。共同的利益诉求是共同体成员在一起活动的"初心",缺乏共同的利益诉求就会使共同体变成无源之水。正如马克思曾经断言:"人们为之奋斗的一切,都同他们的利益有关。"①共同的价值认同和行为规范则是把共同体成员联系在一起的纽带,前者更多是内在的自约束,而后者更多是外在的他约束。"三共"通常会在某共同体中同时出现,但也存在例外情形。比如,工业化时代的家庭作为一种典型的共同体形态,其成员有明显共同的利益诉求(经营并增加家庭共有财产)、共同的价值认同("三观不合"会导致离婚)和共同的行为规范(表现为家规);而现代大学作为一种常见的共同体,其成员也有明显的共同的利益诉求(如努力提升大学声誉)和共同的行为规范(表现为大学的校规),但未必有共同的价值认同(有些大学有自己的主流价值观,有些没有明确的价值观,有些则经常出现价值观的分裂)。对于共同体来说,其成员的利益诉求、价值认同和行为规范越相同,其活力就越强,成员对共同体的认同与归属感就越强。

二、 共同体的价值

那么,人类为什么需要建设共同体? 简单的答案是:在大部分时候,归属于某个共同体会使个体更强大,更有安全感。对于自然人个人来说,共同体归属使得其区别于动物。这并不是说,动物没有共同体,②而是动物并不必然属于某个共同体,而个人必然归属于某个有形或者无形的共同体。③ 共同的利益诉求奠定了共同体成员相互协作的基础;共同的价值认同则可以帮助成员摆脱觅食和交配这样的动物本能和"低级趣味",迈向更高层次的精神生活;而共同的行为规范可以减少共同体成员之间的内斗与内耗,并实现"人多力量大"的效果。

人类现代化的过程也是个"原子化"的过程,一方面促成了自然人的个性解放,另一方面又必然使家族等传统共同体式微,从而导致人群更可能变成"一盘散沙"。换言之,个人主义的崛起既让个体变得更加强大,又事实上让个体变得非常脆弱——如果没有有效的合作,现代社会中的个人将寸步难行。这也是滕尼斯的顾虑所在。因此,在现代高度劳动分工的陌生人社会中,多元共同体不只是把人群聚集在一起,更重要的是促成涂尔干所主张的有机团

---

① 《马克思恩格斯全集》(第 1 卷),人民出版社 1995 年版,第 187 页。

② 由大卫·爱登堡制作的纪录片《王朝》(Dynasties)非常形象地展现了大猩猩、狮子、企鹅、鬣狗等动物的族群归属。

③ 有读者可能说,终南山的"隐士"不属于某个共同体,其实不然。大部分所谓的"隐士"恰恰因为认同隐居的文化观念,才会选择隐居的生活,因此至少属于某个文化共同体。

结(mechanical solidarity)。① 英国社会学家杰拉德·德兰蒂(Gerard Delanty)在其经典著作《共同体》中提及:"虽然存在定义上的争议,但共同体观念与在缺乏安全感的现代社会中追寻归属感是紧密相关的。"②英国社会学家安东尼·吉登斯(Anthony Giddens)也认为:"今天在政治光谱的两边,我们都目睹了对社会分裂的恐惧和对复兴共同体的呼吁。"③

简单来说,人类的进步造就了更多强大活跃的"1",而共同体就是促成"1+1=2"甚至实现"1+1>2"的群体整合机制,这就是共同体的价值。并且,共同体越多,"1+1=2"甚至"1+1>2"的群体整合机制就越丰富,人类就越强大,个体就越有依靠。

当然,凡事都有两面性。共同体成员之间通常有"三共",也意味着共同体成员与非成员之间就可能有"三别":别样的利益诉求、别样的价值认同和别样的行为规范。也因此,在共同体内部,成员之间的关系得到了有机整合,但是在共同体外部,就造就了"我 vs. 他"的差异甚至敌对。美国政治学家塞缪尔·亨廷顿(Samuel P. Huntington)晚年一直思考民族认同问题,先后出版了《文明的冲突》④和《我们是谁》⑤两本重要著作。对于《文明的冲突》这本书,读者们相对比较熟悉,说的是信奉不同文明的共同体之间的利益、价值和规范差异与冲突。《我们是谁》是亨廷顿去世前的最后一本专著。在该书中,他直言不讳地讲,作为一个年轻的多民族国家,美国缺乏清晰的"美国人"形象,因此需要通过树立"敌人"来界定"自己"。现在,让我们再品味一下前文引用的安德森在界定"想象的共同体"时的最后一句话:"最终,正是这种友爱关系在过去两个世纪中,驱使数以百万计的人们甘愿为民族 —— 这个有限的想象——去屠杀或从容赴死。"这大概就是共同体的"政治悖论"。⑥

简言之,承认共同体建设的必要性,并在充分发挥其对于人类发展正面作用的同时,尽可能防止其伤害人类自身,是国家治理的理论研究和实践所需要的智慧。

第二节　共同体的类型:"社会"与"国家"

鉴于共同体对于现代社会的重要性,有效的国家治理方式是在促成多元共同体繁荣的同时,合理处理好共同体之间的关系。要实现这样的治理目标,就需要让某个共同体扮演主

---

① 参见[法]埃米尔·涂尔干:《社会分工论》,渠敬东译,生活·读书·新知三联书店出版社 2024 年版。

② Gerard Delanty, *Community*, 3rd Edition, Routledge, 2018, p. 2.

③ Anthony Giddens, *Beyond Left and Right*, Polity Press, 1994, p. 124.

④ [美]塞缪尔·亨廷顿:《文明的冲突》,周琪等译,新华出版社 2017 年版。

⑤ [美]塞缪尔·亨廷顿:《我们是谁? 美国国家特性面临的挑战》,程克雄译,新华出版社 2005 年版。

⑥ 参见李义天:《共同体:内涵、意义与限度》,载李义天主编:《共同体与政治团结》,社会科学文献出版社 2011 年版,第 1—39 页。

导角色,由其领导其他共同体建设。在目前世界的绝大多数地方,扮演主导角色的共同体是民族国家(nation state)。^① 其他类型的共同体则属于"社会性共同体",扮演必要但次要的角色。本节重点从共同体的角度分析讨论"国家"和"社会"的含义,以及彼此之间的关系。

一、 个人归属共同体的四种方式

大致来说,个人归属共同体的方式有四种。其中,血缘和地缘是两种相对先天和客观的决定因素,而职业(或者更宽泛的"利益获取")与信仰(或者更宽泛的"兴趣认同")是两种相对后天和主观的选择因素。

血缘曾是构建共同体的最重要方式。通过血缘的纽带,我们有了家庭、家族和部落。迄今为止,家庭仍然是最重要的共同体之一。家庭承担着生、育、传、承等人类基因和文化繁衍的重要功能。[②] 当然,随着人工授精、试管婴儿、代孕等生命科技的不断进步,传统上必须由家庭承担的功能日益被科技取代。也就是说,从功能上讲,血缘建构共同体的功能在弱化,由血缘建构的家庭与家族共同体日趋式微。

地缘也是建构人类共同体的重要方式。在农业社会,人们"生于斯、长于斯、老于斯"是常态,因此基于血缘形成的共同体通常也长期聚居于某个地方,血缘共同体和地缘共同体是高度重叠的。但是,饥荒、战争和政府组织移民等导致的被动迁徙,以及谋生、求学和从仕等促成的主动迁居,使得聚居在一起的人们不一定有血缘关系,而长期聚居在某个地方,使得人们形成了客观上的利益相关、地方观念认同和共同行为规范。地缘共同体逐渐从血缘共同体中分化出来,并日益凸显其重要性。历史学家许倬云在论述"中国"这个复杂共同体中提及:

> 从殷周两代开始,经历春秋战国,过去以人群组合作为基础的共同体逐渐转变。总的趋向,乃是从属人的族群转变为属地的共同体,乡党邻里成为个人主要的归属。这一转变,可以从国家的管理制度觇见。春秋时代,封建城邑中的居民是统治的族群,在城外,居住在乡遂的"野人"(意指城外郊野的居民,并不意涉野蛮)则是另外一套编制;从封君的角度看,这些人是封建体制外的他人族群,而不是按照地域区分的被统治者。……郡县以下的基层,在春秋时代是以"社"为中心的人群共同体。所谓"社",也就是地方的保护神,每一个"社"所在地区的居民,都围绕着保护神成为一个共同体。[③]

---

① 不过,在欧洲,超越民族国家的欧盟共同体日益扮演着更重要的社会建设引领角色。
② 参见费孝通:《乡土中国 生育制度 乡土重建》,商务印书馆 2016 年版,第 142—336 页。
③ 许倬云:《说中国:一个不断变化的复杂共同体》,广西师范大学出版社 2015 年版,第 66—67 页。

　　许倬云的上述描述不仅以中国为例说明了从血缘共同体到地缘共同体的演化，也说明了"社"的含义，即认同相同保护神的地缘性共同体（这对于理解"社会"的含义非常重要，后文将专门讨论）。在欧洲，作为古代日耳曼人组织共同体的最重要方式之一的"马尔克公社"的演化历史，也是血缘因素从处于缔结共同体诸多因素的中心位置慢慢靠边的例证，正如恩格斯所言："马尔克制度，直到中世纪末，依然是德意志民族几乎全部生活的基础。……血统联盟在这里，也和在任何其他地方一样，是整个民族制度的基础；而随着人口数目的增加和民族的继续发展，这种联盟越来越被人们忘却了。"①

　　血缘共同体和地缘共同体在中国的此消彼长，也可以从自然村在当代中国的衰落里得到印证。自然村，顾名思义，是"自然地"形成的聚居村落。虽然自然村是一种地缘共同体，但自然村通常是一个或者几个姓氏家族成员聚居而"自然地"形成的村落，也往往是一种血缘共同体。因此，很多自然村有血缘共同体和地缘共同体的双重属性。相对而言，行政村是基于行政区划形成的村落，虽然也是一种地缘共同体，但其血缘共同体的成色明显减弱。据统计，2000 年至 2010 年，我国自然村由 363 万个减少到 271 万个，有 90 多万个（占 1/4）自然村在 21 世纪的第一个十年里消失。②

　　总的来说，血缘和地缘是建构共同体的先天性因素，也是非常容易确定的因素。事实上，血缘和地缘也是当今各国确定公民国籍的最重要判断因素。在传统社会中，人们或依血缘或地缘来组建共同体，后天的因素通常不重要，或者与先天因素混合在一起。比如，在中国传统社会，职业可以分为四大类：士、农、工、商。但是，在很长的时间里，人们的职业选择没有太多的后天因素，而是依附于血缘和地缘。父亲的职业在很大程度上决定了儿子的职业。比如，父亲有军籍，则儿子也可能有军籍。这种做法在 1949 年以后的中国仍有很大影响。同样，在中国传统社会，职业也具有明显地域性。例如，有些村庄篾匠较多，有些村庄则铁匠较多。当然，从整体发展趋势来看，自工业革命以来，人们后天的努力和选择日益成为职业的决定因素，而职业又日益成为建构人类共同体的重要因素。

　　在现代的共同体中，一些共同体是直接基于职业形成的，如律师协会、医师协会和电商协会等。另一些共同体虽然不是职业决定的，但和谋利工作紧密相关。比如，现代公司是由股东共同出资形成的经济共同体，③除了特殊情况，股东们把有限的资金聚集在一起使用，是为了获得更多、更长远的经济回报。前文提及，工业革命导致人类社会发生了"原子化"的

---

① 《马克思恩格斯全集》（第 25 卷），人民出版社 2001 年版，第 257—258 页。

② 参见张静：《社会治理：组织、观念与方法》，商务印书馆 2019 年版，第 5 页。本书第一讲介绍的"丰县生育八孩女子事件"中，事件发生地董集村现已经并入李庄行政村，就是一个典型例子。

③ 曾经担任过英、法、意、比四国公使参赞的清末改良主义思想家宋育仁认为，社会和公司本质是一样的，无非前者重名，后者重利，并且国家也是一个大公司、大社会："社会与公司相表里，联交结党者为社会，醵财谋利者为公司……其一国即是一大公司、一大社会，推之则英国联邦诸岛……合为一大社会；德国日耳曼列邦合为一大社会；……又推之则泰西各国与南北亚美利加、澳大利亚合为一大社会也。"参见宋育仁：《泰西各国采风记》，岳麓书社 2016 年版。

运动,个人既变得更加强大,也日益需要与他人合作。也因此,基于职业(或者更宽泛的"利益获取")的考量,个人以自由选择的契约方式来组建的共同体类型日益繁多,并越来越占据更重要的地位。

同样因为工业化、城市化和市场化的影响,个人从家庭与家族的束缚中解放出来,既在业余生活上有了更多的方式选择,也对精神世界形成了更多的依赖。在中国传统的农业社会里,绝大部分成年男子的生活就是日复一日的田间劳作,缺少闲暇时间。而在现代,都市成年人"朝九晚五"和"双休日"的生活方式,以及长达数十年的退休生活,日益成为常态。如何打发工作之余的闲暇时间,不仅是个人的需求,也日益成为社会整合的需要。于是,定时参加广场舞的非正式团体和诸如"掼蛋协会"这样的娱乐组织雨后春笋般冒了出来。当然,人们不只是对广场舞和掼蛋有兴趣,还会对其他方面产生兴趣甚至信仰,并因此组建或者加入某个组织等。基于信仰(或者更宽泛的"兴趣认同")的原因,个人在意愿的支配下,也通常以契约的方式组建各种共同体。

二、"社会"的含义

无论是基于利益获取的理性选择,还是基于兴趣认同的价值观念,或者两者兼具的原因,"原子化"的现代个人越来越频繁地以名目众多的方式汇聚在一起,组建成具有共同的利益诉求、共同的价值认同和共同的行为规范的新型共同体。与"社"主要基于血缘和地缘等先天客观性原因形成不一样,这些新型共同体主要基于后天主观性选择形成,可以被归纳为"会"。

种类繁多的"社"和"会"聚合在一起,便成了"社会"。在中文里,"社会"作为一个单独的词汇,至少从唐代就出现了。① 但是,作为单一名词的古汉语"社会"的含义"主要不是用来指称一般意义上的人群组合、人际互动形态,而是指民间的各种迎神赛会"②。换言之,在传统中国,"社会"主要是指"社"的活动。而现代汉语中的"社会"则是晚清和民初中国学者借鉴日语用法确立的对英语、德语和法语相对应词汇的中文翻译。1904 年,梁启超主持的《新民丛报》设立新名词解释专栏,借用日本学者健部遁吾的《社会学序说》及日本教育学术研究会编撰的《教育辞书》里的相关内容,对"社会"概念作出理论界定:"社会,英 Society,德 Gesellschaft,法 Societe。社会者,众人协同生活之有机的、有意识的人格之混一体。"③简单来说,无论是在语言的表达上,还是在深层次的社会整合机制变迁上,晚清和民初中国学者都

---

① 参见李明:《"社会"一词的语义流动与新陈代谢》,载常建华主编:《中国社会历史评论》(2016 年第 17 卷)(下),天津古籍出版社 2016 年版。

② 李恭忠:《Society 与"社会"的早期相遇:一项概念史的考察》,载《近代史研究》2020 年第 3 期。

③ 转引自李恭忠:《Society 与"社会"的早期相遇:一项概念史的考察》,载《近代史研究》2020 年第 3 期。

必须思考如何界定各种新型人群。严复把 sociology 翻译成"群学",以及后来中国学界最终借鉴日语用法确立"社会"以及"社会学"的观念,都是对新型人群的界定。这种新型人群更多是出于各种原因形成的种种"协会"(association)。最终,"社会"便兼具传统中国的"社"和现代化所催生的"会"的内涵。① 结合严复的"群学"概念,"社会"就是近代以来所形成的新型人群整合方式。

结合上述讨论,现在再回来看滕尼斯的《共同体与社会》。非常有意思的是,曾经在海德堡大学短期从事研究并在后来担任美国社会学协会主席的社会学家查尔斯·卢米斯(Charles P. Loomis)把滕尼斯的书翻译成了英文,他最开始把书名 *Gemeinschaft und Gesell-schaft* 翻译成 *Community and Association*,② 之后又改成了 *Community and Society*,③ 也就是把德文 Gesellschaft 的英文翻译从 Association 改成了 Society。前文讨论过,滕尼斯把"共同体"和"社会"视为两个对立的概念,并担心工业"社会"对传统乡村"共同体"的冲击。根据现在的理解,"社会"的含义应该包括传统的乡村共同体,因此把"共同体"和"社会"视为两个对立的概念容易引发误解,也需要解释说明。这样看的话,或许卢米斯最开始把德文 Gesell-schaft 翻译成英文的 Association 更符合滕尼斯的本意。

鉴于此,本书对"社会"作如下定义:社会是把各种"社"和"会"共同体糅合在一起的人类群体生活系统,其中的"社"是基于血缘和地缘因素建构起来的各类共同体,而"会"是基于利益获取或者兴趣认同建构起来的各类共同体。现代人几无例外地生活在特定的社会之中。

三、"国家"的含义

在各种人类构建的共同体中,近代才出现并蔓延全球的民族国家是一个特殊的存在。前文提到,安德森把民族称为"想象的共同体"。事实上,现代民族的形成通常与国家建设同步进行,并把目标指向统一的民族国家。④ 相对于其他类型共同体,民族国家的建构过程道

---

① 参见李恭忠:《Society 与"社会"的早期相遇:一项概念史的考察》,载《近代史研究》2020 年第 3 期;李明:《"社会"一词的语义流动与新陈代谢》,载常建华主编:《中国社会历史评论》(2016 年第 17 卷)(下),天津古籍出版社 2016 年版。

② Ferdinand Tonnies, *Community and Association* (*Gemeinschaft und Gesellschaft*), translated and supplemented by Charles P. Loomis, Routledge & Kegan Paul, 1955.

③ Ferdinand Tonnies, *Community and Society*, translated and edited by Charles P. Loomis, Dover Publications, 2002.

④ 当然,国家建设和民族建设的具体任务并不一致,在不同地区所面临的阶段性任务也不一致。美国政治学家福山对此有较好的论述。See Francis Fukuyama, *State-Building*: *Governance and World Order in the 21ˢᵗ Century*, Cornell University Press, 2004; Francis Fukuyama ed., *Nation-Building*: *Beyond Afghanistan and Iraq*, Johns Hopkins University Press, 2006.

阻且长。就前文提到的"社会"而言,个人天生是"社"的成员,或者因主动选择入"会",而成为社会的一分子。但民族国家的建构则混合了各种因素。以美国为例,有人因父母是美国人而基于血缘继受了美国国籍,有人因出生在美国而获得了美国国籍,有人因在美国就业而选择加入美国国籍,有人则因认同美国的国家文化而移民成为美国公民。因此,把民族国家视为"想象的"共同体,既因为促成民族国家的整合机制并不十分清晰,也因为建构民族国家的因素多元复杂。或者,正如以色列历史学家尤瓦尔·赫拉利(Yuval Noah Harari)在《人类简史:从动物到上帝》里主张的那样,包括民族国家在内的诸多共同体,都是智人通过虚构故事的方式建构出来的,是人们"讲八卦"的产物。①

但是不管怎样,民族国家是当今人类社会最重要的共同体,是人类已有政治共同体的最成熟形态。相对于其他共同体而言,国家的独特之处在于,它是唯一合法垄断暴力使用的共同体。韦伯曾经对国家有如下的经典描述:

> 什么是"国家"?在社会学意义上,国家不能够根据它的活动内容来界定。……最终,在社会学意义上,现代国家只有根据它与其他政治联合体都特有的活动方式来界定,那就是,物理暴力(physical violence)。……自然地,暴力并不是国家经常性的或者唯一的活动方式。没有人会这么讲。但是,暴力是国家的一种特别活动方式。如今,国家和暴力之间的关系是特别地近。……我们如今不得不说,国家是在一个疆域里(成功地)主张自己是合法垄断物理暴力的那个人类共同体。同时,疆域也是定义国家的一个重要特征。如今,只有国家的授权,其他联合体或者个人才可能拥有动用物理暴力的权利。②

四、 理解国家—社会关系

韦伯对国家所作的上述定义,仍然是全球社会科学界遵从的经典。这个定义也为厘清"国家"和"社会"之间的关系提供了有用的知识工具。对于本书读者来说,不妨记住如下几点:

第一,社会是各种人类共同体的总称,而国家(state)是一种非常特别的——唯一可以合法垄断暴力使用的——人类共同体。如果在最宽泛意义上理解社会,那么美国社会学家

---

① 参见[以色列]尤瓦尔·赫拉利:《人类简史:从动物到上帝》,林俊宏译,中信出版社2014年版。

② Max Weber, "What Is a State," in Bernard E. Brown ed., *Comparative Politics: Notes and Readings*, Peking University Press, 2003, pp.146-147.

乔·米格代尔（Joel S. Migdal）关于"国家在社会之中"（state in society）的论断很有道理。[①]

第二，前面讲"国家在社会之中"的"国家"对应的英文是 state。应当注意，在汉语中，英文的 country 也被翻译成"国家"。如果讲的是 country，那么"国家"是指拥有土地、人民和主权的政治实体，包含各类在这个政治实体内活动的组织和共同体。在这个时候，可以把"国家"和最宽泛意义上理解的"社会"大致等同。[②] 吉登斯就认为，在日常生活中，国家具有双重含义，有时指的是政府机构或者权力机器，有时又指这种政府或者权力所支配的整个社会体系。[③] 就像在日常用语中，我们有时候会把"日本""日本这个国家"和"日本社会"混同使用。本书前言提到，中国法学界有时从广义上定义"法治社会"，并把"法治社会""法治国家"和"法治"混同。这就是原因。

第三，如果我们把国家视为法律规范的制定者，它就是一个独特的政治共同体，由它组建的政府（government）代表其运作，行使其合法垄断的暴力。这个时候，我们也应当自觉地把国家与各种"社"和"会"区别对待——国家和社会也就"代表了两种不同的集体整合方式"，由此形成把国家和社会并列的关于"国家—社会关系"的大量讨论研究。[④]

那么，如果把国家视为一种独特的政治共同体，同时把社会视为其他类型共同体的总称（前一讲用"社会性共同体"来指代），国家和社会究竟是一种怎样的关系？这主要有三种立场：第一种立场主要体现在英美的政治哲学与社会研究中，通常把两者视为一种对抗关系。也就是说，国家强则社会弱，因此需要设法控制国家这个"利维坦"。第二种立场主要源自黑格尔的政治哲学，把国家视为比社会更高级别的政治共同体。第三种立场则经常出现在关于中国国家—社会关系的研究中，认为两者是合作关系。比如，王裕华将第二次世界大战后国际社会科学界关于国家—社会关系的研究分为三代，第一代采取"社会中心"的研究视角，第二代采取"国家中心"的研究视角，第三代采取"社会中的国家"的研究视角，在此基础上，他主张"社会中的国家 2.0 版"的第四代研究视角。[⑤] 当代史学家黄宗智则主张国家与社会的二元合一。[⑥]

---

① See Joel S. Migdal, *State in Society: Studying How States and Societies Transform and Constitute One Another*, Cambridge University Press, 2001; Yuhua Wang, "State-in-Society 2.0: Toward Fourth-Generation Theories of the State," *Comparative Politics*, Vol. 54, No. 1, 2021, pp. 175-198.

② 事实上，如果我们追溯现代英语词汇"polity"（政治体）和"society"（社会）的词义来源，可以看到它们在古希腊时期基本上具有相同的含义，均指古希腊的城邦。参见程又侠：《从"社会"语义变迁看马克思"国家—社会"理论的范式革命》，载《河海大学学报（哲学社会科学版）》2024 年第 2 期。

③ 参见[英]安东尼·吉登斯：《民族—国家与暴力》，胡宗泽、赵力涛译，生活·读书·新知三联书店 1998 年版，第 18 页。

④ 参见郑杭生、杨敏：《社会与国家关系在当代中国的互构——社会建设的一种新视野》，载《南京社会科学》2010 年第 1 期。

⑤ See Yuhua Wang, "State-in-Society 2.0: Toward Fourth-Generation Theories of the State," *Comparative Politics*, Vol. 54, No. 1, 2021, pp. 175-198.

⑥ 参见黄宗智：《国家与社会的二元合一：中国历史回顾与前瞻》，广西师范大学出版社 2022 年版。

本书也认同,国家和其他社会性共同体应该是相互包容、相互协作的关系。具体而言,它们既不是"敌我"的对抗关系,也不是"父子"的一统关系,而是"兄弟"的合作关系。在一个代表政治实体的国家(country)①里,如在中国,由政府代表运作的政治性共同体国家是"兄长",其他社会性共同体则是国家的"弟弟妹妹"。虽然国家和社会性共同体有各自的利益诉求、价值认同和行为规范,应当相互包容、求同存异,但是国家利益、国家认同和法律规范应当是主导性的。

第三节　"规范之网"与理想治理

作为各类共同体的"兄长",国家如何在占据主导地位的情形下,有效带领"弟弟妹妹们"一起建设好国家(country)这个大家庭,是国家治理体系与治理能力现代化亟须解决的难题。

前一讲已经结合实例分析了法治国家治理体系面临的三类挑战,分别是依据法律规范直接治理的挑战(类型一挑战)、依据社会规范进行治理的挑战(类型二挑战)、法律规范和社会规范协同治理的挑战(类型三挑战)。这三类挑战相互叠加影响便造成"法治综合征",其在表层上是制度规范整合与体系化的技术问题,在深层次则涉及国家与社会性共同体之间的价值分歧与利益协调。有了本讲对共同体理论的介绍,读者应该对上一讲的归纳有更好的理解。

前文也提及,共同体成员通常有"三共",共同的利益诉求、共同的价值认同和共同的行为规范。在每一个共同体内部,成员的利益诉求、价值认同和行为规范是相互关联的。再以前述"丰县生育八孩女子事件"为例。对于像董某民及其家族这样的中国人群来说,传宗接代是其排序很靠前的利益诉求,这种诉求又反映了他们怀有男尊女卑、女性是生育工具这样的价值观念。因此,为了实现传宗接代,他们买卖妇女并不惜以上铁链的方式限制妇女的人身自由,并将这一行为视为具有正当性的行为。由于利益诉求、价值认同和行为规范达成了一致,在这些人群中,拐卖和虐待妇女的行为就会盛行不绝。国家虽然明文禁止这样的行为,但仍没有改变他们的利益诉求和价值认同,因此这些行为屡禁不止。在这种情形下,法治国家建设会面临很大的挑战。当然,从"未成年人因文身被取消入学资格事件"看,法律规范同长沙学校校规之间的冲突,主要涉及制度规范整合与体系化的技术问题,不会涉及明显的利益冲突和价值分歧。在这种情形下,法治国家建设所面临的挑战不会那么严重。

---

①　在下文中,为方便读者理解,避免混淆,如果"国家"指的是"country",本书作者就会括弧标注,否则指的就是"state"。

那么,从共同体建设的角度,如何解决法治国家治理体系面临的挑战? 坦诚讲,如果涉及利益冲突,共同体之间的矛盾就势必存在;如果不涉及利益冲突而仅涉及价值认同差异,共同体之间的矛盾可以通过教化慢慢缓解;如果仅仅涉及规范冲突,调整彼此的行为规范就可以了,这也是最为简单的。既要建设丰富多元的共同体,又要使得彼此之间和谐共存,是一件必须久久为功的大工程。

从理念上看,一方面,国家和社会性共同体的利益诉求、价值认同和行为规范当然不能南辕北辙,不能国家"往东"、社会"往西",否则就会出现国家(country)这个大家庭的内耗与分裂,并最终损害所有共同体的利益。包括国家在内的所有共同体,从长远看,是一荣俱荣、一损俱损的关系。不过,另一方面,从利益共享和价值多元的角度看,当国家"往东"的时候,虽然社会性共同体不能"往西",但也不应当禁止它们"往南"或者"往北"。只要社会性共同体的利益诉求、价值认同和国家的并不直接相悖,就不应当被禁止,甚至应被鼓励。这样的话,所有共同体的合力才能开辟出更大的天地,有"东面+南面+北面"的广阔天地,而不只是"东面"的一块天地。

在上述理念支撑下,解决法治国家治理体系所面临挑战的策略是建设国家法律规范主导的"规范之网"。所有的共同体都有适用于自己成员的行为规范,国家制定法律规范,社会性共同体形成社会规范。如同国家是一种特殊共同体,法律规范也是一种特殊类型的行为规范。根据张文显主编的《法理学》,"法"或者"法律"(这两个概念在该书中含义等同)具有如下四个本质特征:法是调整社会关系的行为规范;法是由国家制定或者认可的行为规范;法是规定权利和义务的社会规范;法是由国家强制力保证实施的社会规范。[1]

在一个理想的包含多元共同体的治理体系里,法律规范和社会规范都要分别存在,并能够有效地适用于自己的共同体成员。这样就能尽量确保共同体内部的成员之间不过于内耗。然后,所有规范之间最好都能够有效衔接,尽量确保社会规范与法律规范不会发生冲突,并且当社会规范需要的时候能够得到法律规范的背书和支持。正如江必新和王红霞主张的那样,"社会的规则系统内部,以及规则系统与法治实践之间,在价值取向和基本原则上具有一致性",以此实现法治的"融贯性"。[2] 或者,如汪习根和廖奕主张的那样,要实现法治社会的"法律统一"。[3]

不妨把各类共同体的行为规范视为一个个大小不一的交通网络,其中有乡间小道,有城市马路,也有高速公路;人们可以走路,可以骑车,可以开车,也可以乘高铁出行——只要目标确定,条条道路都可以通罗马。

正如一个出行方便的国家需要四通八达的交通网络一样,一个和谐美丽的政治实体也

---

① 参见张文显主编:《法理学》(第五版),高等教育出版社、北京大学出版社 2018 年版,第 72—76 页。
② 参见江必新、王红霞:《法治社会建设论纲》,载《中国社会科学》2014 年第 1 期。
③ 参见汪习根、廖奕:《论法治社会的法律统一》,载《法制与社会发展》2004 年第 5 期。

需要一套四通八达的"规范之网"。在这个规范之网中,国家制定的法律规范是当然的中流砥柱,对社会规范具有指导、引领、规范之作用。① 在这个规范之网中,只要规范类别丰富齐全,每类规范制定科学且执行严格,以及每类规范之间能够围绕法律规范实现无缝衔接,那么这个国家治理的规范体系就一定是个高效能的体系,离我们期待的理想治理也就不远了。②

《老子》第七十三章讲的是治国的道理,最后一句话是"天网恢恢,疏而不失",意思是"天网宽大无边,稀疏而不遗漏"。③ 这句话在后来经常被当作"法网恢恢,疏而不漏"来用,指的是法律虽然看起来很稀疏,但实际上能够及时惩罚坏人。一个理想的法治国家治理体系也就是要达到这个效果。④ 当然,行为规范不仅要惩罚坏人,还要及时地激励对共同体建设有积极作用的行为、对整个国家(country)建设有正面影响的行为。党的十八大以来,中央一再强调的"坚持法治国家、法治政府、法治社会一体建设",也正是向理想治理的目标迈进。如何精准界定"法治社会"的内涵,并在这个基础上理解法治的"一体建设",正是下面两讲的任务。

思考题:

1. "共同体"是什么? 共同体对于国家治理有什么价值?

2. "规范之网"指的是什么? 其与法治国家建设有什么内在关联?

---

① 参见朱最新:《法律多元与府际合作治理双重视角下的自治规范研究——兼论自治规范与国家法的关系》,载《法治社会》2017 年第 1 期。另外,汪世荣认为,在国家法律规范体系里,也有中央立法和地方立法之分,因此"新立法理念"是实现中央立法、地方立法、社会规范的三层治理制度体系建构。参见汪世荣:《"枫桥经验"视野下的基层社会治理制度供给研究》,载《中国法学》2018 年第 6 期。

② 在当代关于国家治理的理论中,网络治理(Network Governance)理论很具有参考性。See Naim Kapucu, *Network Governance: Concepts, Theories, and Applications*, Routledge, 2020.

③ 参见《老子》,饶尚宽译注,中华书局 2006 年版,第 176 页。

④ 李林认为,法治社会是"法治有所为有所不为的社会,是'法网恢恢、疏而不漏'的社会,是民法社会法愈多、刑法管制法愈少的社会"。参见李林:《建设法治社会应推进全民守法》,载《法学杂志》2017 年第 8 期。

第三讲　法治社会内涵解析

在介绍过通过规范之网来建构理想的国家治理体系之后,我们现在来讨论法治社会的内涵。本讲先梳理法治社会相关理论的发展脉络,对理论界已有的各种法治社会内涵界定进行归类,然后给出本书对法治社会的定义。

第一节　"法治社会"在中国的理论源流

党的十八大以来,学术界——主要是法学界——对法治社会的研究出现了井喷式发展。[①] 本节先简要说明"法治社会"在中文语境中的概念源流,然后对界定法治社会内涵的学术争鸣进行归纳。

一、 源起:"自由社会的法治"

在目前可以查到的文献中,作为一个汉语的概念,"法治社会"最早出现于 1959 年刊登在《现代外国哲学社会科学文献》上的一篇关于当年国际法律学家会议(The International Congress of Jurists)的相关外国新闻摘编信息。该信息是这样描述这次国际会议的:

> 会议的主要议题,是讨论有关法治问题的一篇论文报告,这篇报告是从总结了75 000 名法律学家及 30 个国家的法律研究机构对国际法律学家委员会就征询他们国内法律制度之职能问题而作的回答中所得出来的。问题归纳为 5 个主题,由不同的委员会进行讨论:(1)立法机关与法律,特别对一个自由社会中立法权力所依据的假定作重点的探讨;(2)行政机关与法律在立法与行政的委托关系上;(3)行政机关对检察与保安的责任;(4)司法机关的地位;和(5)律师制度的地位。……论文指出,法治观念要服从于两个理想:国家中的一切权力必须要根源于法律,而且要依照法律来执行,其次,法律必须要建筑在尊重人类人格的基础之上(着重号为本书作者加)。并指出:不应该

[①] 参见王齐齐、刘田原:《我国法治社会研究二十年:回顾、反思与展望》,载《时代法学》2021 年第 6 期。

对一个社会的工作方式有太排他的法律观点。对个人的尊严的有效保护，可以用法律以外的办法来达到，正如用设计得最完善的法律机构来给它保障一样有效。在给立法机关同法治的关系下定义时，论文说：在法治社会（着重号为本书作者加）里，少数人与多数人都应该接受那些规定个人在社会中之地位的最低限度的原则。①

上段新闻摘编给了我们如下两个非常有意义的信息：

第一，摘编者虽然并非有意为之，也没有特别解释，但在文中用了"法治社会"这个术语。经查阅该国际会议相关的历史资料，确认上述信息中提到的"论文报告"，系由英国法学家诺曼·马什（Norman S. Marsh）代表国际法律学家委员会撰写的大会报告《自由社会中的法治》（*The Rule of Law in A Free Society*）。在该报告中，上述关于"法治社会"的原文是："In a society under the rule of Law both majority and minority alike accept minimum standards or principles which represent the basic duties of society to every member thereof."②对照原文和摘编，可以发现中文"法治社会"所对应的英文原文是"a society under the rule of Law"。根据报告原文的意思进行判断，其中的"society"和"state"或者"country"并没有实质性差别。所以，此处的"法治社会"完全可以由"法治国家"来替代。

第二，更值得注意的是，上述会议信息摘编对"法治观念"进行了精炼描述，主张法治要服从于两个理想：（1）国家中的一切权力必须根源于法律，而且要依照法律来执行；以及（2）法律必须建筑在尊重人类人格的基础之上。熟悉法治含义的读者知道，当前国际学术界仍然把这两点视为法治的核心要义。中国学者针对法治的研究，也持有大致相同的立场。张文显主张的法治社会基本标志便包含了上述两个理想。③ 另外，徐显明在分析法治的实体构成要件时主张，法治意味着控权制度的存在和权力制衡原则被遵守，意味着国家责任的无可逃避和权力与责任相统一制度的确立，意味着权利制度受到保障和社会自由原则的确立，意味着公民义务的法律化与相对化。④ 可以说，根据法律来规范国家公权力的行使，并同时保障公民的人身与财产权利，这是法治的核心内涵，自 1959 年的国际法律学家会议以来，该内涵一直没有改变。虽然学术界对法治的定义不断丰富，但是上述两点核心内涵并没有改变。⑤ 在本书中，我们也坚持这样的法治定义。

---

①　炽亚摘译：《国际法律学家会议发表德里宣言》，载《现代外国哲学社会科学文献》1959 年第 5 期。

②　International Commission of Jurists, *The Rule of Law in A Free Society : A Report on the International Congress of Jurists*, New Delhi, India, January 5–10, 1959, p. 198.

③　参见张文显：《中国步入法治社会的必由之路》，载《中国社会科学》1989 年第 2 期。

④　参见徐显明：《论"法治"构成要件——兼及法治的某些原则及观念》，载《法学研究》1996 年第 3 期。

⑤　关于法治内涵的研究，可以参见 Brian Z. Tamanaha, *On the Rule of Law : History, Politics, Theory*, Cambridge University Press, 2004；王人博、程燎原：《法治论》，广西师范大学出版社 2014 年版；於兴中：《法治东西》，法律出版社 2015 年版；雷磊主编：《中国法治理论研究》，社会科学文献出版社 2023 年版；刘小平《法治中国：一个包容性的法治概念》，上海三联书店 2024 年版。

二、 党的十八大以前的法治社会研究

1959 年前后,中国吹起了法律虚无主义之风。在很长时间里,无论是"法治社会"还是更加宽泛的"法治"概念,在全国都没有立足之地。直到改革开放之后,关于"法制"和"法治"的研究重新进入中国的学术用语体系之中,关于"法治社会"的讨论也开始出现,今天已成为一个热点议题。张鸣起认为,中国法学界对法治社会内涵的认识和理解,总体上经历了"由宽到窄、由泛化到细分、由广义到狭义的渐进过程"①。根据孙文恺的归纳,在党的十八大之前,中国学术界对法治社会的研究大致可以分为如下三种类型。②

第一种类型是早年把"法治社会"等同于"法治"或者"法治国家"的研究。除了张文显在 1989 年发表于《中国社会科学》上的《中国步入法治社会的必由之路》一文,后来不少学者也把"法治社会"等同于"法治"或者"法治国家"。③ 即便在党的十八大以后,也仍有学术作品持有这种立场。④ 当然,这种情形在明显减少。

第二种类型是以社会权力为线索而展开的对法治社会的研究,认为法治社会是比法治国家更加高级的法治建设阶段。郭道晖是这方面当之无愧的代表,他也是全国学术界首位认真界定法治社会含义的学者,并且对法治社会的研究跨度长达二十多年。⑤ 在前言部分,本书提到郭道晖发表于 1995 年的一篇开拓性文章的观点。该文章主张,法治国家和法治社会建设是个循序渐进的过程:"由法作为国家单向控制社会的工具,转到法成为国家与社会

① 张鸣起:《论一体建设法治社会》,载《中国法学》2016 年第 4 期。
② 参见孙文恺:《"法治社会"辨析——以"社会"为中心的考察》,载《浙江社会科学》2015 年第 2 期。
③ 比如,参见张正德:《论邓小平建立法治社会的思想》,载《中国法学》1995 年第 5 期;刘作翔:《法治社会中的权力和权利定位》,载《法学研究》1996 年第 4 期;陈金钊:《论法律信仰——法治社会的精神要素》,载《法制与社会发展》1997 年第 3 期;马长山:《法治社会中法与道德关系及其实践把握》,载《法学研究》1999 年第 1 期;蒋传光:《建构中国法治社会的指南——邓小平法制思想研究》,安徽大学出版社 2000 年版;汪习根:《法治社会的基本人权——发展权法律制度研究》,中国人民公安大学出版社 2002 年版;徐显明、刘瀚主编:《法治社会之形成与发展》(上、下),山东人民出版社 2003 年版;蔡定剑、刘丹:《从政策社会到法治社会——兼论政策对法制建设的消极影响》,载《中外法学》1999 年第 2 期;李建华:《法治社会中的伦理秩序》,中国社会科学出版社 2004 年版;严存生:《法治社会的"法"与"治"》,载《比较法研究》2005 年第 6 期;卓泽渊:《和谐社会与法治社会的双向构建》,载《南京社会科学》2006 年第 3 期;胡玉鸿:《法治社会与和谐社会:能否共存及何以共存》,载《法治研究》2007 年第 1 期;朱新力主编:《法治社会与行政裁量的基本准则研究》,法律出版社 2007 年版;蔡尚义:《迈向法治社会——对若干法律制度问题的研究与思考》,中国市场出版社 2009 年版;卞建林等:《法治社会与律师职业》,中国人民公安大学出版社 2010 年版;刘晓梅、赵文聘:《法治社会》,天津古籍出版社 2012 年版;等等。
④ 参见崔永东主编:《法治社会与社会司法第二届法治战略论坛优秀论文集》,法律出版社 2019 年版。
⑤ 参见郭道晖:《法治国家与法治社会》,载《政治与法律》1995 年第 1 期;郭道晖:《社会权力与法治社会》,载徐显明、刘瀚主编:《法治社会之形成与发展》(上),山东人民出版社 2003 年版,第 54—76 页;郭道晖:《法治新思维:法治中国与法治社会》,载《社会科学战线》2014 年第 6 期;郭道晖:《论法治社会及其与法治国家的关系》,载《中共中央党校学报》2015 年第 1 期。

双重与双向控制的工具;由逐步实现法治国家,到最终形成法治社会。"①党的十八大以后,结合党中央提出的"坚持法治国家、法治政府、法治社会一体建设",郭道晖又进一步指出,法治社会作为相对独立的实体,与法治国家并存和对应,法治国家的建设需要法治社会的支撑,法治社会的形成需要法治国家的扶持。②

郭道晖对法治社会的开拓性研究,在早年已经引起了关注。比如,李双元和肖北庚认为,郭道晖的研究"尤其令我们耳目一新的是他在中国法治进程的最终目标——法治社会这一问题上开创了理论探寻的先河"。这两位学者继续指出,郭道晖的研究对法治研究有三点重要的启示:(1)中国法治实践要有序推进,首先必须走出"国家—社会一体化"的理论和实践误区;(2)必须大力发展市民社会,培植社会权力;(3)立法时应注重吸纳那些为人类社会广泛接受的社会习惯。③ 在党的十八大以后,随着法治社会成为法学界关注的热词,郭道晖的开拓性研究得到了更加广泛的关注,其关于社会权力与法治社会的学说成为目前研究法治社会的最重要思想来源之一(本书后面将会进一步讨论)。

第三种类型是以法治国家建设为宗旨而展开的对法治社会的研究,主张市民社会是中国法治建设的社会根基。这种研究的代表性人物是马长山。④ 马长山认为,"必须培育和建筑法治的本土社会根基——中国的市民社会,以促进多元权利主张、多元价值关怀、多元利益追求的形成,借此构成对国家权力的有效分解、平衡和制约,从而克服法治'表面化'的倾向,使现代法治真正在中国的大地上生根和发展"⑤。该研究和 20 世纪末盛行的市民社会研究有很大的关联。⑥ 另外,从市民社会视角研究法治社会,与前述郭道晖对法治社会的研究在本质上是一致的。不过,随着市民社会研究在中国的式微,从这种路径展开对法治社会的研究没有形成更多的成果,也没有产生更大的影响。在理论上讲,社会学理论界应该也有从社会建设的角度开展的法治社会的研究,但实际上并没有形成有影响力的学术成果(不得不说是一种很大的遗憾)。

---

① 郭道晖:《法治国家与法治社会》,载《政治与法律》1995 年第 1 期。

② 参见郭道晖:《论法治社会及其与法治国的关系》,载《中共中央党校学报》2015 年第 1 期。

③ 参见李双元、肖北庚:《法治社会——中国法治进程的最终目标——兼评郭道晖先生的〈法的时代精神〉》,载《法学》1998 年第 1 期。

④ 参见马长山:《国家、市民社会与法治》,商务印书馆 2002 年版;马长山:《法治的社会根基》,中国社会科学出版社 2003 年版。

⑤ 马长山:《社会转型与法治根基的构筑》,载《浙江社会科学》2003 年第 4 期。

⑥ 参见邓正来:《国家与社会:中国市民社会研究》,北京大学出版社 2008 年版。

三、 党的十八大以来的法治社会研究

党的十八大以来,"法治社会"作为一个专门术语进入了中国最权威的政法话语体系,[①]法治社会也由此很快获得了学术界的关注,并形成了一大批阶段性学术成果。[②] 不过,由于是官方话语催生的学术研究,大部分学术成果更注重对法治社会的诠释,注重对法治社会进行内涵界定,比较法治社会同法治国家、法治政府的异同,分析法治社会建设的具体任务,因而带有一定的实用导向,但通常缺乏学术的深度,正如彭小龙指出的那样,既有研究主要把法治社会当作一个实践命题,而缺乏把它当作一个理论命题的讨论,这容易导致法治社会的虚化、泛化和空心化。[③]

如果逐字抠字眼的话,现有文献对法治社会的定义不下数十种,并且可以放在不同的维度下去理解。比如,江必新和王红霞较早提出了理解法治社会含义的三种维度,分别是"法治维度""社会维度"和"转型维度"。他们认为,从法治维度看,法治社会是法治的深化与升级;从社会维度看,建设法治社会是现代社会的基本诉求;从转型维度看,法治是转型中国弥合社会系统的核心共识。[④]

随后,龚廷泰等认为,可以从另外三个维度理解法治社会内涵:从认知的维度看,法治社会指向的是社会民众与组织所拥有和秉持的合乎法治、践行法治的价值观念和生活方式;从制度的维度看,法治社会指向的是规范和保障社会交往和运行网络的机制和制度的法治化;从秩序的维度看,法治社会指向的是政府与社会的多元共治所达成的和谐、正当(法治化)的状态。[⑤]

周恒和庞正则进一步提出了法治社会的四维表征,包括:在价值之维上,体现自由、平等和公正的价值;在秩序之维上,强调社会内部自生自发制度,从而区别于传统的唯理性建构主义;在制度之维上,强调社会规范的多样性,"软法"的规范功能,以及多元纠纷解决机制对

---

① 2012 年 12 月 4 日,习近平在首都各界纪念现行宪法公布施行三十周年大会上指出"坚持依法治国、依法执政、依法行政共同推进,坚持法治国家、法治政府、法治社会一体建设"。参见习近平:《论坚持全面依法治国》,中央文献出版社 2020 年版,第 16 页。之后,这一表述成为中共中央关于法治中国建设的经典表述,并频繁地出现在中共中央文件之中。

② 参见何勤华主编:《法治社会》,社会科学文献出版社 2016 年版;张文显主编:《社会法与法治建设》,法律出版社 2007 年版;王齐齐、刘田原:《我国法治社会研究二十年:回顾、反思与展望》,载《时代法学》2021 年第 6 期。

③ 参见彭小龙:《法治社会的内涵及其构造》,载《中国人民大学学报》2023 年第 5 期。

④ 参见江必新、王红霞:《法治社会建设论纲》,载《中国社会科学》2014 年第 1 期;李丹、陈鹏龙:《法治社会研究的知识图谱:现状、热点与趋势——基于 CNKI(1984—2021 年)CiteSpace V 的文献计量分析》,载郭人函主编:《社会治理法学》(第 1 辑),浙江大学出版社 2023 年版,第 3—22 页。

⑤ 参见龚廷泰主编:《当代中国的法治社会建设》,法律出版社 2017 年版。

国家司法的有效补充;在观念之维上,强调法治意识的普及和法治文化的形成。[1]

姚建宗的最新研究也认为已有研究对法治社会的定义有三种理解。第一种理解强调,"法治社会"是相对于"人治社会"而言的,主张法治社会就是国家权力和社会关系都严格按照法律规定来运行,进而排除个人的任性而为,强调法治社会必须具备"法律至上"的法治精神和反映法治精神的制度。第二种理解明确区分了"社会""国家""政府",也强调了"社会"的独立性和基础性地位,但在此基础上强调"法治社会"就是这种"社会"或者说这种"社会"中的全部事务和活动的"法治化",其结果事实上是"国家""政府""社会"在"法治"名义下的"三合一"。第三种理解强调与"国家""政府"有别的"社会"及其"主体",以及相关"事务"在"法治"原则和框架之下的"依法""自治",即"法治"原则和框架之下的"社会自主治理",进而既将"法治"纳入了"社会"之中,又保障了"社会"的独立性,从而使"法治社会"真正与"法治国家""法治政府"有别。[2]

当然,我们还能列举出更多理解法治社会的不同视角。由于篇幅有限,本书不再一一列举。总的来说,党的十八大以来针对法治社会的研究虽然数量有了大幅增加,但是针对法治社会这个概念的理论共识并不多。在党的十八大召开之后不久,马长山针对当时的研究现状评价道:"多年来我国法学理论研究中对此多有关注,但对法治社会建设中的'问题'仍回应不足,提出的'方案'也不充分,难以适应新时期法治社会建设的需要。"[3]黄健傑和宋保振从修辞学角度认为,关于法治社会的研究存在语词理解歧义、基本主体不明和侧重点不突出等问题。[4] 党的十九大之后,关于法治社会的研究取得了长足的进展,但是研究中仍存在局限性。陈柏峰对当时的研究现状作了如下评价:"对法治社会的内涵和外延缺乏清晰界定,尤其是缺乏与法治国家、法治政府等进行有辨识度的区分,导致对法治社会的内涵缺乏共识,外延和范围的列举或具有随意性。"[5]这样的研究局面持续到了党的二十大之后,并且在中央和各地方政府大力推进法治社会建设规划和行动方案之后也没有得到明显改观。近期,姚建宗对当下法治社会的研究现状也给出了类似马长山和陈柏峰的评价:"然而,从各地方文件对于'法治社会建设'的表述、实施方案和相关具体措施来看,尽管学术界对于'法治社会'的既有研究有了很大进展,但无论是在实践层面还是学术理论层面,我们对'法治社会'本身依然还很有必要更加深入地予以思考,而这其中的关键与核心问题恰恰在于对'法治社会'及其'性质'的准确认识和恰当理解。"[6]由此看来,还是有必要对法治社会的内涵作系统辨析的。

---

① 参见周恒、庞正:《法治社会的四维表征》,载《河北法学》2018 年第 1 期。

② 参见姚建宗:《中国语境中的法治社会及其地方性》,载《当代法学》2024 年第 4 期。

③ 马长山:《法治社会研究的现状与前景——基于国家与社会关系视角的考察》,载《法治现代化研究》2017 年第 1 期。

④ 参见黄健傑、宋保振:《"法治社会"的修辞学诠释》,载《法律方法》2017 年第 1 期。

⑤ 陈柏峰:《中国法治社会的结构及其运行机制》,载《中国社会科学》2019 年第 1 期。

⑥ 姚建宗:《中国语境中的法治社会及其地方性》,载《当代法学》2024 年第 4 期。

第二节　法治社会的四种内涵

一、定义"法治社会"的两个维度

在已有文献中,研究者们均既承认"法治社会""法治国家""法治政府"是有区别的,也都主张法治社会和社会治理紧密相关,但就法治社会的内涵存在两个维度的观点差异。一个维度的观点差异是,社会治理主体究竟是国家还是各类社会性共同体? 如果主体是国家,则法治社会是国家针对社会自上而下的治理;如果主体是社会性共同体,那么法治社会是社会依法自治。另一个维度的观点差异是,社会治理依据的"法"究竟是国家制定的法律规范,还是社会性共同体制定的自治规范,抑或两者兼而有之? 根据这两个维度的观点差异,表3-1归纳了当前理论界对法治社会内涵的四种理解,分别代表了与法治社会相关的四种可能治理形态。

表 3-1　"法治社会"的四种内涵

		社会治理依据	
		社会规范	法律规范
社会治理主体	社会	I	II
	国家	IV	III

在表3-1中,表格 I 代表社会性共同体依据自治规范进行治理。这种方式突出了社会自治,并且是依据共同体自身制定的社会规范的自治。表格 II 代表社会性共同体依据法律规范进行自治。这种方式相对折中,既突出了社会性共同体在社会治理中的主体性地位,也强调法律规范是社会治理的根本遵循。表格 III 代表国家依据法律规范治理社会,意味着法治社会是法治从国家向社会领域的延伸和拓展,把社会视为法治国家的"边疆"甚至是"不毛之地",因此需要通过法治社会来为法治"开疆拓土",并最后完成法治意义上的"国家统一"。表格 IV 代表国家依据社会规范治理社会,意味着国家"借力打力",通过社会规范间接治理社会。

二、"法治社会"内涵的四种表达方式

表3-1为我们理解法治社会的内涵提供了很好的知识坐标。归纳起来,理论界有如下

四种关于法治社会内涵的表达方式。

第一种表达方式是对法治社会进行非常狭义的理解,把法治社会定义为社会性共同体依据社会规范进行自治。这种定义等同于表 3-1 中表格 I 代表的治理方式。比如,肖金明认为,法治社会可作广义和狭义的区分,狭义的法治社会是"与国家制度化分离并与国家规则性互动,以及社会自身规范化治理的社会状态"①。又如,刘青认为,社会自治是法治社会建设的基础模式。②

第二种表达方式视法治社会为法治向社会领域的拓展,既包括国家依据法律规范治理社会,也在一定程度上包括社会性共同体依据法律规范进行自治。这种定义主要对应表 3-1 中表格 III 代表的治理方式,并一定程度上覆盖表格 II。党的十八大之后,在官方话语中刚刚出现"法治社会"这个专有名词的时候,不少论著便是这么理解法治社会内涵的。比如,韩德强主张,法治社会是指法治理念在全社会得到公认和实行的一种社会状态,其基本含义是指国家权力和社会权利依法行使,人与人之间的关系和纠纷依法按照公正程序进行协调和解决,所有公民、社会组织、政党团体都在宪法和法律规范体系的保护和约束之下,公民、社会组织或社会团体能够依法行使自治权。③ 余凌云认为,所谓法治社会,一方面是指公民必须自觉将遵守法律作为自己的心理和行为依赖路径,养成遵从法律、依法办事的习惯;另一方面是指公民能够通过法律规定的途径,通过有序的公众参与和民主形式,表达意愿、意见和建议,并且这些意愿、意见和建议能够被有效地凝练在立法和政府决策之中。④ 王静认为,加强法治社会建设就是要逐步确立法律在社会中的最高权威,使法治意识深入人心,成为所有社会成员的自觉遵循;使静态的法律转化为社会成员自愿遵从、主动践行的行为准则;理性的法,替代"人治""潜规则"并成为社会良序的根基。⑤

应该说,把法治社会视为法治建设从国家向社会性共同体的拓展与延伸,具有一定的道理。当代中国的法治建设在本质上是国家自上而下推动的治理现代化工作,是中国历史上皇权代表的国家权力一直向下以便更好直接"触及"百姓日常生活的延续。美国研究中国政治的学者许慧文(Vivienne Shue)在其代表作《国家的触角》中就描述了改革开放之前中国乡村所呈现出的"蜂窝结构"。许慧文认为,在这种权力结构中,乡村干部扮演了类似传统中国乡绅的角色,他们既代表政府管理村民,也代表村民向政府提出本地诉求。因此,1978 年以来的改革和现代化就包含着政府所代表的国家权力向社会最深处、最边缘地带的延伸。⑥

---

① 肖金明:《推进法治社会理论与实践创新》,载《法学杂志》2017 年第 8 期。

② 参见刘青:《论法治社会建设自治模式》,载《法治社会》2019 年第 6 期。

③ 参见韩德强:《正确认识和把握法治社会建设——学习习近平总书记系列重要讲话体会之二十三》,载《前线》2013 年第 12 期。

④ 参见余凌云:《法治国家、法治政府与法治社会一体建设的途径》,载《法学杂志》2013 年第 6 期。

⑤ 参见王静:《法治社会建设的理念与举措》,载《理论视野》2016 年第 7 期。

⑥ See Vivienne Shue, *The Reach of the State: Sketches of the Chinese Body Politic*, Stanford University Press, 1988.

这种国家建设也是迈克尔·曼（Michael Mann）所说的"基础性国家权力"（infrastcutural power）形成并发挥作用的过程。① 因此,法治建设从国家向社会性共同体拓展与延伸的重要性本身毋庸置疑。

不过,颇令人纠结的问题是:如果只是强调法治建设从国家向社会的"拓荒","法治社会"这个概念是否多余?有不少学者明确主张,法治社会的内涵不是（至少不只是）法治建设从国家走向社会,更明确反对把法治社会单纯理解为国家用法律来管制社会。

与其在党的十八大之前关于法治社会的研究一脉相承,郭道晖在法治社会成为中国话语热词的第一时间就旗帜鲜明地指出,"决不能将'法治社会'片面地解读为国家依法来管制社会"②,因此要"建设社会至上的法治国"③。受郭道晖研究的影响,蔡宝钢认为,法治社会建设虽然离不开国家权力和社会权力的双动力引擎,但由于法治社会主要强调社会的自主治理,如果说法治国家主要是由国家权力推动的治理方式,那么法治社会就主要是由社会权力推动的治理方式。④ 此外,刘旭东和庞正也主张:"将法治社会单纯解释为国家用法律来管制社会的做法无疑忽视了法治社会的本质。……法治社会则特指公权力机关以外的广阔社会的法治化,它强调社会的自治以及社会对国家公权力的监督与制约。……必须明确的是,'法治社会'是一个偏正短语,而不是主谓短语,即法治社会是指具有法律秩序的社会形态,它要求社会成员成为法治的主体并能够以积极主动的姿态运用法律及各类社会规则维护私权利、监督公权力,而不是说公权力用法律来规制甚至控制社会。"⑤据此,这两位学者把法治社会定义为"公民运用国家的立法和社会多元化的规则实行社会自治,并同时在法治范围内对国家公权力进行监督与制约,社会自治与权力制约构成了法治社会的完整面向"。⑥ 张清和他的合作者认为,法治社会建设需要以限制公权力的越界为导向,透过法治社会化实现社会法治化,因此倡导一种具有"自治、宽容、开放"特质的"包容性法治社会",倡导建设一种常态的、自治的、社会分层合理的、良法善治的、体现"社会国"原则的法治社会。⑦ 陈柏峰也明确指出,法治社会的核心内涵是公权力运作系统之外的社会生活的法治化,包括社会成员自我约束的法治化、社会成员之间关系的法治化、社会管理者与被管理者

---

① 参见[英]迈克尔·曼:《社会权力的来源》,刘北成、李少军译,上海人民出版社 2018 年版。王绍光用"基础性国家能力"来替代"基础性国家权力",并认为它包括如下八项能力:强制能力、汲取能力、濡化能力、国家认证能力、规管能力、统领能力、再分配能力、吸纳和整合能力。参见王绍光:《国家治理与基础性国家能力》,载《华中科技大学学报（社会科学版）》2014 年第 3 期。

② 郭道晖:《法治新思维:法治中国与法治社会》,载《社会科学战线》2014 年第 6 期。

③ 郭道晖:《建设社会至上的法治国》,载《炎黄春秋》2014 年第 3 期。

④ 参见蔡宝刚:《论催生法治社会的社会权力引擎》,载《求是学刊》2016 年第 2 期。

⑤ 刘旭东、庞正:《"法治社会"命题的理论澄清》,载《甘肃政法学院学报》2017 年第 4 期。

⑥ 刘旭东、庞正:《"法治社会"命题的理论澄清》,载《甘肃政法学院学报》2017 年第 4 期。

⑦ 参见张清、武艳:《包容性法治社会建设论要》,载《比较法研究》2018 年第 4 期;张清等:《包容性法治社会的实践逻辑》,商务印书馆 2024 年版。

关系的法治化。①

上述学者主张法治社会应当坚持社会的主体性和自治性,明确强调法治社会是通过激活社会权力来推动法治国家建设,并认为"法"应当既包括法律规范也包括社会规范,对法治社会的定义主要涵盖了表 3-1 中表格 Ⅱ 并在一定程度上涵盖表格 Ⅲ 对应的治理方式。这是当前理论界理解法治社会内涵的第三种表达方式。

强调法治社会背后的社会主体性和社会权力的学术思想,可以追溯到郭道晖在党的十八大之前对法治社会的研究。在 1995 年发表的关于法治社会的开拓性文章中,郭道晖认为,从发展远景看,国家和政府的某些职能会发生转换、某些权力会削弱,社会自主、自治、自律的功能和社会权力会逐渐增强,从以国家立法、执法为主逐渐辅以社会的多元立"法"执"法"(这里的"法"指的是社会组织制定的自律规则,包括团体章程、行业行为规范、校规厂规、乡规民约等)。②

除了前述刘旭东和庞正对法治社会的定义参考了郭道晖的观点,郭道晖的研究在党的十八大之后也得到了很多其他研究的应和。比如,时任全国人大法律委员会副主任、中国法学会副会长的张鸣起在《论一体建设法治社会》一文中,就明确引用上述郭道晖的定义来界定法治社会的内涵,并进一步对"社会权力"作了解释:"这里的社会权力是社会主体所拥有的社会资源(物质和精神资源)对社会和国家的支配力,包括经济权力、政治权力、文化权力、生态权力。社会权力可以是一种支持国家权力的积极力量,也可以是制约、抑制国家权力侵犯的消极力量,有些社会权力还可以是扰乱国家权力和社会秩序的破坏力量。"③

目前,在理论界,把法治社会界定为表格 Ⅱ 为核心并在一定程度上涵盖 Ⅲ 对应的治理方式是一种比较主流的看法,得到了越来越多学者的追随。以论著发表时间为顺序,比如,陈金钊和宋保振主张:"虽然法治社会也是法治国家的组成部分,但主要是指社会组织依据法律和章程等组织规则的自治"④;李瑜青认为"当下法治建设的重心必须从过去主要由国家公权力所推动,进而完成法治国家基本框架为主的建设,转向为以主要解决民生事业为主的社会建设上,真正在制度体系上实现法治是人民的事业"⑤;姚建宗认为,法治社会是"在人们的社会性公共生活领域,社会主体遵循现代法治理念、精神和原则,在不违反现行法律的强制性规定即法律义务的情况下,依法自治的社会状态"⑥。其他持类似观点的研究还包括

---

① 参见陈柏峰:《中国法治社会的结构及其运行机制》,载《中国社会科学》2019 年第 1 期。

② 参见郭道晖:《法治国家与法治社会》,载《政治与法律》1995 年第 1 期。另参见郭道晖:《法治新思维:法治中国与法治社会》,载《社会科学战线》2014 年第 6 期。

③ 张鸣起:《论一体建设法治社会》,载《中国法学》2016 年第 4 期。

④ 陈金钊、宋保振:《法治国家、法治政府与法治社会的意义阐释——以法治为修辞改变思维方式》,载《社会科学研究》2015 年第 5 期。

⑤ 李瑜青:《"法治社会"概念的历史演绎及文化意蕴》,载《求索》2020 年第 2 期。

⑥ 姚建宗:《中国语境中的法治社会及其地方性》,载《当代法学》2024 年第 4 期。

姜涛①、郑方辉和邱佛梅②、李海峰③等人的研究。

　　法学理论界主张法治社会应当坚持社会的主体性和自治性,这和党的十八大以来社会建设从"社会管控"向"社会治理"的转变密切相关。④ 郁建兴和关爽认为,从社会管控到社会治理的转变,也意味着中国国家和社会关系出现了新的分析框架,包括如下几个方面的转变:在主体上,从政府绝对主导到政府主导并强调多元主体作用的转变;在手段上,从单一、消极、被动的行政手段到多样化、积极、主动的治理手段的转变;在过程上,从以管为主、防控结合的行政逻辑,到沟通协商、双向互动、法治思维的治理逻辑的转变;在内容上,从重视社会治安和摆平矛盾纠纷到主张利益表达、社会自我调节和自治秩序的建构的转变;在结果上,从管控成本高、效果不明显的维稳到培育社会力量、促进公平正义的社会治理新机制的转变。⑤ 李培林认为,党的十八届三中全会决定将之前的"加强和创新社会管理"转为倡导"创新社会治理",体现了社会治理更强调制度建设,"特别要用法治思维和法治方式化解社会矛盾"。⑥ 李友梅也认为,党的十八大以来,中国社会治理体制五个方面创新之一是"提升社会治理的法治化水平,实现法治保障下的有效治理"。⑦ 换言之,从社会建设的角度看,"法治思维"的兴起是当下中国社会治理体系与治理能力现代化的一个重要特征。⑧ 虽然在法学界之外鲜有学者深入研究"法治社会"这一概念,但在理论探索的深层次,社会治理的"法治化"是法学、社会学、公共管理等社会科学理论共同的追求。⑨

　　在此之外,理论界还有对法治社会内涵的第四种表达方式,即强调法治社会兼容了国家依法统治和社会依法自治。相应地,这种表达方式大致覆盖了表 3-1 中表格 Ⅰ 到 Ⅳ 代表的所有治理方式。比如,江必新和王红霞对法治社会的基本内容作了一个框架性描述,包括制度、心理和秩序三个层面。他们主张,在制度层面,社会生活的方方面面均有国家正式法律

　　① 参见姜涛:《法治社会的理论逻辑与建设路径》,载南京师范大学法学院《金陵法律评论》编辑部编:《金陵法律评论》(2015 年春季卷),法律出版社 2015 年版。

　　② 参见郑方辉、邱佛梅:《和谐共建视角下的法治政府与法治社会关系》,载《法治社会》2017 年第 3 期。

　　③ 参见李海峰:《全面依法治国视域下法治社会的结构缕析——要素区分和优化进路》,载《理论导刊》2023 年第 5 期。

　　④ 参见周红云:《社会治理》,载俞可平等:《中国的治理变迁(1978—2018)》,社会科学文献出版社 2018 年版,第 330—364 页。

　　⑤ 参见郁建兴、关爽:《从社会管控到社会治理——当代中国国家与社会关系的新进展》,载《探索与争鸣》2014 年第 12 期。

　　⑥ 参见李培林:《社会改革与社会治理》,社会科学文献出版社 2014 年版,"代前言"部分第 16 页。

　　⑦ 参见李友梅:《中国社会治理的新内涵与新作为》,载《社会科学》2017 年第 6 期。

　　⑧ 《中共中央关于坚持和完善中国特色社会主义制度　推进国家治理体系和治理能力现代化若干重大问题的决定》明确提出"完善党委领导、政府负责、民主协商、社会协同、公众参与、法治保障、科技支撑的社会治理体系,建设人人有责、人人尽责、人人享有的社会治理共同体"。从中可以看出,"法治保障"是党中央主张的社会治理体系建设的主要内容之一。

　　⑨ 参见庞正:《法治社会与社会治理:理论定位与关系厘清》,载《江海学刊》2019 年第 5 期。

与社会自治规则及习惯等形成的完备的、融贯的、科学的规则系统;在心理层面,社会群体和成员在思想、观念上对规则之治的理念有精神的认同,并在行动和生活中自觉服从与践行,即法之认同;在秩序层面,由上述两者作为内在支撑的社会自主运行,社会各类组织、成员与国家各职能部门形成自治与统治分工协作,即跨越统治与自治之共治秩序。① 从这两位学者的观点看,他们强调法治社会中国家统治和社会自治的分工协作,强调法律规范和社会规范的共存,因此比前面几种表达更有包容性。李林对法治社会的内涵持有同样包容性的理解:"法治社会是依法治理、依法而治的社会,是公民、社会组织和社会团体等社会主体行为法治化的社会,是法治得到国家奉行、宪法得到国家实施、法律得到国家适用、犯罪得到国家惩罚、法律秩序得以建立的社会,是法治得到公民信仰、宪法得到公民尊重、法律得到公民遵守、合法得到公民赞许、违法受到公民谴责、法治得以彰显的社会。……凡是能够'软法'解决的社会问题,'硬法'一般不涉足,应在法治社会框架下实现他治、自治和共治的有机结合。"②

这种观点和当前中国社会科学界广泛主张的国家和社会就社会治理进行"合作治理"(collaborative governance)的理论也高度相关。③ 从世界范围看,合作治理日益成为解决各种公共与社会问题的新兴手段。④ 公共行政领域学者敬乂嘉把合作治理定义为"为实现公共目标,在公共、非营利以及私人部门内部或跨部门之间所进行的权力与自由裁量权的共享",并认为合作治理是理解自 1978 年以来"中国经济奇迹"的密钥,而向民众提供公共和社会服务是合作治理的前沿领域。⑤ 这种判断得到了社会治理领域学者的印证。徐勇认为,中国历史上的"民间"与"官方"、"民间社会"与"国家权威"的对立状态有可能以新的形式表现,这种对抗式的关系对于国家转型是不利的,相反合作主义对于当代中国政治社会发展和治理模式的转型似乎更有积极意义;他特别提到"在政府权威和社会自治团体分享治理过程中的公共权力时,必须重视相互之间的合作"。⑥ 张康之的观点则更为直白:"合作治理是社会治理变革的归宿。"⑦

上文结合表 3-1 归纳的关于法治社会的四种内涵,对当前中国理论界关于法治社会内

① 参见江必新、王红霞:《法治社会建设论纲》,载《中国社会科学》2014 年第 1 期。

② 李林:《建设法治社会应推进全民守法》,载《法学杂志》2017 年第 8 期。

③ 参见敬乂嘉:《合作治理——再造公共服务的逻辑》,天津人民出版社 2009 年版;袁振龙等:《社会管理与合作治理》,知识产权出版社 2013 年版;张康之:《合作的社会及其治理》,上海人民出版社 2014 年版;季卫华:《社团规章与合作治理》,法律出版社 2017 年版;柳亦博:《合作治理:构想复杂性背景下的社会治理模式》,中国社会科学出版社 2018 年版;汪锦军:《合作治理:政府与社会良性互动的生成机制》,商务印书馆 2023 年版。

④ See Chris Ansell & Alison Gash, "Collaborative Governance in Theory and Practice," *Journal of Public Administration Research and Theory*, Vol. 18, Issue 4, 2008, pp. 543–571.

⑤ 参见敬乂嘉:《合作治理:历史与现实的路径》,载《南京社会科学》2015 年第 5 期。

⑥ 参见徐勇:《治理转型与竞争——合作主义》,载《开放时代》2001 年第 7 期。

⑦ 张康之:《合作治理是社会治理变革的归宿》,载《社会科学研究》2012 年第 3 期。

涵的不同表达方式进行了梳理。这些表达方式折射了观点提出者的价值立场和法治社会建设的努力方向,也丰富了我们对于法治社会内涵的认知。当然,无论是表 3-1 的四种内涵分类还是依据这一分类的观点归纳,都是理想类型,并不能穷尽学术界对法治社会的已有研究。

第三节　定义法治社会:一个"差序格局"的视角

那么,究竟如何定义法治社会?已有的理论研究为我们理解法治社会的内涵提供了不同的视角。这些视角虽然非常多元,但也存在一个共同的理论假设与局限,即无论在多大范围内界定法治社会的内涵,都认为法治社会建设的所有内容都是同等重要的。

本书认为,法治社会的内涵不但广阔,而且不同领域的建设内容处在不同的位阶之上。换言之,法治社会的内涵和外延存在着"差序格局",以社会性共同体依据社会规范进行自治为核心,分别向社会性共同体依据法律规范自治和国家依据法律和社会规范进行社会治理的方向延伸。也就是说,前文表 3-1 中 I—IV 四个表格分别对应的治理方式都属于法治社会的范畴,但它们在法治社会建设中的位阶并不一样,有些是核心工作,有些是辅助工作,但又相互影响、连为一体。

本节结合前文的理论综述和中共中央关于法治社会建设的两个重要文件,向读者说明本书对法治社会内涵的界定。一个文件是 2014 年党的十八届四中全会通过的《中共中央关于全面推进依法治国若干重大问题的决定》。该决定第五部分的主题是"增强全民法治观念,推进法治社会建设",全文 1700 字左右,是中共中央首次对法治社会建设进行专门描述的文件,也是最重要的奠基性文件。另一个文件是中共中央在 2020 年底印发的《法治社会建设实施纲要(2020—2025 年)》,全文 8700 字左右,是中共中央在党的十八届四中全会之后第一个对法治社会建设进行规划的专门文件。这两个文件虽然篇幅长度不一,但对法治社会的理解在整体上是一致的,只不过后者明显更加细化,也体现了党的十八届四中全会之后中国法治建设和社会治理的最新变化,最明显的体现是后者专门增加了"依法治理网络空间"这一板块。本书之所以结合这两个重要文件来界定法治社会的内涵,主要原因是"法治社会"不但是重要的理论研究对象,也是重要的官方话语,同时兼具学术性和实践性。缺乏对法治社会的理论研究,将导致法治社会建设工作流于表面;缺乏对法治社会建设的实践探索,将导致法治社会理论研究成为镜花水月。

一、"法治社会"的第一层内涵

法治社会的首要内涵是各类社会性共同体依据社会规范或者"软法"进行自治。什么是"软法"？罗豪才和宋功德认为,在法规范体系中,存在"硬法"和"软法"两类规范。其中,"硬法"是指能够运用国家强制力保证实施的法规范,它们属于国家法;"软法"是指不能运用国家强制力保证实施的法规范,它们由部分的国家法规范与全部的社会法规范共同构成。① 在外延上,"软法"规范由四类规范构成,分别是国家立法中的非强制性规范、国家机关依法制定的不能运用国家强制力保证实施的非强制性规范、不能运用国家强制力保证实施的政治组织创制的自律规范以及不能运用国家强制力保证实施的社会共同体创制的自治规范。② 换言之,社会规范都属于"软法"规范,但"软法"规范还包括部分法律规范。

基于上述概念及其划分,法治社会中的"法"由两部分组成:一部分是前文提到也是有较广泛共识的国家法律规范(包括"硬法"和部分"软法");另一部分则是不能运用国家强制力保证实施的社会性共同体的自治规范("软法"的另一部分)。

理论界有不少研究明确主张"软法"属于法治社会中"法"的范畴。比如,石佑启和黄喆认为,在法治社会建设的语境中,"软法"是指一定社会共同体通过其成员认可或者协商制定的,不依靠国家强制力保障实施,却能对共同体成员产生实际效力的规范,其外延主要表现为五种形式,即自治章程、自律规约、行动倡议和指南、行业发展纲要和规划、行业协会标准。③

在前文提到的两个政策文件中,"软法"有一席之地。《中共中央关于全面推进依法治国若干重大问题的决定》第五部分"(二)推进多层次多领域依法治理"明确提到:"发挥市民公约、乡规民约、行业规章、团体章程等社会规范在社会治理中的积极作用。……发挥社会组织对其成员的行为导引、规则约束、权益维护作用。"《法治社会建设实施纲要(2020—2025年)》对加强社会领域的"软法"治理有了更详细的描述,相关内容包括:

(九)促进社会规范建设。充分发挥社会规范在协调社会关系、约束社会行为、维护社会秩序等方面的积极作用。加强居民公约、村规民约、行业规章、社会组织章程等社会规范建设,推动社会成员自我约束、自我管理、自我规范。深化行风建设,规范行业行为。加强对社会规范制订和实施情况的监督,制订自律性社会规范的示范文本,使社会规范制订和实施符合法治原则和精神。

(十)加强道德规范建设。坚持依法治国和以德治国相结合,把法律规范和道德规范结合起来,以道德滋养法治精神。倡导助人为乐、见义勇为、诚实守信、敬业奉献、孝老爱亲等美德善行,完善激励机制,褒奖善行义举,形成好人好报、德者有得的正向效应。推进社会公德、职业道德建设,深入开展家庭美德和个人品德教育,增强法治的道

---

① 参见罗豪才、宋功德:《软法亦法:公共治理呼吁软法之治》,法律出版社2009年版,第299—230页。

② 参见罗豪才、宋功德:《软法亦法:公共治理呼吁软法之治》,法律出版社2009年版,第2—3页。

③ 参见石佑启、黄喆:《论法治社会建设中的软法之治》,载《法治社会》2016年第1期。

德底蕴。强化道德规范的教育、评价、监督等功能,努力形成良好的社会风尚和社会秩序。深入开展道德领域突出问题专项教育和治理,依法惩处公德失范的违法行为。大力倡导科学健康文明的生活方式,革除滥食野生动物陋习,增强公民公共卫生安全和疫病防治意识。依法规范捐赠、受赠行为。注重把符合社会主义核心价值观要求的基本道德规范转化为法律规范,用法律的权威来增强人们培育和践行社会主义核心价值观的自觉性。

所以,无论从前文提到的理论研究还是上述政策文件看,把社会性共同体根据社会规范进行自治纳入法治社会的内涵,并没有太多异议。不过,本书要进一步指出,这个内涵是法治社会的核心内涵,是其诸多内涵形成的"差序格局"涟漪的中心。

为什么这么讲? 有两个理由:(1)法治社会是以推动社会治理体系与治理能力现代化为根本宗旨的,如何通过建设有效的适用于本共同体内部的规范并进行自治,是法治社会建设的"初心"。本书上一讲提到,一个和谐美丽的政治实体需要一套四通八达的"规范之网"。在这个规范之网中,只要规范类别丰富齐全,每类规范制定科学且执行严格,以及每类规范之间能够围绕法律规范实现无缝衔接,这个国家治理的规范体系就一定是个高效能的体系,离我们期待的理想治理也就不远了。目前,规范国家权力运作的中国特色社会主义法律规范体系基本上已经建成并有效运作。据统计,截至 2024 年 6 月,我国现行有效法律 303 件、行政法规 598 件、地方性法规 1.4 万余件;现行有效中央党内法规 225 件、部委党内法规 227 件、地方党内法规 3485 件。① 而社会规范体系的建设则不尽如人意,旧的社会规范体系已经解体,新的社会规范体系则尚未形成。因此,建设有效的社会规范体系并使之有效运作是弥补当前中国国家治理体系的最大短板。(2)反过来讲,如果去掉这部分内涵,"法治社会"作为一个独立存在概念的正当性也就不存在了。所以,表 3-1 中表格 I 对应的治理方式是法治社会的核心。

二、"法治社会"的第二层内涵

法治社会的第二层次内涵是社会性共同体依据法律规范进行自治。前文提到,法治社会的"法"不仅包括社会规范,也包括法律规范。当然,虽然社会规范是法治社会的"法"的重要组成部分,但是社会规范原则上只能对法律规范进行补充,而不能与法律规范相冲突。

从前文对文献的梳理可以看出来,目前关于法治社会的理论研究几乎都会把社会规范和法律规范纳入"法"的范畴。比如,江必新与王红霞认为:"法治社会之'法',即法治社会

① 参见陈文清:《完善中国特色社会主义法治体系》,载《党的二十届三中全会〈决定〉学习辅导百问》,党建读物出版社、学习出版社 2024 年版,第 77 页。

的规则系统,既包括国家颁布的各类法律法规等正式规则,也包括社会自治组织、团体等制定的自治性规范,还包括各类群体中的地域习惯、商业习惯等发挥调整社会关系作用的无形性规则。"①庞正和杨建认为:"法治社会包括两个层面的规范:一是市民公约、乡规民约、行业规章、团体章程、善良风俗等,这是法治社会建设中的初阶规范;二是国家法律、政府规章和地方法规等,这是法治社会建设中的高阶规范。"②张清和武艳主张通过"软硬法合成"的混合规则模式在制度层面上推进软硬法衡平的"包容性法治社会"。③

相比前述核心内涵,法治社会的第二层次内涵仍然强调社会治理中的社会主体性和社会自治,但不同点在于社会性共同体依据法律规范进行自治。这个层次的内涵对应表 3-1 中表格 II 代表的治理方式。

在《中共中央关于全面推进依法治国若干重大问题的决定》中,法治社会的这层含义体现在"推动全社会树立法治意识""引导全民自觉守法、遇事找法、解决问题靠法""深入开展多层次多形式法治创建活动,深化基层组织和部门、行业依法治理,支持各类社会主体自我约束、自我管理"等表述中。《法治社会建设实施纲要(2020—2025 年)》对社会性共同体依据法律规范进行自治也提出了较为明确的要求,相关内容包括:

> (十八)推进多层次多领域依法治理。推进市域治理创新,依法加快市级层面实名登记、社会信用管理、产权保护等配套制度建设,开展市域社会治理现代化试点,使法治成为市域经济社会发展的核心竞争力。深化城乡社区依法治理,在党组织领导下实现政府治理和社会调节、居民自治良性互动。区县职能部门、乡镇政府(街道办事处)按照减负赋能原则,制定和落实在社区治理方面的权责清单。健全村级议事协商制度,鼓励农村开展村民说事、民情恳谈等活动。实施村级事务阳光工程,完善党务、村务、财务"三公开"制度,梳理村级事务公开清单,推广村级事务"阳光公开"监管平台。开展法治乡村创建活动。加强基层群众性自治组织规范化建设,修改城市居民委员会组织法和村民委员会组织法。全面推进基层单位依法治理,企业、学校等基层单位普遍完善业务和管理活动各项规章制度,建立运用法治方式解决问题的平台和机制。广泛开展行业依法治理,推进业务标准程序完善、合法合规审查到位、防范化解风险及时和法律监督有效的法治化治理方式。依法妥善处置涉及民族、宗教等因素的社会问题,促进民族关系、宗教关系和谐。

前述两个层次内涵是法治社会内涵中社会性共同体依法(软法+硬法)进行有效自治的

---

① 江必新、王红霞:《法治社会建设论纲》,载《中国社会科学》2014 年第 1 期。

② 庞正、杨建:《法治社会的理论内涵与实践意义》,载南京师范大学法学院《金陵法律评论》编辑部编:《金陵法律评论》(2015 年秋季卷),法律出版社 2015 年版,第 40 页。

③ 参见张清、武艳:《包容性法治社会建设论要》,载《比较法研究》2018 年第 4 期。

全部内容。法治社会的内涵并不止步于此,一个完整有效的社会治理体系不仅要围绕社会自治展开,还要能够与政府代表国家开展的公权力治理相互匹配。

三、"法治社会"的第三层内涵

法治社会的第三层次内涵是社会性共同体配合国家依据法律规范开展对社会的有效治理。这个层次对应的是表 3-1 中表格 Ⅲ 代表的治理方式。国家治理的有效开展不仅依赖治理主体的能力与水平,还依赖治理对象的配合与良性互动。

具体而言,国家治理的水准不仅取决于公民和各类社会组织对代表国家行使公权力的政府的合法性是否认同、官员能力是否得到提升、治理资源是否被有效投入等因素,还取决于法律规范制定是否科学、公民和各类社会组织是否了解并遵从法律规范。正因如此,公民和各类社会组织的尊法、学法、守法、用法的行为习惯就非常重要,有助于更好地实现国家这个大共同体内部的成员整合,并间接推动各类社会性共同体的整合和有效运作。

正因如此,《中共中央关于全面推进依法治国若干重大问题的决定》第五部分的标题是"增强全民法治观念,推进法治社会建设",这就把全体国民法治观念的培育视为法治社会建设的前提;该部分还开宗明义指出:"法律的权威源自人民的内心拥护和真诚信仰。人民权益要靠法律保障,法律权威要靠人民维护。必须弘扬社会主义法治精神,建设社会主义法治文化,增强全社会厉行法治的积极性和主动性,形成守法光荣、违法可耻的社会氛围,使全体人民都成为社会主义法治的忠实崇尚者、自觉遵守者、坚定捍卫者。"另外,在《法治社会建设实施纲要(2020—2025 年)》中,有超过一半以上的内容都是关于如何更好落实国家依法治理社会的,以下是主要相关内容:

(五)增强全民法治观念。深入学习宣传习近平法治思想,深入宣传以宪法为核心的中国特色社会主义法律体系,广泛宣传与经济社会发展和人民群众利益密切相关的法律法规,使人民群众自觉尊崇、信仰和遵守法律。广泛开展民法典普法工作,让民法典走到群众身边、走进群众心里。积极组织疫病防治、野生动物保护、公共卫生安全等方面法律法规和相关知识的宣传教育活动。引导全社会尊重司法裁判,维护司法权威。充分发挥领导干部带头尊法学法守法用法对全社会的示范带动作用,进一步落实国家工作人员学法用法制度,健全日常学法制度,强化法治培训,完善考核评估机制,不断增强国家工作人员特别是各级领导干部依法办事的意识和能力。加强青少年法治教育,全面落实《青少年法治教育大纲》,把法治教育纳入国民教育体系。加强对教师的法治教育培训,配齐配强法治课教师、法治辅导员队伍,完善法治副校长制度,健全青少年参与法治实践机制。引导企业树立合规意识,切实增强企业管理者和职工的法治观念。加强对社会热点案(事)件的法治解读评论,传播法治正能量。运用新媒体新技术普法,推进"智慧普法"平台建设。研究制定法治宣传教育法。

（六）健全普法责任制。坚持法治宣传教育与法治实践相结合。认真落实"谁执法谁普法"普法责任制，2020年年底前基本实现国家机关普法责任制清单全覆盖，把案（事）件依法处理的过程变成普法公开课。完善法官、检察官、行政复议人员、行政执法人员、律师等以案释法制度，注重加强对诉讼参与人、行政相对人、利害关系人等的法律法规和政策宣讲。引导社会各方面广泛参与立法，把立法过程变为宣传法律法规的过程。创新运用多种形式，加强对新出台法律法规规章的解读。充分发挥法律服务队伍在普法宣传教育中的重要作用，为人民群众提供专业、精准、高效的法治宣传。健全媒体公益普法制度，引导报社、电台、电视台、网站、融媒体中心等媒体自觉履行普法责任。培育壮大普法志愿者队伍，形成人民群众广泛参与普法活动的实践格局。

（七）建设社会主义法治文化。弘扬社会主义法治精神，传播法治理念，恪守法治原则，注重对法治理念、法治思维的培育，充分发挥法治文化的引领、熏陶作用，形成守法光荣、违法可耻的社会氛围。丰富法治文化产品，培育法治文化精品，扩大法治文化的覆盖面和影响力。利用重大纪念日、传统节日等契机开展群众性法治文化活动，组织各地青年普法志愿者、法治文艺团体开展法治文化基层行活动，推动法治文化深入人心。大力加强法治文化阵地建设，有效促进法治文化与传统文化、红色文化、地方文化、行业文化、企业文化融合发展。2020年年底前制定加强社会主义法治文化建设的意见。

（八）完善社会重要领域立法。完善教育、劳动就业、收入分配、社会保障、医疗卫生、食品药品、安全生产、道路交通、扶贫、慈善、社会救助等领域和退役军人、妇女、未成年人、老年人、残疾人正当权益保护等方面的法律法规，不断保障和改善民生。完善疫情防控相关立法，全面加强公共卫生领域相关法律法规建设。健全社会组织、城乡社区、社会工作等方面的法律制度，进一步加强和创新社会治理。完善弘扬社会主义核心价值观的法律政策体系，加强见义勇为、尊崇英烈、志愿服务、孝老爱亲等方面立法。

当然，法治社会强调国家依法治理社会并不等于加强国家对社会的管控，相反是遵循法治的理念（参考本讲前文对"法治"的定义），要限制国家公权力的滥用并保障公民的人身和财产权利。这一点在《中共中央关于全面推进依法治国若干重大问题的决定》和《法治社会建设实施纲要（2020—2025年）》这两个文件中也得到了充分体现。《法治社会建设实施纲要（2020—2025年）》的第四部分主题是加强权利保护，明确要求"切实保障公民基本权利，有效维护各类社会主体合法权益"，具体举措包括健全公众参与重大公共决策机制、保障行政执法中当事人合法权益、加强人权司法保障和为群众提供便捷高效的公共法律服务四个方面。

四、"法治社会"的第四层内涵

法治社会的第四层次内涵是国家间接通过社会规范实现对社会的有效治理。这个层次对应的是表 3-1 中表格 IV 代表的治理方式。通常情况下,国家不会依据社会规范来治理社会。但当法律规范内容不明确的时候,社会规范就可能会被国家借用。对此,《中华人民共和国民法典》第 10 条规定:"处理民事纠纷,应当依照法律;法律没有规定的,可以适用习惯,但是不得违背公序良俗。"[①]

在前文引用的两个文件中,并没有直接说明国家立法、执法或司法机关需要借助社会规范来进行社会治理。不过,两个文件都提到需要"发挥人民团体和社会组织在法治社会建设中的(积极)作用"。《法治社会建设实施纲要(2020—2025 年)》是这么表述的:

(十九)发挥人民团体和社会组织在法治社会建设中的作用。人民团体要在党的领导下,教育和组织团体成员和所联系群众依照宪法和法律的规定,通过各种途径和形式参与管理国家事务,管理经济文化事业,管理社会事务。促进社会组织健康有序发展,推进社会组织明确权责、依法自治、发挥作用。坚持党对社会组织的领导,加强社会组织党的建设,确保社会组织发展的正确政治方向。加大培育社会组织力度,重点培育、优先发展行业协会商会类、科技类、公益慈善类、城乡社区服务类社会组织。推动和支持志愿服务组织发展,开展志愿服务标准化建设。发挥行业协会商会自律功能,探索建立行业自律组织。发挥社区社会组织在创新基层社会治理中的积极作用。完善政府购买公共服务机制,促进社会组织在提供公共服务中发挥更大作用。

在实践中,人民团体和社会组织要在法治社会建设中发挥作用,必须制定并执行遵从法治精神、与国家法律规范并不相悖的社会规范。在这个意义上,文件明确的"推进社会组织明确权责、依法自治、发挥作用""发挥行业协会商会自律功能,探索建立行业自律组织""发挥社区社会组织在创新基层社会治理中的积极作用",都暗含着国家通过社会规范来实现对社会的间接治理。

根据上文分析,本书认为,法治社会是指在符合法治精神的前提下,社会性共同体依据社会规范和法律规范进行有效自治,并辅助国家依法有效治理社会的治理形态。

在这个定义中,法治社会包含四个方面的内涵,分别是社会性共同体依据自身规范有效

[①] 高其才和李沁霖认为,蕴含在村规民约、居民公约、行业规范、技术规范、行业标准以及国际规则中的习惯权利在法治社会建设中扮演着重要角色。参见高其才、李沁霖:《当代中国法治社会建设中的习惯权利》,载《人权法学》2024 年第 6 期。

自治、社会性共同体依据法律规范有效自治、国家依据法律规范有效治理社会，以及国家依据社会规范间接治理社会。这四个方面的内涵既是法治社会内涵不可分割的组成部分，也呈现了从中心到外围的差序格局状态。本书第一讲归纳了国家依法治理所面临的三类挑战。大致来说，法治社会的第一和第二层内涵呼应的是类型二挑战，第二和第三层内涵呼应的是类型一挑战，第三和第四层内涵呼应的是类型三挑战。

思考题：

1. 法治社会的内涵是什么？
2. 为什么法治社会要坚持社会的主体性地位？

第四讲　法治中国"一体建设"

前文第二讲最后提到,一个理想的法治国家治理体系就是一个由国家法律规范主导,由国家法律规范与各种社会性共同体自治规范组成的"规范之网"。第三讲关于法治社会内涵辨析中也不断重申国家和社会性共同体同时依据法律和社会规范进行社会治理的重要性。本讲进一步通过对"坚持法治国家、法治政府、法治社会一体建设"(下文简称"法治一体建设")的解读向读者说明法治社会如何在"规范之网"建构中体现其基础性的地位。[①]

第一节　法治国家、法治政府和法治社会的关系

"法治一体建设"是党的十八大以后出现的带有明显中国特色的全新法治理念。[②] 中共中央印发的《法治中国建设规划(2020—2025 年)》和《法治社会建设实施纲要(2020—2025 年)》均重申"法治一体建设"的理念,并进一步明确"法治社会是构筑法治国家的基础"。不过,像法治社会内涵具有多种表达方式一样,如何在理论上精准理解"法治一体建设"的内涵,迄今为止并未找到完整答案。这里有三个问题值得深思:(1)法治国家、法治政府和法治社会三个概念之间是什么关系?(2)"法治一体建设"是什么意思?(3)如何理解法治社会在"法治一体建设"中的基础性地位?下文分别对这些问题进行讨论。

目前关于法治国家、法治政府和法治社会三者关系最权威的表达为习近平的论述:"法治国家、法治政府、法治社会三者各有侧重、相辅相成,法治国家是法治建设的目标,法治政府是建设法治国家的主体,法治社会是构筑法治国家的基础。"[③]除此之外,官方对三者关系并没有更多的详细解读。

在理论界,就如何理解法治国家、法治政府和法治社会三者关系也形成了不同的观点。上一讲提到,党的十八大之前,理论界仅郭道晖认真系统思考了法治社会问题。关于法治社会和法治国家的关系,他认为,法治国家要以法治社会为基础,国家的法治化不能没有社会

[①] 本讲的内容较多参考程金华:《论法治中国的"一体建设"》,载《复旦公共行政评论》2023 年第 2 期。不过,本书收录时,对论文内容作了较为重要的更新和调整。

[②] 参见叶海波:《法治"一体建设"的双重逻辑与"合规"进路》,载《中国社会科学报》2021 年 5 月 14 日;黄文艺、李奕:《论习近平法治思想中的法治社会建设理论》,载《马克思主义与现实》2021 年第 2 期。

[③] 习近平:《加强党对全面依法治国的领导》,载《求是》2019 年第 4 期。

的参与;同时,法治社会在相当长时期内也仍然依赖于国家权力的有力扶持与保障,并最终取代法治国家。很显然,郭道晖对法治国家和法治社会关系的研究虽然富有思想性,但是离现实语境太远。党的十八大以后,他关于法治社会的内涵应当突出社会主体性和自治性的观点影响了很多后来的理论研究,但关于法治社会最终取代法治国家的学说并没有得到太多的响应。

近年来,随着针对法治一体建设研究的深入,理论界慢慢积累了更多对三者关系的思考成果。大致来说,目前形成了"A+B+C""A+A$_1$+B"和"A+A$_1$+A$_2$"三种理论路径。

一、 理解"法治一体建设"的第一种理论路径

"A+B+C"的理论路径就是把"法治国家"(A)、"法治政府"(B)和"法治社会"(C)视为平行的不同概念,然后对它们分别定义,说明彼此的异同及相互关系。

比如,张鸣起主张:"在法治国家、法治政府、法治社会一体建设语境下,三者既紧密相联,又有质的区别。……法治国家是指国家政权运行的法治化、法治政府是指行政权力运作的法治化,而法治社会是指社会体系运转的法治化。三者之间的共性是构成要素相同,都要体现法治五要素,区别是指向的对象、涵盖的领域不同,三者的着力点也不一致。法治国家的法治强调权力控制,法治政府的法治则强调依法办事、依法行政,法治社会则强调依法共治、重视人权保障。当然,三者内涵也存在交叉重叠,特别是相互依存度很高,如法治社会更加强调人权保障,但是如果没有法治政府强调的其他要素的支持,人权保障也无从谈起。"[1]再如,郑智航认为,法治中国"一体建设"的核心在于,国家、政府和社会在功能适度分化的前提下运用法治思维和法治理念进行有机整合。具体来讲,国家的主要功能在于为中国发展指明正确方向、做好中国发展的顶层设计和统筹安排;政府的主要功能在于履行经济调节、市场监管、社会管理、公共服务、生态环境保护等方面的重要职责;社会的主要功能在于为国家和政府的现代化和法治化建设提供良好的社会根基。[2] 另外,袁曙宏主张要深刻认识和准确把握"法治一体建设"的辩证统一关系时提出:"法治国家、法治政府、法治社会相互联系、相互支撑、相辅相成,是法治中国建设的三根支柱。法治国家是目标,法治政府是主体,法治社会是基础,三者本质一致、目标一体、成效相关,缺少任何一个方面,法治中国建设都难以有效推进。法治国家是法治政府、法治社会建设的目标,法治政府、法治社会建设必须服从、服务于法治国家建设。……法治政府是法治国家建设的主体和重点,是法治社会建设的先导和示范。……法治社会是法治国家、法治政府建设的基础和依托,法治国家、法治政

---

① 张鸣起:《论一体建设法治社会》,载《中国法学》2016 年第 4 期。

② 参见郑智航:《法治"一体建设"的理论意涵》,载《中国社会科学报》2021 年 5 月 14 日。

府建设必须筑牢法治社会根基。"①

在理论上,把(法治)国家、(法治)政府和(法治)社会视为平行的不同概念,有一定的理论依据。在分析共同体概念的时候,前文第二讲强调,对于中文的"国家"可以有不同的理解。如果把"国家"理解为一个政治"大共同体"(相当于英文的"state"),那么把国家和社会视为对等的概念,在理论上也是可以自圆其说的。

不过,问题在于:在国家和社会作为对等概念的前提下,"政府"这个概念和它们是否也对等?对于这个问题,虽然上述郑智航的观点给予了肯定回答,但是鲜有政治学或者社会学等相关社会科学的学说支持这种说法。在社会科学中,"国家"和"政府"两个术语在一起,更为常见的做法是把国家视为一个政治"大共同体",而政府则是具体代表国家行使公权力的组织,甚至仅指行使国家行政权力的组织系统。

所以,如果要肯定法治国家、法治政府和法治社会为三个平行概念,在理论上就必须先论证国家、政府和社会这三个概念在相同的维度下是对等的概念。从国际社会科学界现有的研究成果看,分别论证国家和社会是对等概念,或者政府和社会是对等概念,可以得到较好的理论支持;但是同时论证国家、政府和社会是对等概念,理论的依据便不是很充分。因此,理论界也就形成了下文的"A+A₁+B"理论路径。

二、 理解"法治一体建设"的第二种理论路径

"$A+A_1+B$"的理论路径就是把"法治国家"(A)和"法治社会"(B)视为平行的不同概念,把"法治政府"(A_1)视为"法治国家"(A)的从属概念,然后对它们分别定义,并说明彼此的异同及相互关系。党的十八大召开后不久,姜明安非常敏锐地注意到关于法治一体建设的新提法,并在第一时间对法治国家、法治政府和法治社会的相互关系进行了研究。他主张,法治国家、法治政府、法治社会三个概念在同一时空使用时,法治国家包括整个国家权力(国家立法权、监督权、重大问题决定权、行政权、司法权等)的法治化;法治政府仅指国家行政权行使的法治化;法治社会仅指政党和其他社会共同体行使社会权力的法治化。就三者的关系而言,他认为,建设法治国家是建设法治政府的前提,建设法治政府是建设法治国家的关键;建设法治国家是建设法治社会的基础,建设法治社会是建设法治国家的条件;建设法治政府是建设法治社会的保障,建设法治社会是建设法治政府的目标。②

杨炼也有类似的观点。他在论证"法治一体建设"时指出,为了能够区分法治国家和法治政府,在逻辑上就只能采用狭义的政府的概念,也就是,政府"专指国家行政权的分支系统,是行使国家行政权的组织机构",由此自然地推导出法治政府是狭义层面的依法行政,也

---

① 袁曙宏:《坚持法治国家、法治政府、法治社会一体建设》,载《人民日报》2020年4月21日。
② 参见姜明安:《论法治国家、法治政府、法治社会建设的相互关系》,载《法学杂志》2013年第6期。

就是"国家行政权行使的法治化"[1]。

"A+A₁+B"的理论路径很好地克服了"A+B+C"理论路径的短板，也就是，当"法治社会"在场的时候，如何合理处理"法治国家"和"法治政府"的关系。一方面，"A+A₁+B"理论路径通过把"政府"解释为国家的行政系统，相应地，也就把"法治政府"界定为"法治国家"的一部分，在内涵上实现了法治国家（主要涉及所有国家公权力行使的法治化）、法治政府（仅指国家行政权力行使的法治化）和法治社会（主要涉及国家公权力之外社会权力行使的法治化）三个概念的自圆其说。[2] 不过，另一方面，考虑到这三个概念之后还有"一体建设"这个说法，以"A+A₁+B"方式表达三者的关系，显得在结构上有点冗余——如果法治政府仅指国家行政权力行使的法治化，那么结构上更为合理的表述方式似乎应该是"坚持法治国家和法治社会一体建设"。正因如此，理论界提出了界定三者关系的"A+A₁+A₂"的理论路径。

三、 理解"法治一体建设"的第三种理论路径

"A+A₁+A₂"的理论路径就是把"法治国家"（A）视为上位概念，把"法治政府"（A₁）和"法治社会"（A₂）都视为法治国家的下属概念，然后对它们分别定义，并说明彼此的异同及相互关系。在理论界，江必新是较早提出这种主张的学者。他主张："法治国家是一个种概念，法治政府、法治社会是法治国家之下的两个属概念。也就是说，法治国家中的'国家'不只是国家机器、国家政权意义上的国家（state），而是一个国度性的概念（country）。……法治国家里面涉及的国家机器、国家政权是指法治政府。这里的'政府'，即指国家政权，包括所有的公权力机关，而不仅是指与立法机关、司法机关相并列的行政机关（尽管我们在过去很长一个时期内所讲的法治政府建设是指狭义的政府）。法治国家里面涉及与政府（国家政权）相对应的社会的法治化即为法治社会。"[3]

----

[1]　杨炼：《法治国家、法治政府与法治社会一体建设》，载《重庆社会科学》2014年第10期。

[2]　在中国的政治学研究中，也可以找到把政府理解为行政系统的观点。比如，王浦劬认为，在一般意义上，政府治理是指政府行政系统作为治理主体，对社会公共事务的治理；在当前中国的政治语境中，政府治理是指在中国共产党领导下，国家行政体制和治理体系遵循人民民主专政的国体规定性，基于党和人民根本利益的一致性，维护社会秩序和安全，供给多种制度规则和基本公共服务，实现和发展公共利益。参见王浦劬：《国家治理现代化：理论与策论》，人民出版社2016年版，第40—41页。

[3]　有意思的是，在同一本书中，江必新就法治国家与法治社会的关系，形成两种不同的观点。除了正文中提到的观点，在书中的另外一个地方，他认为，法治国家与法治社会的差异主要体现在如下几个方面：（1）法治建构的着力点不同。法治国家强调国家权力由法确立、有法可依和依法运行，其主题是政治的法治化；而法治社会着眼于社会组织与社会成员生产与生活活动的规范有序。（2）法治运行的治理理念不同。法治国家侧重于具有统一性的国家治理；而法治社会承认多元治理方式并更加仰赖社会自治。（3）规则治理的对象侧重不同。法治国家主要规范的对象是国家公权及其运行；而法治社会的调整重点是社会组织和个人社会成员的行为及其互动。参见江必新：《法治社会的制度逻辑与理性建构》，中国法制出版社2014年版，第7—8页。

在这种理论路径下,另外有学者更加清晰地指出,法治国家、法治政府和法治社会是"一体两翼"的关系,前者为"体",后两者为"翼"。刘旭东和庞正认为,当法治国家、法治政府和法治社会三个概念被并列使用时,法治国家就是一个种概念,而法治政府和法治社会是法治国家的两个属概念,法治政府与法治社会构成了法治国家的两翼。① 陈柏峰进一步作了如下诠释:(1)法治国家建设侧重于全面依法治国的顶层设计,关乎国家的基本政治架构和法治架构,为法治政府和法治社会建设设定政治前提和体制基础;(2)法治政府和法治社会是并行关系,前者为后者提供充足的制度空间;(3)法治社会承接法治国家和法治政府建设的成果,将它们体现在社会生活中。②

另外,卓泽渊主张,法治中国"一体建设"是一项宏大的系统工程。在这项工程中,法治国家是一个整体的描述与概括,包括法治政府和法治社会两个主要部分。法治政府和法治社会协调统一在法治国家之中,构成一个完整的整体。根据对"整体性"的如此理解,卓泽渊进一步阐述了"法治一体建设"的三层含义:整体规划、系统性和协同性。③ 此外,还有不少学者在这种理论路径下对法治国家、法治政府和法治社会的概念和关系作了不同的解释。④

上述江必新等学者对(法治)国家、(法治)政府和(法治)社会的概念和关系的解读,在一定程度上更好理顺了三者的关系,从逻辑上使得"法治一体建设"的内涵更加清晰。不过,其中也有三个理论问题有待进一步解决:(1)如果"法治国家"中的"国家"对应的英文是"country"而不是"state",那么"法治中国"中的"中国"应当如何解读? 理论上讲,"中国"对应"country","国家"对应"state","政府"对应"government",以及"社会"对应"society"是最为合理的。(2)对"法治政府"作广义解释,在理论上没有问题,但是现阶段中国各级政府发布的"法治政府建设实施纲要"中的"法治政府"都是狭义上的"政府"(也就是行政部门),不包括执政党的依法执政和司法系统的公正司法等重要法治建设内容。⑤ 应当如何弥补广义和狭义上"法治政府"的概念鸿沟? 这是个两难问题。如果把"法治一体建设"中的"法治政府"仅仅理解为行政系统的法治建设,恐怕难以撑起"法治一体建设"这个大命题、大战略、大格局;同时,把法治政府和法治社会视为法治国家的"一体两翼"的说法也很难成立,可能"一体多翼"更加合适。反之,如果对法治政府作广义理解,又和当前的法治政府建设规划难以匹配。如果把法治国家视为法治政府和法治社会的上位概念,这两个理论问题也是需要今后的理论研究和法治规划认真思考并解决的理论难题。(3)在当代中国的法治建设中,毋庸置疑,中国共产党是进行全面领导的。那么,如何在"法治一体建设"之中(或者之

① 参见刘旭东、庞正:《"法治社会"命题的理论澄清》,载《甘肃政法学院学报》2017 年第 4 期。

② 参见陈柏峰:《中国法治社会的结构及其运行机制》,载《中国社会科学》2019 年第 1 期。

③ 参见卓泽渊:《推进法治国家法治政府法治社会建设》,载《中国社会科学报》2021 年 5 月 14 日。

④ 参见方世荣:《论我国法治社会建设的整体布局及战略举措》,载《法商研究》2017 年第 2 期;胡晓利:《法治政府和法治社会一体建设研究》,载《理论月刊》2017 年第 4 期。

⑤ 参见中共中央和国务院在 2015 年印发的《法治政府建设实施纲要(2015—2020 年)》和在 2021 年印发的《法治政府建设实施纲要(2021—2025 年)》。

外)对此进行理论的诠释？目前的研究对此有所涉及,但没有清晰的表达。党的领导是当前中国国家治理体系的核心部分。那相应的问题是:是否需要以及如何把"依法执政"和"党对全面依法治国的领导"纳入"法治国家"这个概念中?

从上文对现有理论路径的梳理可以看出,要对"法治一体建设"进行既有理论深度又能自圆其说的阐释,并不是一个容易的问题。

第二节 从国家治理看法治建设的"整体性"

那么,如何理解法治国家、法治政府和法治社会的关系? 在没有完美理论方案的前提下,本书相对赞同上文提到的第三种理论路径,也就是把法治国家视为上位概念,把法治政府和法治社会看作从属概念。不过,本书对三者关系的理解和江必新等人的观点并不完全一致。

在第二讲,本书从共同体的视角分析过"国家""政府"和"社会"的内涵与关系。简单来说,在一个代表政治实体的国家(country)里,由政府(government)代表运作的政治共同体国家(state)是"兄长",而共同组成社会(society)的诸多社会性共同体则是国家的"弟弟妹妹"。这样的内涵界定可以帮我们理解法治国家、法治政府和法治社会的关系。

根据上述定义,政府代表国家行使公权力,因此法治政府也就是公权力行使的法治化。同时,根据上一讲的定义,法治社会的主要内涵是社会性共同体依据社会规范和法律规范进行有效自治,是社会权力行使的法治化。因此,法治政府和法治社会是平行的对等概念,这一点比较清晰。

那么,如何理解"法治国家"? 为什么它是"法治政府"和"法治社会"的上位概念? 根据前文的定义,如果作为政治共同体的国家(state)的公权力由政府(government)代表运作,那么"法治国家"和"法治政府"应该都是指公权力行使的法治化,似乎有点同义反复。应该说,自近代以来,在大部分地区的大部分时期,是可以这么理解的。

不过,在当代中国,作为一个政治共同体的"国家"有非常独特的地方,那就是"党领导一切"这个最大政治事实。这一点不仅频繁地出现在党的文件之中,[1]也出现在《中华人民共和国宪法》之中。该法第 1 条规定:"社会主义制度是中华人民共和国的根本制度。中国共产党领导是中国特色社会主义最本质的特征。禁止任何组织或者个人破坏社会主义制

---

[1] 比如,党的十九届四中全会通过的《中共中央关于坚持和完善中国特色社会主义制度 推进国家治理体系和治理能力现代化若干重大问题的决定》提及中国国家制度和国家治理体系具有多方面的显著优势,其中第一点便是"坚持党的集中统一领导,坚持党的科学理论,保持政治稳定,确保国家始终沿着社会主义方向前进的显著优势"。

度。"这一宪法安排是考量"国家"在当代中国的共同体性质和类型的关键因素。

根据这样的政治安排,中国共产党不仅领导所有国家公权力的运作,也就是领导政府的运作,还对社会权力的行使直接产生影响,也就是同时领导社会建设。"党领导一切"这个事实使得当代中国的"国家"是一个超级政治共同体,是"党领导下的国家"。在这个意义上,顾名思义,当前中国政府行使的公权力仅仅是"党领导下的国家"拥有的所有公权力的一部分;除此之外,还有党的依法执政。同时,"党领导一切"也意味着党对社会性共同体的领导。这一点在党中央关于推进国家治理体系与治理能力现代化工作的文件中说得非常清楚。党的十九届四中全会通过的《中共中央关于坚持和完善中国特色社会主义制度 推进国家治理体系和治理能力现代化若干重大问题的决定》明确"完善党委领导、政府负责、民主协商、社会协同、公众参与、法治保障、科技支撑的社会治理体系",包括健全党组织领导的自治、法治、德治相结合的城乡基层治理体系。另外,党对社会性共同体的领导还体现在"推动社会主义核心价值观入法入规"(参见表 5-1 中央全国依法治国委员会办公室发布的《法治社会建设指标体系(试行)》三级指标的第 19 项指标)。

因此,在当下中国的政治语境中,国家治理体系包含了政府治理体系与社会治理体系。① 国家治理体系的内核是法治国家,是中国共产党依法执政并实现国家治理的法治化;政府治理体系的内核是法治政府;社会治理体系的内核是法治社会。图 4-1 示意了这种关系。

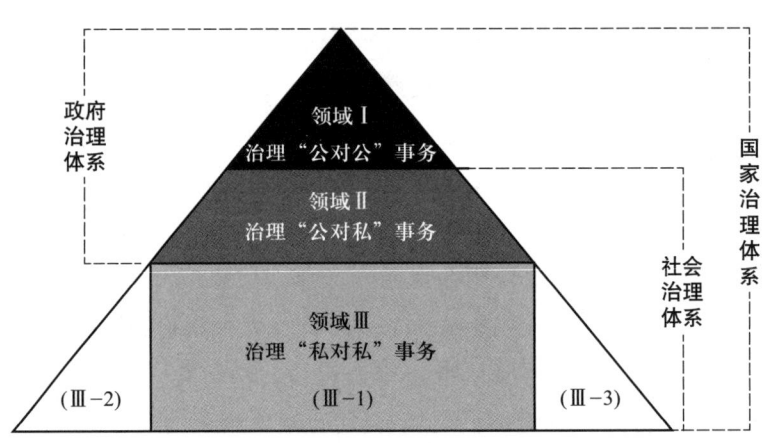

图 4-1　国家治理、政府治理与社会治理关系示意图

结合图 4-1 以及前文的讨论,我们对国家治理(法治国家)、政府治理(法治政府)和社

---

① 不少政治学者都同意国家治理体系包括政府治理体系和社会治理体系,但对国家治理体系内涵的理解不一样。比如,俞可平主张,国家治理体系就是规范社会权力运行和维护公共秩序的一系列制度和程序,包括规范行政行为、市场行为和社会行为的一系列制度和程序。政府治理、市场治理和社会治理是现代国家治理体系中三个最重要的次级体系。参见俞可平:《论国家治理现代化》(修订版),社会科学文献出版社 2015 年版。另外参见徐祥民:《习近平法治社会治理思想:理念、体系与保障》,载《郑州大学学报(哲学社会科学版)》2021 年第 1 期。

会治理(法治社会)这几组概念的内涵作进一步说明。首先,按照行为关系的主体类型分类,国家治理的领域可以分为三大类,分别是图 4-1 中领域 I 的"公对公"事务、领域 II 的"公对私"事务和领域 III 的"私对私"事务。所谓"公",是指掌握或者行使国家公权力的人/组织(党政军领域的公职人员/权力机构)和公共财产。所谓"私",是指既不掌握也不行使公权力的人/组织(公民、私有企业和非政府组织等)和私有财产。

政府治理包括针对"公对公"事务和"公对私"事务的两个领域的治理,如人大任命公职人员、税务部门对企业征税、警察对公民行政执法(比如"孙某刚案件"中警察收容遣送孙某刚)、监察委员会对公职人员启动调查、法院进行民商事诉讼裁判和国企动用国有资产购买社会服务等。而社会治理主要是指针对"私对私"事务的治理,如孩子申请入学(比如孙某某申请入学长沙学校)、年轻人之间约会、参加足球俱乐部、在"元宇宙"创作或者用自己的钱购买一辆私家车等。"私对私"事务是社会的自治范畴。"公对私"事务虽然是政府治理的范畴,但因涉及私域,需要各类社会主体的配合和支持,所以也是社会治理的范畴。换言之,政府治理中的"公对私"事务,对于社会治理而言是"私对公"事务,它们是一块硬币的两面。

综上,政府治理 = 治理"公对公"事务 + 治理"公对私"事务,社会治理 = 治理"私对私"事务 + 治理"私对公"事务。由此可见,政府治理和社会治理既是相互独立的,也是相互交叉的。当前中国的国家治理是"党的领导 + 政府治理 + 社会治理"的总和,并且都应当在法治的框架下进行,分别体现为依法执政、法治政府和法治社会。

其次,对于国家治理的不同领域,可以动用的规范体系或者所依赖的手段不一样,法律规范也在不同领域扮演着不同角色,可以说国家治理的不同领域有不同的"法律成色"。对于领域 I 的"公对公"事务而言,当且仅当根据法治精神(也就是限制公权且保护私权),依照法律规范治理。这也是法治国家的基本要求。作为一个应然要求,对"公对公"事务的治理不可以不遵循法治精神,不可以在法律规范之外的地带运行。对于领域 II 的"公对私"事务而言,原则上应当根据法治精神,依照法律规范治理。但是,在实际运作中,基于私域的同意,在治理"公对私"事务时,可以根据法治精神,酌情考虑法律规范以外的社会规范。比如,当不涉及损害公共利益和第三方权益时,政府执法机关可以基于德治或者其他价值要求对轻微违法的公民或者企业进行"柔性执法"。[①] 简言之,在治理"公对私"事务时,遵循法治精神、依照法律规范治理是基本做法,"柔性执法"虽可以酌情考虑但必须按照严格的程序并在有限的范围之内实施。

而对于领域 III 的"私对私"事务而言,遵循法治精神并依照法律和社会规范治理,应当成为社会治理的基本底色。"基本底色"有如下几点含义:

---

① 参见王春业:《论柔性执法》,载《中共中央党校学报》2007 年第 5 期;刘副元:《城管柔性执法:非强制框架下的效益考虑与路径选择》,载《中国法学》2018 年第 3 期。

第一，"私对私"的活动不能违背国家的法律规定，如不得偷盗、不得伤害无辜、不得违背彼此之间已经签订的合法契约等。对于"公对公"事务或"公对私"事务，国家的法律已经明确怎么做（所谓"法无授权不可为"）；但对于"私对私"事务，国家法律可能不会规定应该怎么做，而往往明确不应该怎么做（所谓"法无禁止即可为"）。

第二，虽然有时利用法律去规定"私对私"行为应该怎么做会显得"用力过猛"（比如，用法律去规定一个大学教师每学年应该授课多少课时），但此类行为仍需要有明确的行为指引，于是社会规范（或者"软法"）会在"私对私"事务的治理中扮演重要的角色，提供"私对私"事务应该如何做的规范指引（比如，一些大学会根据教师人数和学生需求确定每位教师每学年的授课课时）。换言之，治理"私对私"事务时，国家的法律规范依据法治精神划定行为底线，在行为底线之上的广大区域，社会规范则提供行为可以做、应该做的指引，两者相辅相成。

第三，对于"私对私"事务，无论是法律规范还是社会规范，都只是社会治理体系的一部分，除此之外的非规范的手段也可以提供行为指引。因此，图4-1把领域Ⅲ的"私对私"事务治理，进一步区分为Ⅲ-1、Ⅲ-2和Ⅲ-3三个子领域。其中，Ⅲ-1表示法律规范（如刑法和民法）的治理，Ⅲ-2表示社会规范（如校规、公司章程和行业规范）的治理，Ⅲ-3则表示非规范的手段（如亲情）的治理。简言之，社会治理所依赖的方式很多元。正如严存生认为，社会治理主要用法律，但法律不是唯一手段：

> 任何社会的治理都是一个综合性的社会工程，这意味着社会的治理不仅从治者来说是多元的，而且从治之具来说也是多元的。从已有的社会来看，社会的治理所需要的东西大体有势、法、德（礼）和术。所谓"势"即权势、地位，包括治者所掌握的实力和在社会中所拥有的名位，如所掌握的经济实力、军事实力、所拥有的科学技术知识和在社会中的名望和地位；所谓"术"指使用这些东西的技术，包括战略策略思想和实际运用的技巧、方法；所谓"德"，狭义上指"德治"，指治者的品性和用道德教化的办法来治理社会，即以身作则，以自己的人格魅力感化人，以说服启发的方法教育人，以树立和表彰典型的办法指引人。广义上"德"包括"礼"，即社会的伦理观念及由其产生的风俗礼仪，它主要依靠社会舆论和各种社会组织的力量来实施和贯彻落实；所谓"法"，即由社会的公共权力机构所制定和维持的行为规范，它主要表现为社会的正式规章制度，它以明确的准则告诫人，以赏罚的办法规范人。时至今日，这四种治理手段仍然是缺一不可的，各类社会的差别只在于以哪一种为主或侧重于用哪一种。在这四者中无疑德和法是治中用得最多的，其中德是治之根本，法是治之关键。[①]

---

① 严存生：《法治社会的"法"与"治"》，载《比较法研究》2005年第6期。

正因为在领域 I、II 和 III 的治理中,法律规范扮演着不同的角色,有不同的"法律成色",所以图 4-1 对三个涉及依照法律规范治理的领域用了深度不一致的背景颜色。在领域 I"公对公"事务治理中,当且仅当依据法律治理,用全黑的背景表示"法律成色"最重,甚至是非黑即白的状态。然后,领域 II 次之,领域 III-1 再次之。但再强调一遍,无论用何种方式治理,都不应该违背法治精神。换言之,在整个国家治理体系中,法律规范可多可少,但是法治精神不能"缺斤少两"。

最后,以行为关系的主体类型为界定标准,图 4-1 的整个三角形(包括领域 I、II 和 III)构成了国家治理的所有领域,中间背景颜色深浅不一的五边形区域(领域 I、II 和 III-1)是法治国家的治理领域,其中法治政府覆盖领域 I 和 II,法治社会覆盖领域 II 和 III-1,执政党的依法执政则覆盖法治政府(主要是政府代表国家行使公权力的法治化)和法治社会(主要是社会组织代表社会性共同体依法自治),并协调法治政府和法治社会的一体建设。

综上,"法治一体建设"的法治中国战略规划有其非常独特的时代背景。要理解"法治一体建设"的内涵,必须把它和党的十八届三中全会、十八届四中全会、十九届四中全会和二十届三中全会诸多重要会议的决定联系起来思考。这些会议的决定有一个共同的主题,就是推进中国国家治理体系与治理能力现代化。从这个角度看,本书认为,"法治一体建设"背后存在一个比较清晰的体系逻辑:国家治理体系包含政府治理体系和社会治理体系,而法治政府和法治社会建设的历史使命就是分别实现当代中国政府治理体系和社会治理体系的现代化(其重要标志就是法治化),并由此形成法治国家的国家治理体系。[1] 在这个意义上,法治国家、法治政府和法治社会是个整体。正如习近平指出的那样:"全面依法治国是一个系统工程,要整体谋划,更加注重系统性、整体性、协同性。"[2]

第三节 法治建设任务目标的"体系性"

当然,仅仅从国家治理体系的角度分析法治建设的整体性,还过于抽象。进一步的问题是,如何在更具体的层面理解"法治一体建设"的任务目标?在现代法治理论与实践中,法治建设被普遍区分为立法、执法、司法和守法四大领域。就法治中国建设而言,党的十八大以

---

[1] 莫于川认为,所谓一体建设,是指三个论域(国家、政府、社会)的法治建设应当统筹规划、整体推进、互系互动和协调发展,以最合理的法治资源投入,产生最大的法治建设成效。通过"法治一体建设"理论和实践的提升和拉动,对国家治理体系和治理能力现代化的内涵、源流、目标及其系统构成,进行系统深入和更加科学的探索。参见莫于川:《按照一体建设方针积极探索中国特色法治政府建设道路》,载《信访与社会矛盾问题研究》2016 年第 1 期。

[2] 习近平:《论坚持全面依法治国》,中央文献出版社 2020 年版,第 4 页。

来的一个普遍共识是分别在立法、执法、司法和守法领域实现"科学立法""严格执法""公正司法"和"全民守法"。当然,前文提及,在当前中国国情下,上述法治建设的四大领域都是在党的领导下开展的,后者依据"依法执政"的原则展开。① 相对而言,依法执政的具体建设任务更加独特、更加复杂,因此,本书聚焦立法、执法、司法和守法四大法治建设领域开展分析。不过,需要记住的是,党的依法执政几乎贯穿于所有法律规范和社会规范的建设与运行体系之中。

从"法治一体建设"的角度看,上述四大领域的建设目标,不仅适用于法治政府,也能够应用于法治社会。只不过,法治政府建设的"法"是国家法律规范体系,法治社会建设的"法"是社会规范体系。② 围绕这四大领域,法治政府和法治社会分别有两个层次的建设任务目标:一个层次是各自需要完成的任务,另一个层次是协助对方完成的任务。我们不妨把前者称为"主体建设",把后者称为"辅助建设"。法治政府和法治社会的主体建设目标是分别实现政府治理和社会治理体系和治理能力现代化,而它们的辅助建设目标是参与并协助彼此的任务建设,以实现两个治理体系的兼容性。在这个意义上,构成法治政府和法治社会的诸多建设任务的目标也是有体系性的。

图4-2描绘了"法治一体建设"的任务体系及其目标,包含了法治政府和法治社会建设在四大领域各自需要完成的两个层次共计16项目标。法治政府的主体建设分别是实现科学立法(立法领域)、严格执法(执法领域)、公正司法(司法领域)和全民守法(守法领域)。这些任务目标是理论界和实务界已经耳熟能详的,本书在此不作过多解释。相应地,法治社会的主体建设是分别实现完备有效社会规范体系(立法领域)、社会性共同体依法依规有效自治(执法领域)、诉前多元纠纷解决机制(司法领域)和全面多层社会诚信体系(守法领域)。如前文所述,这里的"法"是广义上的法,既包括国家制定的法律,也包括社会规范。

在立法领域,法治政府的主体建设是实现科学立法,法治社会的主体建设是建构完备并且有效的社会规范体系。在执法领域,对于法治政府而言,科学立法之后,就要严格执法,让法律发生作用,而不能束之高阁;而对于法治社会而言,社会规范体系建设以后,也必然需要各社会性共同体在其内部适用,其中最重要的就是在不违反国家法律的前提下,依照制定好的规范进行有效自治。在现实的国家治理中,有法不依、有自治规范不遵照执行是国家治理中执法体系需要解决的核心问题。

如果说执法是政府和社会组织分别代表国家和社会性共同体主动施法,那么司法则是被动用法,即当事人发生纠纷时,请求有权执行法律或者社会规范的个人或者组织去裁判是

---

① 中共中央印发的《法治中国建设规划(2020—2025年)》明确:"坚持依法治国、依法执政、依法行政共同推进,坚持法治国家、法治政府、法治社会一体建设,坚持依法治国和以德治国相结合,坚持依法治国和依规治党有机统一,全面推进科学立法、严格执法、公正司法、全民守法。"

② 参见黄文艺、李奕:《论习近平法治思想中的法治社会建设理论》,载《马克思主义与现实》2021年第2期。

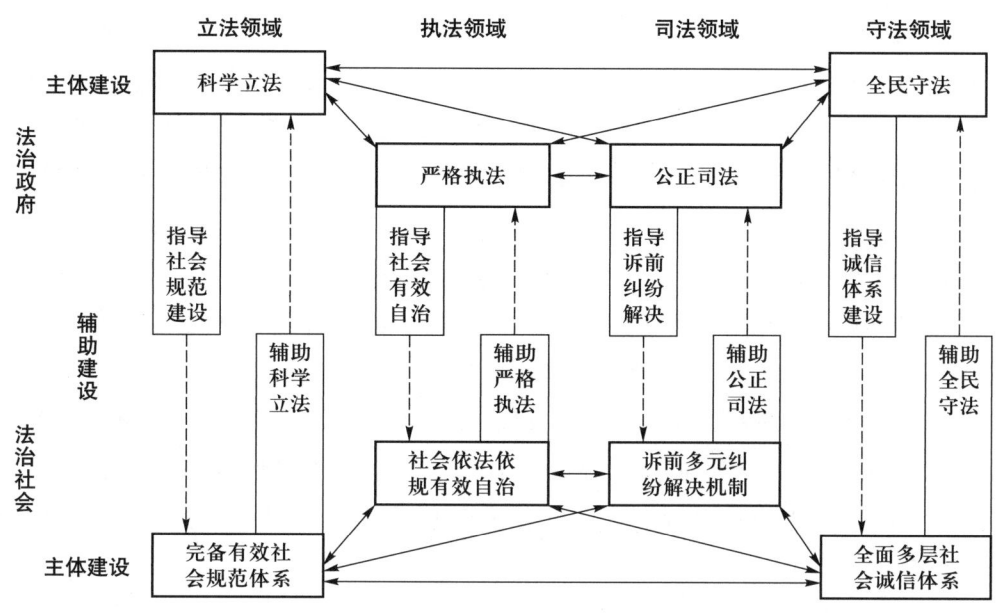

图 4-2 "法治一体建设"任务目标图解

非、救济权利、恢复秩序。就此而言,法治政府的目标是公正司法,以作为对权利的"终极救济"。换个通俗的说法,司法是公正的最后一道防线。此外,在"最后一道防线"之前还应竖立诸多"防线",这就是"诉前多元纠纷解决机制"。在理论研究和实践中,有一种片面的理解,认为诉前多元纠纷解决机制就是通过调解和仲裁等非诉讼纠纷解决机制,依据法律规范去解决纠纷。固然,依据法律规范进行调解或者仲裁是诉前多元纠纷解决机制的一部分,但可能仅是一小部分。更为重要的是,在社会治理中,要尽量通过非诉讼纠纷解决机制,依据社会规范去化解矛盾。

根据威廉·费尔斯汀纳(William L. F. Felstiner)、理查德·阿贝尔(Richard L. Abel)和奥斯汀·萨拉特(Austin Sarat)等人的研究,纠纷的形成是一个对纷争进行事实和性质上的"认定"(naming),对他人进行"归咎"(blaming),最后为此而向自认造成伤害的加害方"主张权利"(claiming)的过程。[①] 从诉讼案件形成的维度看,从人们之间产生纷争到起诉立案,再到案件流转到法官手上成为要审理的案件,也是一个多阶段不断转化、升级和筛选的过程。理查德·米勒(Richard E. Miller)和奥斯汀·萨拉特主张,人们产生"冤屈"(grievances)之后,会对一部分造成冤屈的人进行"索赔"(claims),而当索赔得不到满足时,冤屈又进一步升级为"纠纷"(disputes),人们在部分纠纷中寻求律师帮助,直到最后很小的一部分纠纷才成为法院立案案件。经过这样的层层筛选过程,冤屈发展到法院立案案件,数量递

---

① William L. F. Felstiner, Richard L. Abel & Austin Sarat, "The Emergence and Transformation of Disputes: Naming, Blaming, Claiming," *Law & Society Review*, Vol. 15, No. 3/4, 1980-1981, pp. 631-654.

减,垒积起来像个正立的金字塔,从而被命名为"纠纷金字塔"模型。① 朱涛针对中国法院立案过程的研究也发现,法院的立案存在"内部过滤"和"外部包装"两大阶段的"纠纷格式化"过程。② 这些对诉讼案件形成与转化的学理分析,说明法院"案多"除了有深层次社会经济原因,也有从"纷争"/"冤屈"到最后成为法院立案和法官承办案件的各种治理机制不能有效发挥作用的原因。另外,全球的法律社会学研究都说明,纷争从发生到最后进入司法程序,是被不断筛选的过程。③

无论在纷争的升级还是转化过程中,社会规范都扮演着非常重要的角色。如果一个社会存在完备有效的规范体系,并且制定这些规范的社会组织能够依据它们进行有效自治,那么这些社会规范也就能够有效防止纷争的升级与转化,对纷争进行"熔断",进而化解纷争。所以,在法治社会建设中,不仅要努力依据法律规范进行非诉讼纠纷解决,还要尽量动用社会规范对不断产生和升级转化的纷争进行"熔断",这才是诉前多元纠纷解决机制的真实含义,也是最重要的诉源治理。

孟子曾言"徒法不足以自行"。无论法律规范还是社会规范,都需要人们的信赖甚至信仰。因此,在法治政府建设方面,需要实现全民守法。这里的"民"是"公民",不仅包括普通百姓,也包括掌权和执法的公民。相应地,在法治社会建设方面,就需要培育人们对与自己相关的社会规范的信赖乃至信仰,也就是增强社会性共同体成员对自己所在共同体制定的自治规范的了解、熟悉和遵守。如果一个共同体成员连和自己直接相关的社会规范(如社区公约或者学校章程)都不能遵守,那么让他有十足的守法精神,就非常不现实。正所谓"勿以善小而不为"。增强个人对身边的社会规范的了解、熟悉和遵守,可以为公民守法奠定坚实的行为基础。事实上,对于大部分公民而言,对自己日常行为更能够起到指引作用的是身边的社会规范——当然,前提是身边的社会规范是合法有效的。另外,对于法治社会建设而言,公民对身边的社会规范的遵守(守规)仅是守法任务建设的一部分,此外还有守约,即对在特定人范围之内约定的遵守。所以,就整个法治国家建设而言,守法领域的建设任务至少包含了守约、守规和守法三个层次的目标,彼此之间也相辅相成。

上文简要分析了法治政府和法治社会各自在立法、执法、司法和守法四大领域的主体建设任务目标。在此之外,便是各自有相互支撑的辅助建设任务目标。在立法领域,毫无疑问,法治政府建设对立法有更高的要求,几乎所有的立法都字斟句酌,草案动辄十数稿甚至数十稿,并有大量的专家参与,需要立法者有更加高超的立法能力,否则难以实现科学立法

---

① See Richard E. Miller & Austin Sarat, "Grievances, Claims, and Disputes: Accessing the Adversary Culture,"*Law & Society Review*, Vol. 15, No. 3, 1980-1981, p. 525-566.

② 参见朱涛:《纠纷格式化:立案过程中的纠纷转化研究》,载《社会学研究》2015 年第 6 期。

③ 参见 Marc Galanter, "Reading the Landscape of Disputes: What We Know and Don't Know and Think We Know about Our Allegedly Contentious and Litigious Society,"*UCLA Law Review*, Vol. 31, No. 4, 1983, pp. 4-71；朱涛:《纠纷格式化:立案过程中的纠纷转化研究》,载《社会学研究》2015 年第 6 期。

的目标。并且,正如"孙某刚案件"展现的那样,科学立法不仅意味着法律规范要在第一时间符合国家治理需求和法治精神,还意味着要根据国家治理需求的变化与时俱进,否则,即使是在历史上发挥过积极作用的立法(如《城市流浪乞讨人员收容遣送办法》),也会因为形势变化而成为"恶法"。

相较而言,法治社会的规范制定工作,则是为了满足基本需求,建设完备有效的社会规范体系。不能说社会规范体系建设没有科学性要求,只不过社会规范体系建设在现阶段更迫切的目标是让社会规范体系更加有效和完备。对于法治政府建设的立法工作而言,必须实现精细化,而社会规范体系建设目前只能抓大放小。所以,法治政府在实现科学立法的同时,也需要对社会规范体系建设进行指导。指导社会规范体系建设,是法治政府对法治社会的立法辅助。同时,在建设完备有效的社会规范体系过程中,往往能够反映社会的真实问题和百姓的现实需求,能够把相关信息反哺给国家的法律规范立改废工作。在这个意义上,法治社会还可以辅助法治政府实现科学立法。事实上,这些年全国人大常委会和各省级人大常委会在全国布局的基层立法联系点,就有类似的功能。[①]

如同立法一样,在执法、司法和守法领域,法治政府和法治社会的建设任务目标也是相辅相成的。无论对于依法依规进行自治,还是依据自身规范进行纠纷化解,抑或宣传社会规范并促成成员遵守规范,社会组织和其他社会治理主体都缺乏经验和能力,因此政府的执法者、司法者和普法者指导前者去实现这些任务,便有重要的现实意义,也分别构成了法治政府在执法、司法和普法领域的辅助建设目标。反过来,社会治理主体在实现有效自治、化解纠纷和培养成员守规守约的同时,也可以协助政府的执法、司法和普法活动,这也是法治社会的辅助建设目标。

上文对图 4-2 中 16 个方框中的法治建设任务目标进行了简要的介绍,还需要进一步说明的是这 16 个任务目标之间的关系。整体而言,这些任务目标都是互联互通的,它们之间的关系在图 4-2 中用带箭头线条表示,并具体体现在如下两个方面:(1)无论是法治政府还是法治社会的主体建设目标,在立法、执法、司法和守法领域都是相互联动的。没有科学的立法或者完备有效的社会规范体系建设,就很难实现合理的执法、自治或者纠纷解决,公民或者居民也很难对法律或者社会规范产生信任感。反之,法律规范或者社会规范不在实践中应用,就没有办法知道它们是否科学有效,也就没有办法实现更科学的法律或者社会规范的立改废工作。所以,图 4-2 用带双向箭头的实线分别把法治政府和法治社会的四大主体建设任务目标连接起来。(2)正如前述,在立法、执法、司法和守法领域,法治政府和法治社会的建设任务目标是相互支撑的。图 4-2 用带单向箭头的虚线把一方的辅助建设目标和另

---

① 参见长宁区虹桥街道课题组:《汇聚社情民意 推进立法精细化——虹桥街道全国基层立法联系点实践探索》,载上海市法学会编:《上海法学研究》(2020 年第 4 卷),上海人民出版社 2021 年版;严行健、贾艺琳:《后发优势与制度嵌入:"全过程民主"探索中的基层立法联系点》,载《人大研究》2021 年第 3 期。

一方的主体建设目标连接起来,表示支撑关系。有了这两组关系,法治政府和法治社会的主体建设任务目标同时实现了横向和纵向的联动,并使得法治国家建设的诸多任务目标构成一个网状的体系。如此,"法治一体建设"的宏观理念通过中观的 16 项任务的体系化建设,为本书所主张的理想国家治理体系所必需的"规范之网"奠定了最坚实的基础。

简言之,法治国家包含了法治政府和法治社会,其中法治政府建设是为了实现政府治理体系的现代化,法治社会建设是为了实现社会治理体系的现代化,各自有独特的建设任务目标。同时,"法治一体建设"对法治政府和法治社会的诸多建设任务提出了进一步的要求,即它们是需要衔接在一起的。这些横向和纵向联通的法治建设任务目标具有体系性,进一步保障了"法治一体建设"的可行性。

第四节　理解法治社会的基础地位

在前文分别阐明了"法治一体建设"的整体性内涵和体系性建设任务目标之后,需要简要说明法治社会的基础地位。① 总的来说,法治社会在整个法治国家建设中的基础地位至少体现在如下三个方面。

第一,法治社会的主要目标是为全国种类繁多且越来越丰富的社会性共同体建立行之有效的自治规范,法治社会建设是直接面对所有公民的治理体系与治理能力现代化事业,是实现整个国家治理体系与治理能力现代化的基础。虽然法治政府也会覆盖公对私事务,也会影响到所有公民,但是有些影响是局部的、间接的、潜在的,不像法治社会的影响那样全面、直接和现实。几乎在所有当代国家,一个公民每天同其他公民或者私人领域主体打交道的概率远远高于同政府或者其他公权力主体打交道的概率。这意味着,对于大部分公民而言,有效完备的社会规范比科学的国家法律更加实用——虽然后者也不可或缺。也只有这样,公民以成员身份参与建设的各类社会性共同体才能繁荣发展,国家也才能在社会性共同体的支撑下成为凝聚力更强、被认同度更高的"大共同体"。正如蒋晓伟评论的:"社会是国家的基础,社会决定国家的性质和发展方向;法治国家和法治政府的基础在于法治社会;没有法治社会,不可能建成法治国家和法治政府。"②

第二,法治政府的实现,离不开法治社会的支持。法治社会在立法、执法、司法和守法四大领域均可以支撑法治政府建设。在现实的法治运作中,法治社会的缺失也往往导致法治

---

① 参见蒋晓伟:《论中国特色的法治社会》,载《政法论丛》2015 年第 5 期;江必新、戢太雷:《习近平法治社会建设理论研究》,载《法治社会》2022 年第 2 期。

② 蒋晓伟:《论中国特色的法治社会》,载《政法论丛》2015 年第 5 期。

政府的实施变得更加困难,甚至有时失效。换句话说,一个兼容的法治社会的存在,可以使法治政府建设事半功倍。在当前中国,最典型的例子是"诉讼大爆炸"。近年来,诉讼案件逐年大量上升的原因固然是多样的,但是缺乏完备有效的社会规范体系及时"熔断"社会纷争,是最重要的原因之一。如果不能够通过法治社会建设及时实现诉讼源头的有效治理,[①]司法体系也会面临局部"坍塌"的风险。简言之,法治社会是法治政府的地基。

第三,在守法等领域,法治社会建设是实现法治国家的前提。前文提到,如果一个公民不能养成守约、守规的习惯,那么他也不太可能养成守法的习惯。公民能否守约和守规,是经常性的考验;能否守法,则通常是关键性的考验。在法治建设中,公民只有经得起经常性的考验,才能通过关键性的考验。

至少因为上述三个方面原因,法治社会建设在"法治一体建设"中处于基础地位。相对于法治政府建设而言,中国的法治社会建设才刚刚起步,任重而道远。

思考题:

1. 如何理解"坚持法治国家、法治政府、法治社会一体建设"的内涵?
2. 如何理解法治社会在法治国家建设中处于基础地位?

---

① 参见四川省成都市中级人民法院课题组:《内外共治:成都法院推进"诉源治理"的新路径》,载《法律适用》2019 年第 19 期;杜前、赵龙:《诉源治理视域下人民法院参与社会治理现代化的功能要素和路径构建》,载《中国应用法学》2021 年第 5 期。

第五讲　建设规划："书本里的"法治社会

在前几讲就法治社会相关的理论问题作了讨论之后,本书接下来讨论法治社会建设。本书从两个方面去理解:一个方面是中央和地方政府自上而下的建设规划,可以说是"书本里的"法治社会;另一个方面是近年来基层政府和社会组织在治理活动中的实践探索,可以说"行动中的"法治社会。本讲先梳理中央和地方政府对法治社会建设规划的基本情况,然后从学理上进行思考。接下来的一讲将结合案例讨论法治社会建设在全国各地的实践探索,并就如何融合"书本里的"和"行动中的"法治社会建设提一些建议。

第一节　中国法治社会建设规划概要

自党的十八大提出"法治一体建设"以来,中央政府对法治社会建设的规划经历了从理念提出到任务部署的发展过程,并在近年来慢慢向地方推广,后者也紧跟中央的步伐,纷纷发布了本地法治社会建设的实施方案。①

一、 关于法治社会建设的全国规划

中共中央是全国法治社会建设的倡导者和推动者。党的十八大以来,中共中央关于法治社会建设的工作体现在如下几个方面。

第一,提出在法治一体建设框架下进行法治社会建设的理念,并不断重申该理念。"法治社会"并没有出现在党的十八大之前的文件之中。在党的十八大报告全文中,"法治国家"和"法治政府"分别出现过 2 次和 1 次,而"法治社会"并没有出现过。2012 年 12 月 4 日,习近平在首都各界纪念宪法公布施行 30 周年大会的讲话中,明确指出"坚持依法治国、依法执政、依法行政共同推进,坚持法治国家、法治政府、法治社会一体建设"②。这个讲话是从公开出版物中能够找到的关于"法治社会"最早的官方表述。之后,这段关于法治一体建设的表述成为中共中央关于法治中国建设的标准表述,并频繁地出现在之后中共中央文

---

① 参见姚建宗:《中国语境中的法治社会及其地方性》,载《当代法学》2024 年第 4 期。
② 习近平:《论坚持全面依法治国》,中央文献出版社 2020 年版,第 16 页。

件和领导人讲话之中。党的二十大报告仍然沿用了"坚持依法治国、依法执政、依法行政共同推进,坚持法治国家、法治政府、法治社会一体建设"这个表述。由此可见,关于在法治一体建设的框架下开展法治社会建设的理念,从 2012 年底首次被中共中央领导人提出至今,一直没有改变。

第二,结合法治一体建设的理念,对法治社会建设的任务进行规划。前文提及,在全国层面,系统部署法治社会建设的中央文件有两个:一个是党的十八届四中全会在 2014 年通过的《中共中央关于全面推进依法治国若干重大问题的决定》,另一个是中共中央在 2020 年底印发的《法治社会建设实施纲要(2020—2025 年)》。前一个文件是关于全面推进依法治国的整体构想,其中第五部分是关于法治社会建设的专题;后一个文件则是专门就全国法治社会建设做的系统规划。值得一提的是,《法治社会建设实施纲要(2020—2025 年)》发布后,中共中央先后于 2021 年 1 月和 8 月印发了《法治中国建设规划(2020—2025 年)》和《法治政府建设实施纲要(2021—2025 年)》。这一规划和两纲要三个文件是中共中央在全国层面就"十四五"期间法治中国建设作的整体性安排,也从规划层面充分展现了法治一体建设的精神。

除此之外,中共中央针对法治社会建设的部署还体现为另外两种情形:一种情形是在关于综合性改革的文件中提到法治社会建设。比如,2024 年 7 月 18 日通过的《中共中央关于进一步全面深化改革 推进中国式现代化的决定》,在第九部分"完善中国特色社会主义法治体系"中,分别对立法、依法行政、公正执法司法、法治社会和涉外法治等五个方面任务提了明确要求,其中"完善推进法治社会建设机制"是第四个方面的任务。另一种情形是对相关领域建设进行规划的文件,虽然不一定明文提出法治社会建设要求,但包含了对法治社会建设的安排。比如,2021 年 4 月 28 日发布的《中共中央、国务院关于加强基层治理体系和治理能力现代化建设的意见》,虽然没有写明"法治社会"字样,但明确指出要"提高基层治理社会化、法治化、智能化、专业化水平",尽快建立起"自治、法治、德治相结合的基层治理体系",并要求"乡镇(街道)指导村(社区)依法制定村规民约、居民公约,健全备案和履行机制,确保符合法律法规和公序良俗"。从这些表达可以看出,全国开展的基层治理工作也与法治社会建设密切相关。

第三,结合法治一体建设理念和法治社会建设的整体规划,细化落实任务举措,并对相关工作的考核评估作出初步构想。在《法治社会建设实施纲要(2020—2025 年)》发布后不久,中央全面依法治国委员会办公室(简称"中央依法治国办")便结合法治社会建设的规划,先是在 2021 年 2 月印发了《法治社会建设实施纲要重要举措和分工方案》,然后又在 2021 年 11 月发布了全国版的《法治社会建设指标体系(试行)》(与下文提到的"江苏版"指标体系不一样)。当然,这个指标体系仅仅是"试行",对全国的法治社会建设有一定的参考指导作用,但没有太多的硬性约束。中央依法治国办在制定该指标体系的背景说明中作了如下说明:"《法治社会建设指标体系(试行)》是各地推进法治社会建设以及开展法治社会建设考核、评价的工作指引,各地可以结合本地实际设置指标体系各项指标的分值、权重和评价方式,在本地区开展实践运用,相关情况及时报中央依法治国办。"

另外,近年来,司法部围绕全国法治宣传教育工作,也设计了一套包括对全国各地尊法、学法、守法、用法四个方面工作进行考核评估的指标体系——《"全国守法普法示范市(县、区)"创建活动考评指标体系》。该指标体系由于直接对标法治宣传教育工作,在"条条块块"的工作中也有比较成熟的组织和机制"抓手",所以产生了较大的实践影响力。

二、 关于法治社会建设的地方规划

在中央的推动和要求下,全国各地方政府对法治社会建设也进行了规划。在当代中国,法治建设在很多领域展现了地方"先行先试"的特征,[1]并在个别领域呈现了"地方法治竞争"或者"法治建设锦标赛"的格局。[2] 但是,法治社会建设更多体现了中央进行统一"顶层设计"的时代特征,也就是,地方政府的主要任务是对全国规划进行细化和落实,而明显缺乏地方法治建设的自主性。[3]

当然,由于中国幅员辽阔,政府层级较多,所以各地落实中央法治一体建设精神和推动本地法治社会建设的积极性还是存在差异的。[4] 这里大概有两种情况:一种情况是,在 2014 年《中共中央关于全面推进依法治国若干重大问题的决定》对法治社会建设作出初步部署之后,个别地方政府积极探索在本地区进行法治社会建设的具体路径。另一种情况是,在《法治社会建设实施纲要(2020—2025 年)》对全国法治社会建设作出系统规划之后,较多地方政府对本地的法治社会建设进行"十四五"规划,但内容主要是对全国规划内容的简单转化,细化举措比较明显,创新则明显不足。

先说第一种情况。在党的十八大之后到十九大之前这段时间里,江苏省和上海市浦东新区等为数不多的地方对本地法治社会建设进行了先行探索。《中共中央关于全面推进依法治国若干重大问题的决定》发布之后不久,江苏省便组织专家力量,结合本省法治建设情况,探索本地区的法治社会建设实施路径,其标志性成果是在 2015 年底制定了《江苏省法治

---

① 参见程金华:《国家、法治与"中间变革"——一个中央与地方关系的视角》,载《交大法学》2013 年第 4 期;孙笑侠等:《先行法治化:"法治浙江"三十年回顾与未来展望》,浙江大学出版社 2009 年版;葛洪义主编:《广东法制建设的探索与创新:1978—2008》,华南理工大学出版社 2009 年版;樊晓磊:《地方法治的理论与实践:基于法治河南建设的考察》,法律出版社 2023 年版。

② 参见周尚君:《地方法治竞争范式及其制度约束》,载《中国法学》2017 年第 3 期;李晟:《"地方法治竞争"的可能性:关于晋升锦标赛理论的经验反思与法理学分析》,载《中外法学》2014 年第 5 期;骆天纬:《区域法治发展的理论逻辑:以地方政府竞争为中心的分析》,法律出版社 2017 年版。

③ 参见程金华:《地方法制/法治的自主性》,载《中国法律评论》2019 年第 3 期。

④ 参见章志远:《法治一体建设地方试验型模式研究》,载《中共中央党校(国家行政学院)学报》2021 年第 2 期。

社会建设指标体系（试行）》，率先在全国推出法治社会建设指标体系。① 根据江苏省司法厅介绍，该指标体系体现了"四个结合"，即全国法治建设大局与江苏地方特色相结合、法治社会建设客观进程与主观评价相结合、全面反映法治社会发展水平与指标操作简便相结合、指标实用性和适用性相结合。在内容上，《江苏省法治社会建设指标体系（试行）》分为三个层级，其中一级指标 5 个，二级指标 19 个，三级指标 61 个。5 个一级指标总权重是 100 分，分别是"推动全社会树立法治意识"（权重 25 分）、"推进多层次多领域依法治理"（权重 17分）、"建设完备的法律服务体系"（权重 23 分）、"健全依法维权和化解纠纷机制"（权重 26分）和"法治社会建设评价"（权重 9 分）。② 从内容上看，该指标体系的框架和《中共中央关于全面推进依法治国若干重大问题的决定》第五部分"增强全民法治观念，推进法治社会建设"一样，并没有做太多的创新。不过，作为全国"第一个吃螃蟹"的法治社会建设指标体系，该指标体系不仅以文件形式发布，还于 2016 年 5 月在宜兴、如皋和沭阳三个市（县）展开实地测试，之后于 2017 年 2 至 3 月在江苏全省范围内组织测试，并由司法部和全国普法办于 2018 年 5 月批复同意在江苏试行。2019 年 2 月，该指标体系经中共江苏省委全面依法治省委员会审议通过在全省试行。③ 该指标的制定与试行也得到理论界的广泛关注。④

　　另外，作为中国改革开放的桥头堡，上海市浦东新区在法治建设规划方面也不甘落后。根据中央关于法治一体建设的精神，浦东新区党委在 2017 年先发布了《关于深入推进依法治区加快建设法治浦东的实施意见》，对"法治浦东"进行了全面规划。之后不久，浦东新区人大常委会作出了《关于加快法治政府建设的决定》，浦东新区政府发布了《浦东新区法治政府建设工作方案（2017—2020 年）》。在此基础上，浦东新区党委和区政府在 2018 年 2 月4 日又联合印发了《浦东新区关于推进法治社会建设的实施意见》。通过这几个文件，浦东新区在探索"法治浦东"以及浦东辖区内的"法治政府"和"法治社会"一体建设方面，走在了全国各地方的前列。《浦东新区关于推进法治社会建设的实施意见》也是目前已知在全国省级以下地方政府发布的第一个专门关于法治社会建设的实施意见。

　　当然，随着《法治社会建设实施纲要（2020—2025 年）》在 2020 年底发布，无论是江苏省、浦东新区还是其他地方的先行探索，都相应作了调整。由于探索时间较短，这些先行先

---

① 参见《江苏在全国率先试行法治社会建设指标体系》，载人民网。

② 之后，该指标体系于 2019 年在江苏全省范围之内试行时，一级指标 5 个及其各自权重分数维持不变，二级指标减为 17 个，三级指标减为 56 个。参见庞正：《"江苏法治社会建设指标体系"及其试行评估报告》，载公丕祥主编：《中国法治社会发展报告（2021）》，社会科学文献出版社 2021 年版，第 167—211 页。

③ 参见丰霏：《中国法治社会发展 2019 年度十大事件》，载公丕祥主编：《中国法治社会发展报告（2020）》，社会科学文献出版社 2020 年版，第 292—293 页；庞正：《"江苏法治社会建设指标体系"及其试行评估报告》，载公丕祥主编：《中国法治社会发展报告（2021）》，社会科学文献出版社 2021 年版，第 167—211 页。

④ 参见陶中怡：《区域法治社会建设指标体系的价值定位与实践探索——以江苏省为例》，载《山东行政学院学报》2021 年第 5 期。

试的规划探索的实际影响并不深远。

大部分地方政府处于第二种情况,也就是在《法治社会建设实施纲要(2020—2025 年)》发布以后,再结合本地情况,制定一个地方版的实施方案或者落实举措(参考下文表 5-2)。也有一些地方政府参考中央做法,确定了本地法治社会建设的重要举措和分工方案。比如,中共贵州省委于 2021 年 4 月印发的《贵州省法治社会建设实施方案(2021—2025 年)》,不仅对 94 项具体落实措施作了明确描述,还分别确定了落实各项措施的牵头单位、参加单位或者责任单位。① 再如,中共上海市委在 2021 年 4 月印发《上海法治社会建设规划(2021—2025 年)》的同时,也确定了配套的"重要举措分工方案"。其中,建设规划确定了 30 项任务,而分工方案则把这 30 项任务进一步细化为 118 项落实举措,在每项落实举措后面都明确若干个"牵头单位"和"参加单位",或者在少数情况下明确"责任单位"。②

到目前为止,结合《法治社会建设实施纲要(2020—2025 年)》对本地区法治社会建设进行规划的主要是各省级地方政府、省会城市政府以及极个别的其他层级地方政府。《法治社会建设实施纲要(2020—2025 年)》的最后两句话明确:"各地区各部门要全面贯彻本纲要精神和要求,结合实际制定落实举措。中央依法治国办要抓好督促落实,确保纲要各项任务措施落到实处。"省会城市中,哈尔滨市在 2021 年 6 月印发了《哈尔滨市法治社会建设行动方案(2021—2025 年)》,昆明市在 2021 年 12 月印发了《昆明市法治社会建设实施纲要(2021—2025 年)》,成都市和南宁市在 2022 年 1 月分别印发了《成都市法治社会建设实施方案(2021—2025 年)》和《南宁市法治社会建设实施方案(2021—2025 年)》。值得一提的是,南京市人大常委会还在 2020 年 12 月通过了《南京市社会治理促进条例》,这是全国首部市域社会治理的地方性法规。③ 地市级和地市级以下层级地方政府中,大部分是转发上级政府的实施方案,并采取程度不一的落实举措。当然,也有极个别地市级地方政府采取了更为积极的态度,包括对本地区的法治社会建设进行专门规划,④或者把本地区的法治政府和

---

① 比如,《贵州省法治社会建设实施方案(2021—2025 年)》的第一项主要任务"推动全社会增强法治观念"中,共有 25 项具体落实举措。其中第 1 项举措是"组织全社会广泛深入学习宣传贯彻习近平法治思想。"该项落实举措的牵头单位是省委依法治省办,参加单位是省委宣传部、省委组织部、省委政法委、省发展改革委、省有关单位。第 12 项落实举措是"引导全社会尊重司法裁判,严格依法惩治不执行司法裁判的行为,维护司法权威"。该项落实举措的责任单位是省法院、省检察院。参见《贵州省法治社会建设实施方案(2021—2025 年)》,载贵州省人民政府法制信息网。

② 参见《上海法治社会建设规划(2021—2025 年)》,载上海市人民政府"一网通办"官网。

③ 参见公丕祥主编:《中国法治社会发展报告(2022)》,社会科学文献出版社 2022 年版,第 306—307 页。

④ 比如,中共邢台市委在 2021 年 6 月就专门印发了《邢台市法治社会建设实施方案(2021—2025 年)》。

法治社会建设纳入一个更加综合性的法治建设规划之中。① 这些全国和地方层面的规划构成了当前中国开展法治社会建设的书面方案体系。

第二节 法治社会建设的主要规划任务

在分析过全国法治社会建设规划的基本架构后,现在来讨论官方对法治社会建设设定的主要目标任务。根据《法治社会建设实施纲要(2020—2025年)》,全国法治社会建设的总体目标是:"到2025年,'八五'普法规划实施完成,法治观念深入人心,社会领域制度规范更加健全,社会主义核心价值观要求融入法治建设和社会治理成效显著,公民、法人和其他组织合法权益得到切实保障,社会治理法治化水平显著提高,形成符合国情、体现时代特征、人民群众满意的法治社会建设生动局面,为2035年基本建成法治社会奠定坚实基础。"由此可见,全国规划设定了两个时期的目标:一个是到2025年之前应当完成的阶段性目标;另一个是到2035年前应当完成的中长远目标,也就是要"基本建成法治社会"。②

围绕上述总体目标,《法治社会建设实施纲要(2020—2025年)》确定了2020至2025年(大致也是"十四五"期间)法治社会建设5个板块的21项工作任务,以及加强组织保障的4项工作任务,合计25项工作任务。这5个建设板块分别是"推动全社会增强法治观念""健全社会领域制度规范""加强权利保护""推进社会治理法治化"和"依法治理网络空间"。2014年《中共中央关于全面推进依法治国若干重大问题的决定》第五部分对推进法治社会建设规定了4个板块的内容,分别是"推动全社会树立法治意识""推进多层次多领域依法治理""建设完备的法律服务体系"和"健全依法维权和化解纠纷机制"。通过比较可以看出,实施纲要对法治社会建设的规划更加全面系统,尤其是明确提出了"推进社会治理法治化"和"依法治理网络空间"这两个板块的建设,把党的十八届四中全会之后全国社会治理工作

---

① 比如,中共嘉兴市委在2021年8月发布了《法治嘉兴建设规划(2021—2025年)》,其中第四部分内容是"深入推进依法行政,全面建设法治政府",第六部分内容是"加强普法与依法治理,加快推进法治社会建设"。关于法治社会建设的第六部分共有1700余字,包括"紧抓普法宣传工作""加强和创新社会治理""建设完备的公共法律服务体系"和"构建矛盾化解多元化工作机制"四方面内容。

② 公丕祥认为,党的十九大对法治中国建设作了新"三步走"的战略安排,分别是:第一个阶段,到2020年随着全面建成小康社会,各个方面制度更加成熟更加定型,国家治理体系与治理能力现代化取得重大进展。第二个阶段,从2020到2035年,法治国家、法治政府、法治社会基本建成。第三个阶段,从2035年到21世纪中叶,社会主义政治文明将全面提升,实现国家治理体系和治理能力现代化。参见公丕祥:《新时代中国法治现代化的战略安排》,载《中国法学》2018年第3期。根据这样一个新"三步走"的法治中国战略安排,法治社会建设也基本上可以视为按照这三步走来规划与推进。参见吴欢、周苗涵:《中国法治社会发展2019年总报告》,载公丕祥主编:《中国法治社会发展报告(2020)》,社会科学文献出版社2020年版,第6—8页。

最新发展的情况也纳入其中。

另外,前文也提及,中央依法治国办依据《法治社会建设实施纲要(2020—2025年)》发布了全国版的《法治社会建设指标体系(试行)》。该指标体系共有三级。一级指标有6个,分别对应实施纲要规定的5个建设板块和加强组织保障的工作。二级指标有24个,比实施纲要确定的25项工作任务少一个。其原因是,第一个指标"深入学习宣传贯彻习近平法治思想,宪法权威进一步确立,法治意识普遍提升"把实施纲要的第1项任务"维护宪法权威"和第2项任务"增强全民法治观念"糅合在一起,同时把"深入学习宣传贯彻习近平法治思想"字样置于指标之首。而在实施纲要关于"增强全民法治观念"任务描述中,开头便是"深入学习宣传习近平法治思想",指标体系并没有自行增加"学习宣传贯彻习近平法治思想"工作,而是把这项工作置于所有指标之首,以凸显其重要性。由于上述改动,实施纲要的第1项任务和指标体系的第1、2个二级指标对应,后面的23项任务和23个二级指标分别对应。

然后,指标体系结合实施纲要的内容,把二级指标又进一步细化,形成了88个三级指标。这88个三级指标基本上可以在实施纲要的原文中找到对应的表述。不过,有一个例外是第20个三级指标"开展法律实施情况检查"。该三级指标应该是新增加的工作,实施纲要中并没有关于这项工作的表述。表5-1列举了《法治社会建设实施纲要(2020—2025年)》确定的25项工作任务(也基本对应《法治社会建设指标体系(试行)》24个二级指标)和《法治社会建设指标体系(试行)》设计的88个相对应的三级指标内容。

表5-1　全国法治社会建设规划任务及其指标设计(2020—2025年)

建设领域与保障	《法治社会建设实施纲要 (2020—2025年)》确定的工作任务	《法治社会建设指标体系(试行)》 确定的三级指标
一、推动全社会增强法治观念	——	1. 学习宣传贯彻习近平法治思想
	1. 维护宪法权威	2. 深入开展宪法法律宣传
	2. 增强全民法治观念	3. 提升国家工作人员法治意识
		4. 加强青少年法治教育
		5. 强化企业合规意识
		6. 运用新技术新媒体开展精准普法
	3. 健全普法责任制	7. 落实国家机关普法责任制
		8. 以案释法制度全面推进
		9. 在立法中加强普法
		10. 在执法司法中加强普法
		11. 在法律服务中加强普法

续表

建设领域与保障	《法治社会建设实施纲要（2020—2025 年）》确定的工作任务	《法治社会建设指标体系（试行）》确定的三级指标
一、推动全社会增强法治观念	3. 健全普法责任制	12. 加大公益普法力度
		13. 培育壮大普法志愿者队伍
	4. 建设社会主义法治文化	14. 法治文化产品有效供给
		15. 群众性法治文化活动经常性开展
		16. 法治文化阵地建设大力推进
二、健全社会领域制度规范	5. 完善社会重要领域立法	17. 加强重要领域立法
		18. 健全社会组织等方面立法
		19. 推动社会主义核心价值观入法入规
	——	20. 开展法律实施情况检查
	6. 促进社会规范建设	21. 健全村规民约、居民公约
		22. 加强社会组织和行业规范建设
		23. 加强社会规范监督
	7. 加强道德规范建设	24. 推进道德规范建设
		25. 在创建活动中推动公民道德建设
		26. 完善激励机制
		27. 道德领域突出问题专项治理深入开展
	8. 推进社会诚信建设	28. 社会信用体系建设有效推进
		29. 建立完善守信激励、失信惩戒及信用修复制度
		30. 强化信用信息归集共享
		31. 加强诚信理念宣传教育
三、加强权利保护	9. 健全公众参与重大公共决策机制	32. 建立规范畅通的公共参与机制
		33. 全面落实法律顾问、公职律师参与重大决策的制度机制
	10. 保障行政执法中当事人合法权益	34. 建立人民群众监督评价机制
		35. 加强产权保护
		36. 推进政府信息公开

续表

建设领域与保障	《法治社会建设实施纲要（2020—2025年）》确定的工作任务	《法治社会建设指标体系（试行）》确定的三级指标
三、加强权利保护	11. 加强人权司法保障	37. 妥善办理涉民生案件
		38. 强化诉讼权利保障
		39. 加强检察机关法律监督
		40. 人民群众有序参与司法活动
		41. 推进智能司法建设
	12. 为群众提供便捷高效的公共法律服务	42. 推进公共法律服务体系建设
		43. 多元化法律服务需求满足
		44. 缓解欠发达地区法律服务专业力量不足
		45. 完善法律援助制度
		46. 推进公共法律服务智能化建设
	13. 引导社会主体履行法定义务承担社会责任	47. 公民履行义务责任
		48. 企业履行社会责任
		49. 社会组织履行社会责任
四、推进社会治理法治化	14. 完善社会治理体制机制	50. 健全地方党委在本地区社会治理中总揽全局、协调各方的领导机制
		51. 完善政府负责问责机制
		52. 引领和推动社会力量参与社会治理
		53. 加强科技支撑
	15. 推进多层次多领域依法治理	54. 推进市域社会治理创新
		55. 建构城乡基层治理体系
		56. 深化乡村（社区）依法治理
		57. 推进基层单位依法治理
		58. 推进行业依法治理
		59. 推进民族宗教事务依法治理
	16. 发挥人民团体和社会组织在法治社会建设中的作用	60. 发挥人民团体作用
		61. 促进社会组织健康规范发展
		62. 加大培育社会组织力度
		63. 推动支持志愿服务组织发展
		64. 完善政府购买公共服务机制

建设领域与保障	《法治社会建设实施纲要 （2020—2025 年）》确定的工作任务	《法治社会建设指标体系（试行）》 确定的三级指标
四、推进社会治理 法治化	17. 增强社会安全感	65. 加强平安中国建设,依法加强重点领域治理
		66. 防范公共安全风险
		67. 强化突发事件应急体系建设
		68. 加强社会心理服务
		69. 加强未成年人保护
	18. 依法有效化解社会矛盾纠纷	70. 健全社会矛盾纠纷排查预警机制
		71. 深入推进依法分类处理信访诉求
		72. 完善社会矛盾纠纷多元预防调处化解综合机制
		73. 强化财政支持
五、依法治理网络 空间	19. 完善网络法律制度	74. 完善网络治理配套制度
		75. 加强网络空间未成年人保护
	20. 培育良好的网络法治意识	76. 加强互联网内容建设
		77. 加强网络诚信建设和违法信息处置
		78. 加强网络素养教育
	21. 保障公民依法安全用网	79. 落实网络安全和数据责任制
		80. 加强网络空间合法权益保护
		81. 加强网络安全应急机制建设
		82. 依法查处网络违法犯罪行为
六、加强组织保障	22. 强化组织领导	83. 明确党委领导责任
		84. 压实政府责任
		85. 发挥基层堡垒作用
	23. 加强统筹协调	86. 健全工作机制
	24. 健全责任落实和考核评价机制	87. 发挥考核评价作用
	25. 加强理论研究和舆论引导	88. 强化理论研究和宣传报道

　　从表 5-1 列举的内容看,中央对全国法治社会建设规划的任务是包罗万象的,涉及立法、执法、司法和法律服务等几乎所有法治领域,并且和已有的法治建设工作有很大的交叉

性。这也意味着,虽然没有明文提及,但全国规划采用了相对宽泛的法治社会定义,其工作外延也有很大的弹性,并且建设任务也齐头并进推进。

事实上,无论是实施纲要的 25 项任务,还是指标体系的 88 个三级指标,几乎每一个都是一项巨大的法治和社会建设工程。比如,实施纲要第 4 项任务是"建设社会主义法治文化"(全文 260 余字),指标体系对此设定了 3 个对应工作指标,分别是"法治文化产品有效供给""群众性法治文化活动经常性开展"和"法治文化阵地建设大力推进"。仅从这些看,该项任务看起来可能不是那么庞大。但是,根据实施纲要自身的要求(即"2020 年年底前制定加强社会主义法治文化建设的意见"),中共中央办公厅和国务院办公厅在 2021 年 4 月印发了《关于加强社会主义法治文化建设的意见》。该意见共 5300 多字,确定了 8 项工作任务,包括"深入学习宣传贯彻习近平法治思想""完善中国特色社会主义法治理论""大力弘扬宪法精神""在法治实践中持续提升公民法治素养""推动中华优秀传统法律文化创造性转化、创新性发展""繁荣发展社会主义法治文艺""加强社会主义法治文化阵地建设"和"加强法治文化国际交流"。所以,实际上仅从法治文化建设这项工作来看,就已经相当不简单。

再如,三级指标中第 56 个指标是"深化乡村(社区)依法治理",对应的乡村治理工作也是一个浩大的社会工程。中共中央办公厅和国务院办公厅在 2019 年 6 月印发了《关于加强和改进乡村治理的指导意见》,该意见明确了 17 项主要任务,其中包括"推进法治乡村建设""健全乡村矛盾纠纷调处化解机制"和"加强农村法律服务供给"等和法治社会建设相关的任务。之后,中央全面依法治国委员会在 2020 年 3 月印发了《关于加强法治乡村建设的意见》,包括完善涉农领域立法、规范涉农行政执法、强化乡村司法保障、加强乡村法治宣传教育、完善乡村公共法律服务、健全乡村矛盾纠纷化解和平安建设机制、推进乡村依法治理、加强"数字法治·智慧司法"建设和深化法治乡村示范建设 9 项主要建设任务。

在三级指标中,中共中央办公厅和国务院办公厅专门发布过意见的还有第 42 个指标"推进公共法律服务体系建设"——在 2019 年 7 月发布了《关于加快推进公共法律服务体系建设的意见》。其他的三级指标,中央虽然没有发布专门的意见,但诸如"提升国家工作人员法治意识""加强重要领域立法""健全村规民约、居民公约""加强未成年人保护"和"加强产权保护"等也都是耳熟能详的法治建设工程,其中很多工作都是已经在做的,有些已经做了很多年,并且还会长期继续做。例如,目前我国已经进入了全国普法第八个五年规划时期(2021—2025 年),将来应该还会继续进行全国普法工作。

在地方层面,根据中央要求,各省级地方政府对本地区如何落实法治社会建设作了进一步规划。结合表 5-1 的内容,表 5-2 列举了全国 26 个省级(省、自治区、直辖市)地方政府的法治社会建设规划情况。从表格可以看出,在这 26 个省级地方政府中,大部分省级地方政府在 2021 年 3 月至 12 月完成了本地"十四五"期间法治社会建设规划文件的制定工作,少数则在 2022 年初完成了制定工作。

表 5-2　全国各省级区域法治社会建设规划(2021—2025 年)

区域	文件名称	发文时间	大约字数	法治社会建设板块						
				推动全社会增强法治观念	健全社会领域制度规范	加强权利保护	推进社会治理法治化	依法治理网络空间	加强组织保障	推进法治乡村建设
(一)已经在网络上公开发布的省级规划文件										
黑龙江	黑龙江省法治社会建设实施方案(2021—2025 年)	2021.3	9400	√	√	√	√	√	√	√
上海	上海法治社会建设规划(2021—2025 年)	2021.4	9900	√	√	√	√	√	√	
江苏	江苏省法治社会建设实施方案(2021—2025 年)	2021.4	8300	√	√	√	√		√	
浙江	浙江省关于深入推进法治社会建设的实施意见	2021.4	5300	√		√	√		√	
贵州	贵州省法治社会建设实施方案(2021—2025 年)	2021.4	22000	√	√	√	√	√	√	
河北	河北省法治社会建设实施方案(2021—2025 年)	2021.5	9700	√	√	√	√	√	√	
河南	河南省法治社会建设实施方案(2021—2025 年)	2021.5	9900	√	√	√	√	√	√	
陕西	陕西省法治社会建设实施方案(2021—2025 年)	2021.6	6400	√	√	√	√	√	√	
山东	山东省贯彻落实《法治社会建设实施纲要(2020—2025 年)》具体措施	2021.7	4300	√	√	√	√		√	
湖南	湖南省法治社会建设实施方案(2021—2025 年)	2021.7	13600	√	√	√	√		√	
广西	广西壮族自治区法治社会建设实施方案(2021—2025 年)	2021.7	9900	√	√	√	√		√	
宁夏	宁夏回族自治区法治社会建设实施方案(2021—2025 年)	2021.7	12500	√	√	√	√		√	
云南	云南省法治社会建设实施纲要(2021—2025 年)	2021.9	11700	√	√	√	√		√	
海南	海南省法治社会建设实施方案(2021—2025 年)	2021.9	7700	√	√	√	√		√	
甘肃	甘肃省法治社会建设实施方案(2021—2025 年)	2021.9	11800	√	√	√	√	√	√	

续表

区域	文件名称	发文时间	大约字数	法治社会建设板块						
				推动全社会增强法治观念	健全社会领域制度规范	加强权利保护	推进社会治理法治化	依法治理网络空间	加强组织保障	推进法治乡村建设
重庆	重庆市法治社会建设实施方案（2021—2025 年）	2021.9	8400	√	√	√	√	√	√	
四川	四川省法治社会建设实施方案（2021—2025 年）	2021.10	7600	√	√	√		√	√	√
天津	天津市法治社会建设实施纲要（2021—2025 年）	2021.11	7400	√	√	√	√	√	√	
安徽	安徽省法治社会建设实施方案（2021—2025 年）	2021.12	8100	√	√	√		√	√	
青海	青海省贯彻落实《法治社会建设实施纲要（2020—2025 年）》的实施方案	2021.12	14500	√	√	√	√	√	√	
湖北	湖北省法治社会建设实施方案（2021—2025 年）	2022.2	10800	√	√	√	√	√	√	
福建	福建省法治社会建设实施方案（2021—2025 年）	2022.4	8300	√	√	√	√	√	√	
内蒙古	内蒙古自治区贯彻《法治社会建设实施纲要（2020—2025 年）》落实举措	2022.9	7100	√	√	√		√	√	

（二）已经发布但不能在网络上获得公开文本的省级规划

区域	文件名称	发文时间	大约字数							
辽宁	辽宁省贯彻落实《法治社会建设实施纲要（2020—2025 年）》具体举措	2021.4								
江西	江西省法治社会建设实施方案	2021.7								
山西	山西省贯彻落实《法治社会建设实施纲要（2020—2025 年）》的实施方案	2021.10								

注：（1）除了表格中列举的 26 个省（自治区、直辖市），本书作者无法从网络公开信息明确北京、广东、吉林、西藏和新疆五省（自治区、直辖市）地方政府是否已经发布本地法治社会建设规划。（2）本表所列举的规划发布时间为大致时间，主要是通过本地报纸或者其他途径首次发布相关信息的时间。（3）本表所列举的法治社会建设板块，以《法治社会建设实施纲要（2020—2025 年）》的表述为准，各地方规划用语虽然有些许差异，但实质内容一样的便视为相同。

通过阅读上述 26 个省级地方政府以及部分地市级和地市级以下层级地方政府的法治社会规划文件,我们可以获得如下几点与地方规划相关的信息。

第一,地方法治社会建设规划的文本结构和主要建设板块与中央印发的实施纲要基本一致,地方规划基本没有突破中共中央对全国法治社会建设进行的规划。从文本结构看,地方规划文本也基本遵循"三段论",即总体要求+建设板块+组织保障。从建设板块看,地方政府也基本聚焦全国规划确定的五大领域。在所有已经公开的地方规划中,在建设板块上唯一有些突破的是黑龙江省的实施方案。在中共中央于 2020 年 12 月发布全国规划后不久,中共黑龙江省委便在 2021 年 3 月 26 日发布了《黑龙江省法治社会建设实施方案(2021—2025 年)》。其建设板块除了全国方案明确的五个领域,还加上了第六板块的"乡村法治建设",包含了"健全乡村管理制度""推进乡村法治建设"和"深化平安乡村建设"这 3 项任务。前文提及,在全国规划中,"深化乡村(社区)依法治理"是第 56 个三级指标,仅仅属于第四板块"推进社会治理法治化"中"推进多层次多领域依法治理"任务的一项子任务。黑龙江把乡村法治建设设置为一个独立建设板块,既在一定程度上体现了地方政府的创新性,和该省有着广袤的乡村区域有关,也同前文提到的"两办"发布的《关于加强和改进乡村治理的指导意见》密切相关。

除黑龙江发布的本省规划外,其他省级地方政府发布的地方规划都没有在全国规划设定的五个板块之外再独立设置建设板块。《浙江省关于深入推进法治社会建设的实施意见》还把"推进网络空间依法治理"融入"推进社会治理法治化"板块里面,因此只有四个建设板块。可见,省级地方政府严格遵循全国实施纲要制定本地法治社会建设规划,是一个非常明显的特点。

第二,地方法治社会建设规划所明确的任务举措绝大多数是对全国规划的重复,各地的规划内容明显趋同,仅有个别地方规划在特定领域提出了具有地方特色的品牌工作。在所有地方规划中,不仅文本结构和主要建设板块与全国规划基本一致,其用语也基本相同,仅在个别地方提及本地方的一些创新性、独特性或者品牌性的工作。比如,浙江省的实施意见在"完善社会治理体制机制"任务中提出"打造'请你来协商''委员会客厅''民生议事堂'等特色品牌",并"健全'一中心、四平台、一网格'县域社会治理现代化体系"。贵州省实施方案提出"深化传统有效普法方式,加大少数民族地区双语普法力度,大力推广富有民族特色的'民歌''山歌'普法形式,切实提高法治宣传教育的针对性、实效性"。针对推进多层次多领域依法治理工作,河北省实施方案提出"总结推广正定县塔元庄、唐山市路北区祥富里社区等典型经验,推进乡村(社区)依法治理"。这些表述有比较明显的地方特色,但出现在地方规划中的频率很低。地方规划内容的趋同性非常明显,也体现了前文提到的地方规划缺乏创新性的特点。

第三,在具体建设任务举措的表述上,地方规划和全国规划一样,基本上也采用笼统的定性描述,仅有个别省份针对特定任务举措设有具体时间进度和量化目标。在目前能够公开查阅的省级政府实施方案中,中共云南省委在 2021 年 9 月印发的《云南省法治社会建设实施纲要(2021—2025 年)》,是同类地方规划中设定量化目标最多的文件。该省规划设定的量化目标包括如下几个方面。首先,在推动全社会增强法治观念方面:(1)力争县(市、区)法治文化广场(公园)实现 100% 覆盖,乡镇(街道)法治文化阵地实现 100% 覆盖,村(社区)法治文化设施实现 100% 覆盖,中小学法治副校长(法治辅导员)实现 100% 覆盖;(2)实施乡村(社区)"法律明白人"培养工程,到 2025 年力争全省每个村(社区)至少有 5 名"法律明白人";(3)落实媒体公益普法制度,引导、推动全省 16 个州(市)级主流媒体至少形成 1 个普法品牌栏目(节目)。其次,在健全社会领域制度规范方面:行业协会和社会组织章程审查登记率达到 100%。再次,在加强权利保护方面:刑事案件律师辩护实现 100% 覆盖,法律援助值班律师制度全面落实,力争基层法律服务队伍扩大至 5000 人以上,公共法律服务知晓率、首选率达到 100%、满意率达到 90% 以上,村(社区)法律顾问 100% 覆盖,设立境外律师事务所(分支机构)达 18 家以上。最后,在推进社会治理法治化方面:州(市)、县(市、区)、乡镇(街道)三级综治中心 100% 覆盖。不过即便如此,相对于该省规划全文(共有 11 700 余字),上述量化目标仅占很小的一部分。

在其他地方规划中,大部分没有设定明确的量化目标,小部分则在全文中提出不超过 3 条的量化目标。因此,对本区域法治社会建设任务进行笼统定性描述,是各省规划的常态。当然,必须提及的是,部分省份在后续发布的内部工作文件中,可能会对本地区下一层级政府设定阶段性量化考核目标。但是这些文件通常由政府内部掌握,外界无从得知。

不仅省级地方政府的规划缺乏量化目标,省级地方政府以下层级地方政府的法治社会建设规划(如果有的话)也是如此。比如,2021 年底中共昆明市委印发的《昆明市法治社会建设实施纲要(2021—2025 年)》仅仅重复了部分上述云南省规划所设定的任务目标,除此之外并没有结合昆明市自身情况进一步设定量化目标。

综上,当前以中央和省级地方政府为主体的法治社会建设规划体系庞大,目标高远,内容繁多,工作复杂。在法治一体建设精神的指引下,《法治中国建设规划(2020—2025)》《法治政府建设实施纲要(2021—2025 年)》和《法治社会建设实施纲要(2020—2025 年)》构成了"一规划、两纲要"的法治中国建设规划体系。同时,在法治社会建设领域,规划文件也有点像俄罗斯套娃,"套中有套"——既有全面规划,也有专项规划,并可能存在后续的子规划;既有中央的建设规划,也有地方的实施纲要。

第三节 对法治社会建设规划的学理思考

从前文对法治社会建设规划的梳理可以看出,中央和地方已经为我国的法治社会建设搭建了庞大的任务体系。① 但该体系也还有值得思考和讨论的空间。总的来说，全国规划采用了相对宽泛的法治社会定义，其工作外延也有很大的弹性，并且建设任务也是齐头并进推进。相应地，仅就规划而言，需要重点思考如下两对矛盾关系及其平衡。

第一对矛盾关系是法治社会建设任务外延的开放与限定。自党的十八大提出"法治一体建设"至今对法治社会建设进行全面部署，党中央一直并未对法治社会的内涵作出明确的官方界定。但从全国规划所确定的五个领域的建设任务看，官方采纳了宽泛的定义。前文表 3-1 归纳了法治社会所包含的四种内涵，全国规划所确定的推动全社会增强法治观念、健全社会领域制度规范、加强权利保护、推进社会治理法治化和依法治理网络空间这五个领域的建设任务涵盖了上述四种内涵。在采用宽泛定义的同时，全国规划对建设任务的外延认定也非常有弹性。

全国规划对法治社会建设任务的外延保持弹性，可以把更多潜在力量纳入法治社会建设的队伍中来，在理论上也可以通过不断试错来优化工作安排。对于像法治社会建设这样的全新社会工程来说，不把工作边界给圈死，为工作优化和地方创新探索保留空间，不失为一种理性的策略。

不过，保留外延弹性也可能导致缺乏"边界感"和"工作靶心"。对于落实具体工作的部门来说，由于法治社会建设任务的外延具有弹性，所以只要和法治建设相关的工作，都可以纳入法治社会建设的范畴。这就可能导致落实部门会选择那些已经在做、必须要做的工作作为自己的工作重心。

以推动全社会增强法治观念这项工作为例，其核心是普法工作。普法工作，尤其是对宪法、民法和刑法等国家基本法律的宣传，对于整个法治中国建设来说，非常重要，是基础性工作。在当代中国，普法工作比"依法治国"提出得要早，目前已经进入"八五"时期。没有法治社会建设这项工程，普法依然要做，还要继续做好。把普法纳入法治社会建设的第一板块，对于普法工作来说，固然有一定的强化效果，但是反过来又容易把法治社会建设"带偏"。同样的情形也会发生在其他几个领域，如加强权利保护。

因此，弹性的建设任务外延会导致在实践中各落实部门"各取所需"，常常把法治社会建设和本部门的传统工作结合在一起。这种做法不能说是错的，甚至可以强化传统的法治建设工作，但也容易导致法治社会建设工作的重心走偏，使得把法治社会建设作为一项全新的重大社会工程失去实质上的意义。

第二对矛盾关系是法治社会建设任务的全面与重点。全国规划所确定的法治社会建设任务不仅包罗万象，也是全面展开的。表 5-1 中三级指标所设定的 88 项工作任务，在理论上，每一项都要做，并且都要做好。前文分析指出，很多三级指标所设定的工作任务本身就

---

① 　一些学者认为，中国特色的国家治理特点和潜在优势之一便是对规划的制定有着丰富的决策经验。参见王绍光、鄢一龙：《中国民主决策模式——以五年规划制定为例》，中国人民大学出版社 2015 年版。

是一项不小的法治和社会建设工程,并且规划文件也"套中有套"。因此,规划所呈现的任务全面性是毋庸置疑的。

全面推进法治社会建设的各项任务均有其合理性。其中,最为关键的是,很多法治社会建设任务之间存在紧密的联系,任务之间无法切割,没有办法只做这一项而不做那一项。但全面推进所有建设任务也给人力和物力等资源的投入带来很大的挑战。

从经验上看,制度建设需要久久为功。从制度的确立到运行,再到深入人心,往往是一个漫长的过程,需要长时间的人力和物力等资源的投入。中央和地方党委、政府对法治社会建设制定了分工方案,并分别确定了落实各项措施的牵头单位、参加单位或责任单位。然而,不少单位是多项任务的牵头单位、参加单位或责任单位。如果所要做的工作太多,有时候反而就不需要做了,至少不需要那么用力做了——所谓"虱子多了不痒"。所以,全面推进各项建设任务也就意味着任务没有轻重缓急,可能导致很多工作最终就浅尝辄止。

对于上述两对矛盾带来的挑战,理论界也有所呼应。比如,公丕祥领衔的南京师范大学中国法治现代化研究院在《中国法治社会发展报告》系列报告中提到,当前中国法治社会建设存在如下几个方面的薄弱环节:(1)法治社会建设不充分,具体体现在法治社会建设的参与主体多元化有待进一步发展、法治社会建设专业化水平有待进一步提升、基层社会治理法治化程度有待进一步增强。(2)法治社会发展不平衡,具体体现在区域之间的不平衡、建设主体之间的不平衡、建设方案和实践现状之间的不平衡。[1] 为此,该系列报告提出,当前法治社会建设应进一步完善法治社会建设机制体制、进一步优化共建共治共享的治理格局、进一步营造安定有序的社会环境、进一步下移建设重心和治理资源、进一步提升防范化解纠纷法治化水平、进一步发挥现代科技的支撑作用。[2]

江必新则提出了三个版本的"法治中国"及其相对应的法治社会建设路径:(1)"法治中国"命题是人类法治文明成果的"继承版",其对应的法治社会建设路径包括保障公民基本权利、严格规范公权力行使和善用法治思维和方式处理公务。(2)"法治中国"命题是世界范围内法治国家建设的"中国版",其对应的法治社会建设路径包括党员守法带动全民守法,形成"规则之治"、人人平等的社会风尚,把发展是第一要务、稳定是第一责任与依法办事是第一要求有机结合起来,并从观念上制度上行动上确保司法权的依法独立公正行使。(3)"法治中国"命题是中国法治建设的"升级版",其对应的法治社会建设路径包括建构良善的社会规范立体网络,尽快废除法律内不应有的不平等现象,以及促进民生权利的充分

---

[1] 参见公丕祥主编:《中国法治社会发展报告(2020)》,社会科学文献出版社 2020 年版,第 47—51 页;《中国法治社会发展报告(2021)》,社会科学文献出版社 2021 年版,第 28—34 页;《中国法治社会发展报告(2022)》,社会科学文献出版社 2022 年版,第 32—37 页。

[2] 参见公丕祥主编:《中国法治社会发展报告(2020)》,社会科学文献出版社 2020 年版,第 47—51 页。

实现。①

　　另外，姜明安认为，法治社会建设有三个方面的子目标：（1）针对构成社会原子的个人，要培养自觉遵守法律、真诚信仰法治、忠实崇尚法治和坚定捍卫法治的国民；（2）针对社会行为和社会秩序，推进全社会厉行法治；（3）针对社会环境，培植全社会的法治环境。② 甘藏春和梁超认为，法治社会建设的主要任务是培养公民正确的权利义务观念、契约精神、规则意识、法治信仰，并推进多层次多领域依法治理。③ 张清等认为，法治社会建设的基础性工程是全民守法。④ 陈柏峰则重点关注基层治理在法治社会建设中的重要意义，并主张基层治理是法治社会建设的主要场域和现实进路，法治社会建设落地为基层治理，社会转型问题在基层治理中凸显。⑤ 王勇等人则认为，推进法治社会建设首先要从依法执政、依法行政、依法裁判开始，从公权力守法入手。⑥

　　上述诸多学者的观点都从不同维度、不同程度上主张法治建设的各项任务存在轻重缓急。本书认为，平衡上述两对矛盾的有效理论路径是前文提出的对法治社会的定义采取"差序格局"的视角，也就是既像全国规划那样对法治社会采取一种宽泛的定义，又明确其内涵和外延存在着"差序格局"，以社会性共同体依据社会规范进行自治为核心，分别向社会性共同体依据法律规范自治和国家依据法律和社会规范进行社会治理的方向延伸出去。坚持这样一种"差序格局"的理论径路，既可以兼顾法治社会建设任务外延的开放和全面，又能够相对确定近期的工作重心与重点。

　　同时，对于地方政府落实全国规划的任务，"差序格局"的理论路径也具有重要的指导意义：对于全国规划所确定的全面任务，地方政府可以根据自身情况，有选择性地确定本地的建设重心，以及短期的工作重点。只有这样，无论是全国规划还是地方规划，既可以给法治社会建设提供未来的"宏伟蓝图"，也能够明晰近期的"施工图"。

　　当然，从《中共中央关于进一步全面深化改革 推进中国式现代化的决定》第九部分"完善中国特色社会主义法治体系"对法治社会建设所确定的工作看，中央政府对当前法治社会建设的工作重点也是有所考虑的，也就"完善推进法治社会建设机制"。⑦ 相对于整个法治社会建设规划体系而言，这项工作在现阶段应该是"重中之重"。

---

①　参见江必新：《法治社会的制度逻辑与理性构建》，中国法制出版社 2014 年版，第 47—67 页。

②　参见姜明安：《法治中国建设中的法治社会建设》，载《北京大学学报（哲学社会科学版）》2015 年第6 期。

③　参见甘藏春、梁超：《法治的中国道路》，外文出版社 2016 年版，第 370—375 页。

④　参见张清等：《包容性法治社会的实践逻辑》，商务印书馆 2024 年版，第 411—412 页。

⑤　参见陈柏峰：《基层治理在法治社会建设中的格局与布局》，载《法治现代化研究》2020 年第 6 期。

⑥　参见王勇等：《社会治理法治化研究》，中国法制出版社 2019 年版，第 45 页。

⑦　参见李林：《完善推进法治社会建设机制》，载《中国法学》2024 年第 5 期。

思考题：

1. 当前，我国政府对法治社会建设规划了哪些主要任务？

2. 我国各级政府对法治社会建设的规划具有哪些特征？有哪些优点，面临哪些挑战？

第六讲　实践探索:"行动中的"法治社会

　　上一讲把官方对法治社会建设的规划定义为"书本里的"法治社会,因为众多建设任务还有待开展,并且能够落实到什么程度,目前还不得而知。但是,这并不意味着,与法治社会相关的制度建设全是纸上谈兵。实际上,在当代中国大转型的历史背景下,社会性共同体为了维持内部的秩序,提升成员的活力,并扩大自身影响力,已经在不同领域和不同程度上开始了法治社会建设的实践探索。这些自下而上的实践探索,是当代中国"行动中的"法治社会。借用当前流行的政治话语,前一讲关于法治社会的建设规划是"宏伟蓝图"和"施工图",这一讲关于法治社会的实践探索就是"实景画"。当然,已有的"实景画"并非完全根据规划蓝图施工形成,有些是基层政府和社会性共同体在解决现实问题中探索形成的。

　　值得特别指出的是,虽然本书重点是讨论当代中国的法治社会建设理念与实践,但是从社会建设看,清末民初以来,探索社会治理模式创新的实践一直存在。例如,20 世纪 30 年代遍布全中国的乡村建设运动是当时国人致力于社会治理实践探索的巨大努力之一;[①]1960年发源于浙江省诸暨市的"枫桥经验"至今对社会治理现代化仍有重要的实践意义。[②]

　　本讲重点介绍一些自改革开放(尤其是 21 世纪)以来才出现的实践案例,以对标法治中国建设的战略部署。为了方便读者更好理解这些实践案例在法治一体建设中的地位,本讲将结合前文图 4-2 来讲解这些案例。图 4-2 明确了法治社会在立法、执法、司法和守法四个领域各自的主体建设和辅助建设目标,以及彼此为建构理想的"规范之网"所形成的关联关系。相应地,本讲按照规范制定、规范执行、纠纷解决和规范遵守四个领域分设四节来讨论各个领域的实践案例,并在第五节借用"体系化"的法律方法对优化法治社会建设提出方向性建议。

---

　　①　参见梁漱溟:《乡村建设理论》,商务印书馆 2023 年版;陈序经、江恒源:《乡村建设运动:农村改进的理论与实际》,中国社会科学出版社 2019 年版;王鸿一等:《中国的乡村建设》(上、下),中国社会科学出版社 2022 年版;柳敏主编:《基层治理:社会精英与近代中国乡村建设》,社会科学文献出版社 2022 年版。

　　②　参见浙江省公安厅等编著:《"枫桥经验"志》,中国人民公安大学出版社 2023 年版;范忠信等:《"枫桥经验"与法治型新农村建设》,中国法制出版社 2013 年版;汪世荣主编:《枫桥经验:基层社会治理的实践》(第二版),法律出版社 2018 年版。

第一节　规范制定的实践探索

前文提及,共同体成员之间有"三共",即共同的利益诉求、共同的价值认同和共同的行为规范,其中共同行为规范是把共同体成员"拴在一起"的纽带。像国家共同体一样,社会性共同体如果没有适用于自身成员的有效自治规范,也很容易成为一盘散沙。近年来,随着中国的城市化和数字化转型,不仅城市新出现的社区居民面临着普遍的行为"失范"问题,国家在面对新兴行业的时候,也面临是否以及如何规制新兴行业的难题。本节分别从城市社区自治规范的制定和人工智能行业软法治理两个角度讨论法治社会在立法领域进行的主体建设和辅助建设探索。

一、　社会规范制定的实践案例

社会规范是成员参加社会性共同体活动时所遵循的行为规范和活动准则。不像国家的法律规范可以强制适用于主权范围内的所有个人与组织,社会规范只能适用于制定该规范的共同体成员,因此是自治规范。社会规范的形式非常多样,既有"社"类共同体自治规范,也有"会"类共同体自治规范,各自所要解决的问题也不完全一致。

在当前中国,社区和村庄是非常有代表性的基于血缘或者/和地缘形成的共同体,是链接国家和个人的关键组织方式,也是提升国家治理效能所要争取的重要阵地。《宪法》第111条规定:"城市和农村按居民居住地区设立的居民委员会或者村民委员会是基层群众性自治组织",同时,"居民委员会、村民委员会设人民调解、治安保卫、公共卫生等委员会,办理本居住地区的公共事务和公益事业,调解民间纠纷,协助维护社会治安,并且向人民政府反映群众的意见、要求和提出建议"。由此可见,居民和村民委员会是分别代表社区和村庄进行自治的社会组织。①

为了实现有效自治,居(村)民委员会必须拥有一个有效的"工具箱",其中就包括行之有效的自治规范。一方面,在我国境内的居(村)民委员会都得根据国家法律来运作,因此法律规范是居(村)民在各自的社区(村庄)活动的最重要规则之一。但仅有法律规范是不够的,因为法律规范主要调整国家共同体与其成员以及成员之间的关系,而社区和村庄的问题

---

① 《中华人民共和国城市居民委员会组织法》第2条第1款规定:"居民委员会是居民自我管理、自我教育、自我服务的基层群众性自治组织。"《中华人民共和国村民委员会组织法》第2条第1款规定:"村民委员会是村民自我管理、自我教育、自我服务的基层群众性自治组织,实行民主选举、民主决策、民主管理、民主监督。"

则种类繁多。因此,制定行之有效的居民公约和村规民约是社区和村庄进行有效自治的前提。

但是,现实中有些居民公约或者村规民约成为一纸空文。产生此问题最重要的原因之一在于,自治规范的制定通常是政府自上而下"要求"的,或者是从其他地方"学习"的,并不是基于自身需求形成的。自治规范如果不是为了解决本社区或者村庄治理问题而制定,那就很难有实际的生命力。2018 年 12 月,民政部、中央组织部和中央政法委等 7 部门联合发布了《关于做好村规民约和居民公约工作的指导意见》。在背景说明中,该指导意见明确指出:"一些地方对村规民约和居民公约工作重视不够、指导不力,一些村规民约、居民公约存在内容空泛、制定不规范、实施流于形式等问题,甚至有的内容违法违规、侵犯群众合法权益。"因此,法治社会主体建设的第一要务是推动社会性共同体制定有效的自治规范。近年来出现于上海市黄浦区半淞园路街道的《住户守则》是制定有生命力的社会规范的有益探索。

实践案例 1:半淞园《住户守则》的制定与推广①

半淞园路街道坐落在上海市的中心城区,隶属于黄浦区,面积 2.87 平方公里。2023 年,半淞园路街道共有 22 个居民委员会,住宅小区 107 个,户籍人口 10.1 万,实际居住人口 7.8 万,是上海中心城区典型的居住型社区,也是黄浦区人口数量、小区数量最多的街道。街道辖区内既有商品房小区,也有大量老式公房和零星旧式里弄,房屋产权的分布多样,居住楼栋的密度很高,管理主体多元化。从社区治理角度看,人口密度较大、空间结构复杂、治理水平不平衡是半淞园路街道的基本情况。

像上海乃至全国很多城市中心城区一样,半淞园路街道面临着改革开放市场化转型带来的很多治理挑战。挑战之一是业委会"组建难、运转难"。居民业主群体呈现出需求多样化、思想多元化的特征,维修基金使用、机动车停放等小区事务较难达成有效共识。挑战之二是物业管理"收费难、调价难"。不少物业服务企业收缴物业费困难,导致员工缺乏积极性、物业管理水平停滞,导致小区居民更不愿意交纳物业费,物业工作陷入恶性循环。挑战之三是部分小区"环境差、问题多"。有些小区建造年代久远,有的存在先天不足,养宠扰邻、高空抛物、楼道堆物等不文明现象在小区时有发生,居民之间矛盾突出。②

---

① 除了下文列出的脚注,本案例材料较多参考引用了上海市黄浦区半淞园路街道办事处:《八步法造〈住户守则〉共治耦合政府社会》(宋维志、程金华执笔),上海市黄浦区人民政府 2023 年调研报告(未公开发表)。另外,作为上海市黄浦区政府聘任的外部法律顾问,本书作者自 2017 年便开始深度参与观察《住户守则》的制定与推广,并推动上海交通大学凯原法学院在半淞园路街道设立"法治社会研究基地",因此该案例材料也融入了本书作者的第一手观察资料。

② 参见上海市黄浦区人民政府民政局发布的《黄浦区住户守则(2023 版)》。

在上述背景下，近年来，街道的社区开始探索以法治思维和法治方法来破解社区治理难题。其中，耀江花园居民区扮演了先行者的角色。耀江花园居民区由 10 个商品房小区组成，截至 2023 年底，共有居民 2915 户，居住 9500 余人。与半淞园路街道的其他居民区一样，耀江花园居民区也面临着许多"张家长、李家短"治理难题，包括宠物饲养、车辆停放、垃圾投放、高楼抛物、物业管理费收缴难等。由于此类问题危害的通常是居民区公共利益，"事不关己、高高挂起"是居民的常见心态，希望别人出手解决问题、自己"搭便车"也是多数居民的通常选择。久而久之，社区的公共安全、环境卫生状况越来越差，物业公司入不敷出，陷入"环境脏乱差—业主怨气大—物业收费难—更脏更乱更差"的怪圈。

为了解决难题，2013 年 4 月，耀江花园社区党总支书记林某全牵头成立"耀江花园业委会主任联谊会"，把党总支、业委会、居委会和物业公司等各方面的力量吸收到该联谊会。之后不久，该社区又将律师团队引进社区事务治理，与长期关注并从事基层治理法律业务的上海市金源方程律师事务所的金某律师和王某杰律师建立了迄今已经超过十年的长期合作关系。[①] 在 2016 年 3 月的一次主任联谊会例会上，业委会主任们提出制定住户共同遵守规约的构想，并将这一规约定名为《住户守则》。之后，历经 13 个月的民主协商，先后 9 次修改文本，最终于 2017 年 4 月正式发布《耀江社区住户守则》。

首次发布的《耀江社区住户守则》共 3 章 38 条，明确了社区居民在宠物饲养、房屋出租、车辆行驶与停放、小区通行、房屋装修、垃圾处理、物业管理费、邻里关系等八方面应该遵循的行为规范。2019 年 4 月，《耀江社区住户守则》升级为 2.0 版本，添加了垃圾分类的相关条款，共 42 条；2021 年 4 月，《耀江社区住户守则》又升级为 3.0 版，加入了《民法典》和《上海市非机动车安全管理条例》的相关内容，共 50 条；2023 年 4 月，在业委会主任联谊会成立 10 周年之际，《耀江社区住户守则》又升级为 4.0 版，把"中国式现代化社区治理"的理念纳入其中，并把内容缩减为 42 条。

在《耀江社区住户守则》制定经验的基础上，半淞园路街道和黄浦区政府进一步在街道和全区层面推广《住户守则》的制定和适用。在街道层面，半淞园路街道在 2019 年、2021 年和 2023 年分别制定并发布了《半淞园住户守则》，分别对应 2.0 版、3.0 版和 4.0 版《耀江社区住户守则》。之后，黄浦区人民政府在 2023 年又在全区范围内发布了《黄浦区住户守则（2023 版）》。迄今为止，在黄浦区，形成了区—街道—社区三个层级的《住户守则》规范体系。此外，考虑到有些治理事项比较独特，需要专门制定规范，半淞园路街道又在金某律师和王某杰律师等专业力量的支持下，制定了《半淞园住户守则（专项版）》，包含《房屋安全使用指南》《侵权行为处置规则》《非机动车停放管理规约》和《机动车停放管理规约》等专门性规范。截至 2023 年底，在半淞园路街道成立业委会

---

① 　参见唐烨：《多元力量参与治理，激发基层活力》，载《解放日报》2023 年 5 月 15 日。

的 88 个居民住宅小区中,已有 80 个因地制宜制定推广个性化《住户守则》。在黄浦区的其他街道居民区,《住户守则》也日益被采用。① 截至 2024 年 10 月底,全区 272 个小区已经制定了《住户守则》。②

过去几来年,《住户守则》在耀江社区、半淞园路街道和黄浦区从无到有,从少到多,从单一到多元,慢慢形成了一套成熟的制定方法和机制。这主要体现在如下几个方面。

首先,在制定规范的全部过程,尽量让各类利益相关者参与其中,让社会治理共同体真正做到"人人有责、人人尽责、人人享有"。在守则动议阶段,一般有自治主体自下而上的主动发起与街道自上而下的引导示范两种方式:可以由居委会、业委会成员或居民代表集体讨论、邀请街道相关部门和社区法律顾问共同发起实施调研,收集小区面临的问题和需求,经过梳理,形成《住户守则》起始文本;也可以由街道党工委牵头组建调研工作组,前往各居民区开展调研,全面收集各小区面临的突出问题,归纳形成共性问题和共性需求,根据调研结果形成《住户守则》示范文本,在各居民区和小区进行宣传。在广泛听取意见、尊重住户自主意愿的基础上,由各居民区党组织牵头,参考起始文本或街道示范文本,由业委会发起相关小区《住户守则》的动议提案。在意见征求阶段,《住户守则》征求意见稿广泛征集共治力量专业意见,积极邀请街道协调综合执法队、市场所、派出所、城建中心、城运中心等部门,论证《住户守则》是否可以作为公权力介入小区治理的依据。

在《住户守则》初稿起草后,居民区党组织、居委会或者业委会须组织召开若干次解读会,可以自行或者邀请社区法律顾问对《住户守则》制定的意义、目的、过程和效果进行解读,让住户理解为什么要如此制定《住户守则》、好处在哪里、能解决什么问题。同时,协商主体涵盖业主、住户、利益相关方(如商铺实际经营者)和虽然不居住在本社区但对社区治理有独到见解的专业人士等;根据需要,选择座谈会、书面征求意见、线上互动等方式听取各方的意见和建议。这种广泛参与、广泛协商的方式能够最大限度地打破陌生人社会中的交际壁垒,从"坐下来"到"熟起来",在协商中寻找理念共识、在共识中整合社会秩序,实现基层社会的有机团结和秩序稳定。

其次,在规范内容上,《住户守则》以社区治理的问题为导向,注重社会规范和法律规范的有机衔接,以社会规范填补法律规范在治理社区时的制度空白,并以专业知识为支撑使其具有可行性。《住户守则》具有清晰的问题导向,围绕房屋出租、宠物饲养、车辆停放、垃圾处理、物业管理费等事宜,把分散在法律法规中与小区居民生活息息相关的法条、规定等进行归纳、整理,由社区治理各方主体根据需求导向和问题导向,经过充

① 参见龚丹韵:《老租客们的自治探索》,载《解放日报》2024 年 1 月 15 日。
② 参见《黄浦区:"零距离家园"工程,以人民群众的获得感为标尺》,载《解放日报》2024 年 11 月 1 日。

分酝酿、广泛协商后形成。守则规定了居民的权利、义务和违反相关规定的处罚措施，所涉及的法律法规精准有效，是具有普遍性、约束性的规范准则，既包括实体内容也包括程序内容，既围绕小区管理中的常见问题作具体规定也列明违反行为的纠错机制，各项条款轻重适度、依据充分、有效可行，起到了教育、警示、约束的实际效果。

守则在制定时也同步完善程序指南。按照"界定清晰、量化为优、简便易行"的原则，通过制定《实施指南》细化行为规定，进一步规范业委会、物业公司和居委会遇到居民违反条款情况时的处置办法、职责范围和操作流程，为小区依法依规依约管理提供保障。另外，守则制定也非常注重合法合规审查。例如，对违反《住户守则》而承担的违约责任的规定，不得设定物业可以强制断水断电等措施。整体上看，《住户守则》以法治为基本逻辑，是一项透着法律气质、拥有法律性质、体现法律价值的社区软法。

此外，《住户守则》也奉行"专业的活由专业的人来干"的基本立场。社区治理涉及群租治理、树木修剪和绿化调整、违章搭建拆除、楼道堆物处置等问题时，街道尽量协调综合执法队、市场所、派出所、城建中心等参与《住户守则》的初稿起草，以获得专业指导，使守则具有可执行性。

再次，《住户守则》在适用范围内进行有效力的民主表决后方能生效。根据小区实际情况，《住户守则》可以适用于全小区，也可以适用于部分楼栋或者区域。适用于全小区的，由业主大会表决通过；适用于部分楼栋或者区域的，由部分楼栋或者区域的业主通过。对于一些特殊情况，如商居混合型小区，实际利益人是经营者的，也可以通过业主让渡部分权利的方式表决《住户守则》。经由投票表决发布的《住户守则》更具约束力，更能鼓励业主在《住户守则》的框架下"践约而行、依约而治"，既发挥守则软法特点，引导住户有序自治，又通过辅助机制和刚性条款，平衡社区利益、解决居民矛盾，共同构建社区民主法治共同体。

最后，"徒法不足以自行"，作为自治组织的居民社区和基层政府联动，多管齐下来推动规范的宣传与执行，让《住户守则》变成"行动中的"软法规范。一是采取多种形式宣传。具体举措包括：将《住户守则》在小区公示栏和每个楼栋公示栏处公示；举行《住户守则》发布仪式，让居民感受到《住户守则》的庄严性；制作口袋书，由楼组长和志愿者按户上门宣传发放；居委会、业委会、社区法律顾问，通过宣传版面巡回展示、宣讲团讲故事等多种方式对《住户守则》进行解读和宣传。二是加强执行。具体举措包括：街道出台《住户守则操作指南》，指导和支持《住户守则》的执行；物业服务企业做好执行工作，包括宣传违反《住户守则》可能承担的责任，严格按约定执行违约行为的处置流程等；相关职能部门对破坏选票箱或者高空抛物等违法违规行为给予执法前的教育；对相邻纠纷、停车矛盾、邻里间隐私权矛盾等，通过多元纠纷解决机制化解。三是科学设定评估标准和评估方法，加强《住户守则》全过程评估，鼓励《住户守则》复制推广，在评估中发现存在的问题，找寻新的问题，为守则更新迭代提供参考。街道依托半淞园治理家园服务站等第三方社会组织和专业法律顾问力量对 88 个业委会进行监督指导,每年开展"业委会法治评估",对推广该小区《住户守则》情况比较良好的业委会给予表彰和宣传。目前,这一工作已发展成为"社区治理法治综合评估"工作,将法治评估的范围由业委会扩展到居委会、物业公司,科学化地对多元社区治理主体实施"全方位体检",着力构建多维度、全方位的法治社区建设指标体系,不断健全"质价相符"的物业服务价格调整机制,构建党建引领下"三驾马车"的协同议事、协同处置、协同监督机制。

《住户守则》自 2017 年在黄浦区首次发布之后,便广受关注,在 2018 年 3 月荣获 2017 年度中国(上海)社会治理创新实践"最佳案例奖"①,并在 2024 年 12 月入选 2024 年度法治政府建设"十大创新案例"②。同时,与《住户守则》同步推动的半淞园路街道业主委员会法治评估工作,也在 2018 年荣获第五届"中国法治政府奖"③。理论界对《住户守则》的制定、升级与推广作了学术上的探讨。④

从上述案例材料可以看出,作为城市社区自治规范的《住户守则》在制定过程中有两个明显的特点:一是围绕社区治理的具体问题制定规则,坚持问题导向。二是坚持法治思维,把法言法语和日常用语衔接起来,法律规范"转译"为社区的日常行为规范。事实上,这两个特点是制定有生命力自治规范的必要条件。

以社区治理问题为导向,有效弥补了法律规范难以覆盖社区全部事务之不足,让社区解决自身问题有了规范依据。从深层次讲,共同体的"三共",即共同的利益诉求、共同的价值认同和共同的行为规范,是相辅相成的。某个共同体制定适用于本共同体成员的行为规范,其核心目的是维护本共同体成员的共同利益诉求和共同价值认同。从这个基本立场出发,在逻辑上可以推断:社会性共同体制定自治规范,核心目的不是维护国家共同体成员的共同利益诉求和共同价值认同,因为后者可以也必须由法律规范来维护。换言之,社会性共同体的自治规范如果把太多的关注点放在国家利益和国家价值维护上,就存在内容错位,导致社会性自治规范失去重心、失去活力。实践中,有些社区和村庄制定并发布的自治规范主要用来宣传党和国家的政策,宣扬社会主义核心价值观。这些内容本身没有问题,也值得宣扬,但自治规范把重心放在这些国家共同体所要维护的共同利益诉求和共同价值认同上,明显存在内容错位的问题,也导致了自治规范的虚化。在方法上,要实现以治理问题为导向来制

---

① 该奖由中国浦东干部学院和新华网等单位共同发起并评选。
② 该奖由西南政法大学全面依法治国研究院发起并评选。
③ 该奖由中国法治政府奖组委会和中国政法大学法治政府研究院评定。
④ 参见张广利、刘远康:《城市社区软法之治——以上海市 Y 居民区〈住户守则〉为例》,载《长白学刊》2020 年第 2 期;汤啸天:《〈住户守则〉是减少社会矛盾发生的内生机制探索》,载上海市法学会编:《上海法学研究》(2021 年第 15 卷),上海人民出版社 2021 年版;罗振兴:《党建引领社区善治何以可能——以上海市耀江社区为例》,载《党政论坛》2022 年第 3 期;陈寒非:《当代中国城市习惯法研究:论题与方法》,载《法商研究》2024 年第 5 期。

定自治规范,就要像前述《住户守则》制定的过程一样,尽可能发动与规范实施利益最为相关的社会性共同体成员的全程参与。包括居民在内的社会性共同体成员是最了解自治问题出在什么地方的群体之一。邀请他们参与制定自治规范,不仅可以让规范在解决问题上更有针对性,对后面提到的规范执行和规范宣传也有很大帮助,也就是让社会规范真正"活"起来,成为社会治理的"活法"。正像方世荣和孙思雨主张的那样,公众参与是法治社会建设的内在要求。①

同时,坚持法治思维,实现自治规范对法律法规的有机"转译",是让自治规范有生命力的另外一个前提。② 在自治规范制定中,坚持法治思维,意味着要坚持如下做法:自治规范必须体现共同体成员的合意,而不是其他意志,在操作上应该至少得到成员简单多数的支持;自治规范的内容不能与国家法律规范产生冲突;自治规范给成员设定的权益和责任必须是社会性共同体有权处理的事项,诸如人身权利这样的事项在现代社会是禁止被自治规范限定的(也就是要遵循法律保留原则);社会规范在合理范围内设定的成员权益和责任必须在程序上可以执行。③ 正因为有这样的要求,在《住户守则》制定过程中,律师或者其他法律专业人士的全程深度参与就非常重要。事实上,前述民政部等 7 部门在 2018 年 12 月联合发布的《关于做好村规民约和居民公约工作的指导意见》也明确提出"要加强督促检查,重点检查村规民约、居民公约制定或修订的主体、程序、内容是否合法,是否符合实际、具有可

---

① 参见方世荣、孙思雨:《论公众参与法治社会建设及其引导》,载《行政法学研究》2021 年第 4 期。

② 参见周尚君:《乡村治理的法律规制及其限度——兼以云南德宏某村"村规民约"为参照》,载《甘肃政法学院学报》2008 年第 6 期。

③ 根据民政部、中央组织部和中央政法委等 7 部门联合发布的《关于做好村规民约和居民公约工作的指导意见》(2018 年)的规定,在内容上,村规民约、居民公约应坚持合法合规,不得违背宪法和法律精神,不得侵犯国家、集体利益和群众合法权益。在程序上,村规民约、居民公约的制定或修订一般应该经过如下几个步骤:(1)征集民意。村(社区)党组织、村(居)民委员会广泛征求群众意见,提出需要规范的内容和解决的问题。(2)拟定草案。村(社区)党组织、村(居)民委员会就提出的问题和事项,组织群众广泛协商,根据群众意见拟定村规民约或居民公约草案,同时听取驻村或社区党代表、人大代表、政协委员、机关干部、法律顾问、妇联执委等意见建议。(3)提请审核。村(社区)党组织、村(居)民委员会根据有关意见修改完善后,报乡镇党委、政府(街道党工委、办事处)审核把关。(4)审议表决。村(社区)党组织、村(居)民委员会根据乡镇党委、政府(街道党工委、办事处)的审核意见,进一步修改形成审议稿,提交村(居)民会议审议讨论,根据讨论意见修订完善后提交会议表决通过。表决应遵循《村民委员会组织法》《城市居民委员会组织法》相关规定,并应有一定比例妇女参会。未根据审核意见改正的村规民约、居民公约不应提交村(居)民会议审议表决。(5)备案公布。村(社区)党组织、村(居)民委员会应于村(居)民会议表决通过后十日内,将村规民约、居民公约报乡镇党委、政府(街道党工委、办事处)备案,经乡镇党委、政府(街道党工委、办事处)严格把关后予以公布,让群众广泛知晓。

操作性,发现问题及时纠正"①。

虽然以问题为导向和坚持法治思维制定社会规范仅是让规范有生命力的必要条件,但是实践中很多社会规范并不能满足这两个要件。例如,一些居民公约的内容很"高大上",虽然有很正面的引导性,但明显缺乏社区治理方面的问题意识,内容严重错位,很难有现实生命力。又如,一些社区公约规定的行为规范的内容非常抽象,对社区居民违背行为规范的惩罚措施的规定却非常明确,并规定由社区"两委"(社区党支部委员会和社区居民委员会)去执行,这是非常不妥的,有可能导致"两委"人员恣意扩大对规范的解释,并对社区成员给予不正当的惩罚(诸如通报错误言行和纳入黑榜管理等)。正因为这样,半淞园路街道《住户守则》在制定过程中坚持问题导向和法治思维,显得尤为具有现实指导意义。

此外,在《住户守则》的制定和推广中,不仅社会性共同体和律师专业人士扮演了重要角色,基层政府也不可或缺。陈寒非认为,黄浦区政府发布《黄浦区住户守则(2023版)》,指导社区依法制定居民公约,平衡社区利益,解决居民矛盾,引导住户有序自治,是城市习惯法的重要创新和发展。② 当然,社区和基层政府联动制定并推广自治规范,《住户守则》并不是个案。同样在上海,比如,徐汇区司法局在2021年制定了《上海市徐汇区社区软法治理指引》。③ 在上海和全国的其他地方,类似的探索也在进行。

二、 社会规范支撑国家立法的实践案例

制定优秀的社会规范不仅可以对社会性共同体的自治起到重要的保障作用,也可以对国家立法起到重要的支撑作用。相对于"社"类共同体,"会"类共同体是更新型的共同体。对于前者,国家的立法者更多需要思考的是"需要还是不需要"法律规范介入自治的问题;而对于后者,国家的立法者更多需要思考的是"懂还是不懂"法律规范介入自治的问题。当法律规范的制定者不懂新兴领域的治理时,鼓励新兴领域先进行软法治理,然后再根据软法治理的效果去决定是否制定以及如何制定法律规范,就是非常合理的选择。此时,社会规范支撑国家立法就变得非常必要,也非常有实践意义。

实践案例2:从"软(法)"到"硬(法)"的人工智能治理
在社会规范支撑国家立法方面,特别值得关注的是前沿科技领域的法律规制。目

---

① 关于对社会规范的合法性审查,相关研究参见周林:《村规民约的合法性审查:模式及其制度建构》,载《河北大学学报(哲学社会科学版)》2023年第6期;付士成、谷静萱:《村民委员会处罚行为的合法性及其司法审查》,载《东北农业大学学报(社会科学版)》2023年第3期;肖可:《高校校规合法性审查的实践考察与反思》,载《南海法学》2019年第5期;梁剑、陈恩伦:《论大学章程的合法性审查》,载《中国地质大学学报(社会科学版)》2016年第5期。

② 参见陈寒非:《当代中国城市习惯法研究:论题与方法》,载《法商研究》2024年第5期。

③ 参见余东明:《徐汇"公约治理"寻求群众利益最大公约数》,载《法治日报》2023年3月19日。

前,全世界都关注的立法领域之一是人工智能治理,并大致形成了不同的治理范式。其中,欧盟已经在 2024 年通过了《人工智能法》,成为全球第一个通过硬法治理人工智能的政治共同体。但是,到目前为止,通过硬法规制人工智能的国家仍是少数。在美国,除了个别州有专门领域的人工智能立法,联邦政府和大部分州仍然保持行业自律并通过行业规范进行软法治理的做法。①

美国选择对人工智能进行软法治理,有它的道理。在前沿科技领域,虽然立法者是法律专家,但是绝大部分法律专家并不了解前沿科技的真实情况,会面对所谓的"科林格里奇困境":一方面,在一项技术被普遍应用之前,很难知道它的真实影响;另一方面,在一项新技术被广泛应用之后,它的风险就难以被控制。② 换言之,如何规制人工智能这样的新技术,对于大部分立法者而言,是个两难问题。在这种情况下,让更多的技术开发者、经营者和使用者参与新技术的治理,就变得非常有必要。正因如此,世界经济论坛(World Economic Forum)在 2018 年提出了敏捷治理(agile governance)的理念,核心是让更多的利益相关者参与人工智能这样的新技术的治理。③

基于上述道理,解决新技术规制的"科林格里奇困境"的一个可行做法是让软法先行,用行业规范的软法治理进行试错,避免"硬法过硬"的问题。因此,像在人工智能这样的前沿科技领域,软法不仅是整个治理规范体系的重要组成部分,也是硬法规制的前提。④

事实上,到目前为止,中国关于人工智能治理的路径也大致遵循了软法先行的模式。2019 年 6 月,国家新一代人工智能治理专业委员会发布了《新一代人工智能治理原则——发展负责任的人工智能》,之后又在 2021 年 9 月发布了《新一代人工智能伦理规范》,提出了增进人类福祉等 6 项基本伦理规范,并对人工智能管理、研发、供应和使用等特定活动提出了 18 项具体的伦理要求。中央办公厅和国务院办公厅在 2022 年 3 月发布的《关于加强科技伦理治理的意见》中,更是明确要求"重点加强生命科学、医学、人工智能等领域的科技伦理立法研究,及时推动将重要的科技伦理规范上升为国家法律法规"。

从上述人工智能治理立法的实践例子看,在当前的法治社会建设中,合理社会规范的制

---

① 参见丁晓东:《全球比较下的我国人工智能立法》,载《比较法研究》2024 年第 4 期。
② See David Collingridge, *The Social Control of Technology*, Palgrave Macmillan, 1981.
③ 张凌寒等学者也倡导把敏捷治理的理念引入中国的人工智能治理范式之中。参见张凌寒、于琳:《从传统治理到敏捷治理:生成式人工智能的治理范式革新》,载《电子政务》2023 年第 9 期。
④ 参见胡铭、洪涛:《我国人工智能立法的模式选择与制度展开——兼论领域融贯型立法模式》,载《西安交通大学学报(社会科学版)》2024 年第 4 期;宋华健:《论生成式人工智能的法律风险与治理路径》,载《北京理工大学学报(社会科学版)》2024 年第 3 期;宋华琳:《人工智能立法中的规制结构设计》,载《华东政法大学学报》2024 年第 5 期。

定可以很好支撑国家法律规范的制定。事实上,在整个人类社会中,法律规范的形成,并不完全是政府代表国家共同体"制定"的,很多法律规范是被"发现"的,即立法者发现行之有效并具有更广泛适用意义的社会规范后,将其定义为法律规范。

换言之,合理制定并有效实施的社会规范可以帮助法治政府实现科学立法。如果政府立法者不能深入了解民意,或者民意没有通过合理的渠道变成立法意见,科学立法也只能是一种愿望。近年来,中国各级立法机构在基层设立立法联系点,便是通过社会性共同体获取科学立法建议的有益探索。①

要制定科学的国家法律规范,除形式上要符合现代法治要求,避免当代著名法学家富勒(Lon Fuller)所说的"造法失败"的八种情形外,②还要通过"良法"实现"善治"。《中共中央关于全面推进依法治国若干重大问题的决定》指出:"法律是治国之重器,良法是善治之前提。"姜涛认为,国家法律规范如果满足以下四个方面要求便是良法:(1)真实反映各种现实利害关系及其变化趋势,并满足保护国民利益为出发点的法治要求;(2)法律的规定准确反映特定的社会结构及其变化趋势,并做到合法、合情、合理;(3)充分反映人们共同的价值观,并尊重与保护人权,为民众及时、有效地保障自我权利开辟制度通道;(4)重视社会组织立法,以更好地服务于社会组织的发展需求。③ 这和本书前面讲到的共同体有"三共"是相同的:法律规范的科学制定,不仅指向国家共同体自己的立法活动,也需要国家共同体和其他共同体进行利益上的协调,实现价值观上的求同存异。只有这样,社会性共同体才能发展,整个国家治理才可能更加健康。在法律规范中,只考虑国家这个共同体的利益,并发挥到极致,最终可能反而损害了国家的长期利益。

简言之,法律规范的制定是否科学,不只是立法技术问题,深层次关系到国家政治共同体和社会性共同体的求同存异问题,涉及法律规范如何对待社会规范的问题。正是在这个意义上,社会规范的制定是否合理,以及国家立法者能否及时发现合理的社会规范以支撑法律规范的制定,都非常关键。如果说法治社会在立法领域的主体建设是实现完备有效的社会规范体系,其关键工作机制之一是让法律规范合理"转译"成社会规范,那么法治社会在立法领域的辅助建设是让社会规范支撑法律规范的制定,其关键工作机制之一是让社会规范合理"转译"成法律规范。因此,在立法领域,实现法律规范和社会规范之间的有效"转译",是法治政府和法治社会在整个法治国家治理规范体系建设中一体建设的最好表征。

---

① 参见席文启:《基层立法联系点:立法机制的一项重要创新》,载《新视野》2020年第5期;上海人大工作研究会课题组、林荫茂:《上海市基层立法联系点工作制度研究》,载《人大研究》2021年第6期;姚聪聪:《基层立法联系点运行制度的完善——基于22个"国字号"基层立法联系点运行现状分析》,载《人大研究》2022年第12期。

② 参见[美]富勒:《法律的道德性》,郑戈译,商务印书馆2005年版。

③ 参见姜涛:《法治社会的理论逻辑与建设路径》,载南京师范大学法学院《金陵法律评论》编辑部编:《金陵法律评论》(2015年春季卷),法律出版社2015年版,第109—125页。

第二节　依规自治的实践探索

面对真实治理难题,以问题为导向,制定出与国家法律规范相配套的自治规范,是社会性共同体进行有效自治的第一步。第二步是把自治规范用起来,切实解决问题,克服难题。通俗地讲,国家治理也要"谁家的孩子谁家抱"——政府的事情由政府解决,社会的事情由社会解决。当政府和社会都难以独自解决的时候,政府参考社会规范、借助社会力量,社会依据法律规范、依赖政府力量,政府和社会协同治理、联手解决问题,也是非常必要的治理方式。本节分别从社会性共同体依规自治和支持政府严格执法两个角度讨论法治社会的实践案例。

一、基层（行业）依规自治的实践案例

20 世纪 60 年代发端于浙江省诸暨市的枫桥经验的核心要义是矛盾不上交,能够就地消化的矛盾就尽量就地消化。这是解决问题的真实体现。不过,枫桥经验的形成有其鲜明的时代特征。实事求是地讲,当时的枫桥经验在很大程度上依靠人的力量(包括基层干部和党员的力量),依靠政府的管理,而较少依据自治规范来解决问题。近年来发源于浙江省嘉兴市桐乡市的自治、法治和德治"三治融合"的实践,为社区和村庄依据社会规范切实有效解决自身问题提供了一个可以参考的新样板。

实践案例 3:自治、法治和德治"三治融合"的桐乡经验①

2011 年 6 月,地处浙北杭嘉湖平原腹地的县级市桐乡市迎来了新书记卢某东,与时任市长盛某军搭班。新任书记很快就发现,常住人口超过百万的桐乡虽然经济状况不错,但是在基层治理方面存在和全国其他县市类似的突出难题:一是政府长期大包大揽,承担"无限责任",社会性共同体发育不健全,导致基层不堪重负;二是社会层面法治不彰、道德滑坡,矛盾纠纷此起彼伏,居民"信访不信法"的现象非常严重。

如何破解上述基层治理难题,摆在了桐乡市党政领导的面前。有着非常丰富基层工作经验的市委书记卢某东认为,上述基层治理难题同基层自治、法治和德治不够完善高度相关。据此,桐乡市开始谋划如何提升自治、法治和德治水平,并实现"三治融合"。

---

① 　除了下文列出的脚注,本案例材料较多引自郁建兴等:《重构基层社会:浙江桐乡"三治融合"建设(2013—2023 年)研究》,商务印书馆 2023 年版。

经过认真谋划,2013年9月,桐乡市委发布《关于推进社会管理"德治、法治、自治"建设的实施意见》(桐委发[2013]42号),在全市开展"三治合一"①建设,意图提升基层社会治理水平,推动经济和社会共同发展。

为了更好实施该意见,桐乡市选择在辖区的高桥镇开始试点。高桥镇成立了"百姓议事会"和"道德评判团",让居(村)民就社区(村庄)的重要事情进行商议,并对一些涉及风气的事情进行道德评判。在全镇层面,高桥还有一支百姓参政团。在涉及道路拓宽这样有重大权益争议的事项时,镇政府会把这些事项先交给百姓参政团讨论。② 同时,百姓议事会和百姓参政团也会在议事中咨询专业律师的意见。在这些基层探索中,激活自治、强化法治、优化德治的做法日益凸显,并融合在一起。在高桥镇进行试点探索之后,桐乡市正式把"三治融合"推向全市,并不断予以深化和优化。

经过大约5年的探索,桐乡市委在2018年发布了《关于深化自治、法治、德治融合的基层治理"桐乡经验"的实施意见》(桐委发[2018]8号),正式提出建立以"自治增活力、法治强保障、德治扬正气"③为目标,以"一约两会三团"为载体的"三治融合"基层治理体系。其中,"一约"指的是村规民约,"两会"指的是百姓议事会、乡贤参事会,"三团"指的是法律服务团、道德评判团和百事服务团。"三治融合"将外部规则(国家针对基层社会治理的法律规范)和内在规范(村规民约和社区公约)相结合。其中,村规民约和社区公约以通俗语言来"定约",对村风民俗、邻里关系、婚姻家族、环境卫生、矛盾纠纷等方面进行规定,内容全面、简单易记易行,对居(村)民有很强的约束力。图6-1对"三治融合"的桐乡做法进行了提炼。

桐乡市探索新时期基层治理现代化,从"三治合一"到"三治融合",自开始便受到上级政府的关注和支持,逐步被重视并推广到全国。在桐乡市进行"三治合一"探索后不久,嘉兴市综治委便在2013年12月制定出台了《关于创新基层社会治理方式 推进基层"德治、法治、自治"建设的指导意见(试行)》。在桐乡市委于2018年发布《关于深化自治、法治、德治融合的基层治理"桐乡经验"的实施意见》后,嘉兴市也于同年发布了《自治、法治、德治"三治融合"建设规范》。在浙江全省层面,省政府于2014年1月将"三治融合"建设工作纳入省委工作要点及省平安考核,并在同年5月将"三治融合"建设列入浙江省创新社会治理六大机制之一。在全国层面,中共中央、国务院在2017年发布的《关于加强和完善城乡社区治理的意见》,首次提出"促进法治、德治、自治有机

---

① 在刚开始的时候,桐乡市用的术语是德治、法治和自治的"三治合一",后来才改成自治、法治和德治的"三治融合"。

② 参见应丽斋等:《"三治合一":桐乡的治道变革》,载《浙江人大》2016年第8期。

③ 这个提法出自卢跃东以个人名义写的一篇文章。参见卢跃东:《桐乡"三治"》,载《今日浙江》2014年第19期。

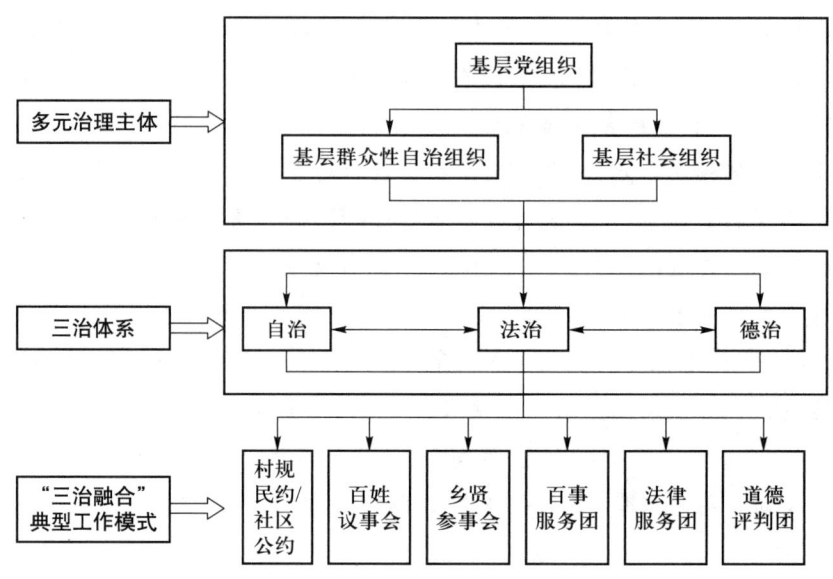

图 6-1　桐乡市自治、法治、德治"三治融合"建设模式图①

融合"。党的十九大报告则明确要求"健全自治、法治、德治相结合的乡村治理体系"。之后,"三治融合"频繁出现在中共中央文件和领导人讲话中,成为当前中国基层治理现代化的一个重要方面。

尤为值得关注的是,桐乡市"三治融合"的独特之处体现在"社"和"会"的交融,以制定乡规民约的方式来确认行业规则,并通过社会自治的方式来切实解决行业发展遇到的难题。

桐乡是中国的榨菜之乡,整个城市遍布榨菜窖。榨菜行业为整个桐乡带来大量经济收益的同时,也因排放高浓度盐水而产生严重污染。如何有效平衡增加经济收入和搞好居住环境,一直是桐乡市党委和政府在治理中遇到的老大难问题。在全国乃至全球,这都是普遍存在的治理难题,也容易走向两个极端:要么为了经济发展,几乎全面放弃环境治理;要么为了环境治理,对特定产业设立过高的进入门槛和环境治理成本,让产业发展举步维艰。基于"三治融合"的治理理念,桐乡市把这个问题诉诸行业自治。在高桥街道越丰村的百姓议事会中,"议员们"认为,不能以"一刀切"的方式来整治榨菜行业的污染,最后制定了适用于本村的行业规则,即按照"总量控制,逐年减少,押金管理,谁用谁处置"的原则进行处理。在全镇层面,基于行业的建议与规范,最后形成了《高桥镇榨菜行业整治方案》。② 到目前为止,自治规则得到了行业(村里)大部分人的认可,整治方案也获得了良好的执行效果。

---

① 图 6-1 资料来源:浙江省嘉兴市质量技术监督局发布的《自治、法治、德治"三治融合"建设规范》(2018 年 8 月 30 日发布,编号 DB3304)。

② 参见张潘丽:《桐乡治理》,载《今日浙江》2014 年第 15 期。

　　另一个类似的例子涉及乌镇的民宿行业。众所周知,乌镇是举世闻名的水乡。大量的游客也催生了乌镇的民宿业发展。因为有利可图,越来越多的乌镇居民把自己的住宅改造为民宿或者出租给他人经营,其中部分属于没有正式经营许可的"黑旅馆"。这些"黑旅馆"良莠不齐,给乌镇旅游业带来了不良的影响。传统上,政府治理"黑旅馆"的主要途径是加强监管执法,但是往往成本很高。为了有效解决问题,乌镇也诉诸"三治融合",以自治的方式来解决问题。2013 年 5 月,"乌镇人家"民宿行业协会成立,制定行业规范,创建民宿品牌"乌镇人家",并把 100 多家民宿纳入协会管理范畴。入会的民宿一方面可以共享"乌镇人家"品牌,另一方面必须遵守协会的规章制度。通过行业依据规范的自治,乌镇破解了"黑旅馆"越禁越多的怪圈。[①]

　　作为"三治融合"的发源地,桐乡在基层治理现代化探索方面有很多可圈可点的经验,[②]读者应重点关注如下几个方面的实践内涵:(1)桐乡的"一约两会三团"的基层治理体系,不仅像前文上海市黄浦区《住户守则》那样实现了制定有生命力的社会规范(包括村规民约和行业规范)的目标,还在于社区、村庄和行业协会真正利用社会规范解决实际问题。简言之,社会性共同体不仅制定"有用"的自治规范,还"真用"规范进行自治。从桐乡经验也可以看出,"有用"的社会规范一旦被"真用",不仅能够有效解决社会性共同体自身的内部秩序和共同体活力问题,还能够实实在在地给政府减负,实现政府治理和社会治理的双赢。(2)桐乡在制定和执行社会规范方面的实践探索,并不完全是"自下而上"的,更多是"中间变革"的制度探索,即地方政府(及其领导)作为发动机的制度探索。[③]"三治融合"探索的发起者是时任桐乡市委和市政府的主要领导,这一探索是对浙江省在新时代推进"枫桥经验"要求的呼应和落实,一开始就是个"一把手工程"。[④] 对于中央政府的全国性规划而言,这种做法算得上是自下而上的,但对于社会性共同体的自治而言,这种做法又是自上而下的,或者至少是"上下联动"的。从中可以看出,如果缺乏国家公权力的协调,整个社会治理体系和治理能力的提升是不容易推进的。因此,在当前,社会治理现代化需要党的领导和政府主导,也

　　① 参见蒋惠玲:《打造县域科学治理的"桐乡样本"》,载《江南论坛》2015 年第 1 期;浙江省嘉兴市市场监管局:《标准化助力新时代基层社会治理创新——嘉兴"三治融合"标准化实践探析》,载《中国市场监管报》2019 年 12 月 31 日;沈阳:《新时代乡村振兴战略背景下的浙江乡村治理经验》,载《中共杭州市委党校学报》2020 年第 1 期。

　　② 参见郁建兴等:《重构基层社会:浙江桐乡"三治融合"建设(2013—2023 年)研究》,商务印书馆2023 年版。

　　③ 参见程金华:《国家、法治与"中间变革"——一个中央与地方关系的视角》,载《交大法学》2013 年第 4 期。

　　④ 参见郁建兴等:《重构基层社会:浙江桐乡"三治融合"建设(2013—2023 年)研究》,商务印书馆2023 年版,第 129 页。

是实事求是的。[①]

当然，"三治融合"自桐乡开始探索直至全国的推广，已经在各地形成了神似形异的诸多做法与经验。[②] 这些差异化的做法与经验都值得从法治社会建设的角度进一步挖掘。另外，自改革开放以来，除了"三治融合"，还存在其他很多形式的自治探索。其中，有一种非常有特色的探索是以江苏省张家港永联村为代表的"公司型村庄"或者"超级村庄"。[③] 在永联村这样的超级村庄中，通常有实力强大的产业布局和企业经营、控股公司和村委会"二合一"的治理架构，以及魅力型、强人型的村庄/企业带头人。从公司型村庄的发展历史看，"强人之治"是此类村庄崛起的基础，而"规则之治"则是它们长期存续并良好运作的重要原因。

此外，行业协会制定并执行行业规范来推动行业自治的例子也不罕见。比如，在上海，浦东现代物流行业协会一直在探索利用行规公约来推进行业企业的规范化运作。得益于便利的水陆空交通网络，上海浦东新区是全国物流行业企业最集中的地区之一，目前有物流行业企业 1 万多家。早在 2008 年，浦东现代物流行业协会就已成立，成为行业自治的主要力量。该行业协会的 23 家理事和会员单位在 2010 年联合发起了《上海浦东物流行业行规公约》倡议书，并在 2011 年召开的会员（代表）大会上正式通过该公约。这是浦东首份物流行业公约，[④]共 5 章 24 条，分别是第一章"总则"（共 4 条）、第二章"行业道德"（共 6 条）、第三章"行业行规"（共 6 条）、第四章"行规管理"（共 4 条）和第五章"附则"（共 4 条）。其中，第三章规定了规范经营、规范质量、规范安全、规范信息、规范价格和规范服务等方面的行业规范。[⑤] 为了保障公约有效实施，行业协会一方面走访座谈，敦促行业企业根据法律和公约规范化运作；另一方面，进行行业评比，评比的内容涉及安全、事故、诚信等，每两年进行一次，引导企业规范化运作。实践下来，该行业公约对于行业企业的规范化运作起到了一定的积极作用。[⑥]

---

① 参见侯猛：《当代中国政法体制的形成及意义》，载《法学研究》2016 年第 6 期；周尚君：《党管政法：党与政法关系的演进》，载《法学研究》2017 年第 1 期；黄文艺：《政法范畴的本体论诠释》，载《中国社会科学》2022 年第 2 期。

② 参见钟海：《"三治融合"基层社会治理创新研究》，中国社会科学出版社 2021 年版；郁建兴等：《重构基层社会：浙江桐乡"三治融合"建设（2013—2023 年）研究》，商务印书馆 2023 年版；王微：《新时代乡村治理体系构建研究》，中国社会科学出版社 2023 年版。

③ 参见新望：《村庄发育、村庄工业的发生与发展：苏南永联村记事（1970—2002）》，生活·读书·新知三联书店 2004 年版；高峰等：《一个苏南乡村的治理之道：张家港永联村调查》，苏州大学出版社 2018 年版。

④ 参见《浦东首份物流行业行规公约出炉》，载《浦东时报》2011 年 3 月 8 日。

⑤ 参见《上海浦东物流行业行规公约》（2011 年）第三章。

⑥ 2018 年 8 月 10 日，本书作者因主持上海市浦东新区司法局委托的关于推进浦东法治社会建设的课题，在司法局协助下，邀请了部分行业协会领导座谈。在该课题座谈会上，时任浦东现代物流行业协会秘书长对该公约的制定与执行作了介绍，并在座谈会之后向本书作者提供了《上海浦东物流行业行规公约》全文。

二、 行业规范支撑政府严格执法的实践案例

同政府实现科学立法需要社会规范支撑一样,政府治理的依法行政和严格执法也需要社会规范的支撑。一方面,社会性共同体依法依规有效自治,确立了社会秩序,为政府减少了"负能量",甚至增加了"正能量",从减少执法成本角度看,已经是对依法行政的有效支持。另一方面,政府依法行政有时候需要社会规范作"传感器",帮助政府将执法的效果落到实处。

当前,如同人工智能等新兴科技行业的国家立法需要采取从"软(法)"到"硬(法)"的规制范式,对几乎所有高度专业化的行业的行政执法也需要行业标准和行业规范的支撑,把法定的行为规范和行业的操作标准对接起来。2020 年底由中国化学制药工业协会发布的《医药行业合规管理规范》便是有效帮助监管部门对中国医药行业企业进行合规监管的典型例子。

实践案例 4:《医药行业合规管理规范》助力行业企业合规监管

近年来,全球医药行业在为人类健康作出重要贡献的同时,也因其中的巨大经济利益而诱发严重的行业腐败,并引发了各国政府加大医药行业反腐力度并对行业企业提出更加严格的合规经营要求。[①] 企业经营的合规"是指企业经营管理行为和员工履职行为符合国家法律法规、监管规定、行业准则和国际条约、规则,以及公司章程、相关规章制度等要求";合规管理"是指企业以有效防控合规风险为目的,以提升依法合规经营管理水平为导向,以企业经营管理行为和员工履职行为为对象,开展的包括建立合规制度、完善运行机制、培育合规文化、强化监督问责等有组织、有计划的管理活动"。[②] 简言之,合规就是要合乎规范要求。

要判定企业是否满足合规要求,就需要设定合规标准。通常而言,存在国家标准、行业标准、团体标准、地方标准及国际标准这几类标准。其中,国家标准是由国家机构通过并公开发布的标准,有强制性国家标准和推荐性国家标准;行业标准则通常由行业制定并在行业范围内统一适用,是对国家标准的有益补充。

为了更好落实中国政府展开的医疗行业反腐并加强行业企业合规经营的监管要求,2020 年 12 月 31 日,中国化学制药工业协会发布了《医疗行业合规管理规范》。在引言部分,该规范明确指出:"本规范帮助医药企业发现行业及法律监管方面的漏洞,理顺监管和报告体系,制定并落实有效的预防措施。能够通过对风险的预判、分析、处置,

---

① 参见赵赤:《医药合规法治模式的全球发展及我国构建》,载《中国政法大学学报》2024 年第 1 期。

② 参见国务院国有资产监督管理委员会印发的《中央企业合规管理办法》(2022 年)第 3 条。

为企业建立有效的合规管理风险控制体系,控制或降低企业运营、流程操作中存在的潜在风险,帮助医药企业提高防范和化解合规管理风险的能力,保障医药企业高效稳健安全运营,提高经营管理水平,增强市场竞争力。"该规范共 74 页,覆盖的行业主体范围包括药品或医药器械上市许可持有人企业,合规管理领域范围包括反商业贿赂、反垄断、税务与财务、产品推广、集中采购、环境健康安全、不良反应报告和数据合规及网络安全等。该规范的发布,填补了医疗行业合规管理方面的诸多空白,为监管部门有效推动医疗行业企业的合规管理提供了重要制度抓手。

上述《医疗行业合规管理规范》的发布是中国的合规管理从行政主导转向鼓励企业和行业参与的一个典型例子。在传统上,(合规)标准是行政机关对特定行业企业的要求,执行(合规)标准是行政机关的职责,这导致许多企业缺乏执行(合规)标准的意识。而企业和行业主动参与制定(合规)标准,不仅让(合规)标准更有针对性和可执行性,也大大提高了行政机关监管企业运行的效率。①

中国化学制药工业协会通过制定《医疗行业合规管理规范》来推动行业企业合规管理,与前述桐乡通过村规民约来规范榨菜行业发展,有相似之处,也就是行业规范对于行业治理起到了关键作用。当然,它们也有差别。两者的差别在于当前针对企业的合规管理有很强的国家意志和行政要求。②《医疗行业合规管理规范》的制定更多体现了行业规范(或行业标准)对依法行政的支撑。政府主动鼓励并支持行业协会及企业参与行业规范(或行业标准)的制定,和前文分析人工智能治理案例提到的"敏捷治理"理念一脉相承,也就是让更多利益相关方来参与政府的行业规制,是一种典型的合作治理。反过来,桐乡榨菜行业的治理虽然也有政府的影子,但更多体现了基层的社会自治属性。但是,从两个案例的相似性也可以看出,社会性共同体依规自治和社会规范支撑行政执法也可以是"一体建设"的,并且在数字社会和风险社会时代日益不可或缺。

第三节 依规解纷的实践探索

在同一个共同体范围内活动,成员之间发生冲突是必然的,即便在成员之间关系非常紧密的社会性共同体(如核心家庭)里也不例外。当纠纷发生之后,国家法律规范可以是纠纷解决的最终屏障——"司法是公正的最后一道防线",这是大家耳熟能详的。

---

① 参见宋华琳:《标准规制与企业的标准合规》,载《吉林大学社会科学学报》2024 年第 2 期。
② 参见周佑勇:《企业行政合规的制度定位及其构建路径》,载《比较法研究》2024 年第 3 期。

然而,虽然纠纷在理论上皆可诉,但这并不意味着根据法律来解决纠纷就是最有效率的。甚至,有时候根据法律规范解决纠纷是不效率的,这不仅对于当事人来说如此,对于国家和社会性共同体来说也是如此。如果发生纠纷的所有当事人都属于某个社会性共同体(如属于同一个小区的居民),争议的事项又属于社会性共同体可以自行决定的事项(如楼道公共空间的使用方式),那么将此类纠纷诉诸法律规范解决,对于国家来说就是"杀鸡用牛刀",对于社会性共同体来说就是"家丑外扬"。换言之,就社会性共同体可以自行决定的事项发生的纷争,成员当事人直接或者间接诉诸社会规范来定分止争,是更有效率的治理方式。当然,如果同一个社会性共同体的成员所争议的事项并非可以由自治规范决定,就像2021年发生在福建省莆田市秀屿区平海镇上林村的欧某中因建房用地纠纷故意伤害邻人致死案那样,法律规范的介入便是必要的。①

一、 通过社会规范直接解决纠纷的实践案例

有生命力的社会规范,不仅可以事前引导成员有序行动,也可以在事后作为定分止争的有效依据。当前中国已经步入"诉讼社会",背后的原因较为复杂。② 第四讲第三节引用费尔斯汀纳、阿贝尔、萨拉特和米勒等人的研究,提到在西方社会常见的"纠纷金字塔"模型。③ 虽然"纠纷金字塔"模型不一定完全适用于当前中国社会,④但是纠纷是不断升级的这个道理在世界各国是通用的。纠纷进入法院之前和之后的所有流程和环节都可能成为"案多"的根源。⑤ 在所有治理案件形成的机制中,社会规范是否存在并能否在关键的时候化解矛盾

① 2021年10月10日,在福建省莆田市秀屿区平海镇上林村,欧某中因与邻居欧某九家有多年的建房用地纠纷,持刀进入后者家中并实施故意伤害行为,导致后者家中2死3伤。作案后,欧某中逃跑,并于10月18日畏罪自杀。时隔1年后,受害者家属向法院提起民事诉讼,要求欧某中前妻及4个子女赔偿388.39万元。在中国农村,邻居是典型的地缘共同体成员。从本案加害人和受害人均姓"欧"可以看出来,他们还是血缘共同体成员。然而,虽然本案的当事人双方属于一个比较紧密的地缘/血缘共同体,但是他们之间的纠纷(故意伤害致人死亡)已经远远超越了上林村的自治范畴,而涉及法律规范,也就是中华人民共和国这个民族国家共同体关于其成员(公民)之间对待彼此生命健康的行为准则。参见《福建"欧金中杀人案"再起波澜,受害者起诉欧金中前妻及子女索赔388万元》,载荆楚网。

② 参见张文显:《联动司法:诉讼社会境况下的司法模式》,载《法律适用》2011年第1期;左卫民:《"诉讼爆炸"的中国应对:基于W区法院近三十年审判实践的实证分析》,载《中国法学》2018年第4期;左卫民:《通过诉前调解控制"诉讼爆炸"——区域经验的实证研究》,载《清华法学》2020年第4期;陈卫东:《诉讼爆炸与法院应对》,载《暨南学报(哲学社会科学版)》2019年第3期。

③ See Richard E. Miller & Austin Sarat, "Grievances, Claims, and Disputes: Accessing the Adversary Culture," *Law & Society Review*, Vol. 15, No. 3, 1980-1981, pp. 525-566.

④ 麦宜生(Ethan Michelson)认为,在当代中国社会,从"冤屈"(grievances)到诉讼案件的转化遵循的是"纠纷宝塔"模型。See Ethan Michelson, "Climbing the Dispute Pagoda: Grievances and Appeals to the Official Justice System in Rural China," *American Sociological Review*, Vol. 72, 2007, pp. 459-485.

⑤ 参见程金华:《中国法院"案多人少"的实证评估与应对策略》,载《中国法学》2022年第6期。

纠纷便是非常重要的一环。改革开放以来,东南沿海城市频繁出现的"外嫁女"纠纷及其化解便是一个典型的例子。

　　实践案例5:惠州大亚湾区优化村规民约化解"外嫁女"纠纷的探索①

　　惠州大亚湾(国家级)经济技术开发区(以下简称"大亚湾区")于1993年5月经国务院批准成立,地处广东省惠州市南部,毗邻深圳,辖澳头、西区、霞涌3个街道办事处,29个行政村、35个社区。目前,大亚湾区有户籍人口21.06万人,常住人口44.91万人。2023年,大亚湾开发区地区生产总值951.1亿元,人均国民生产总值处于全国所有县区市的前列。整体而言,大亚湾区是一个经济相对发达的东南沿海地区。②

　　像很多东南沿海发达地区一样,经济发展带来的副产品是经济纠纷的类型和数量的急剧上升。其中,"外嫁女"引发的纠纷便是一种非常典型的社会性共同体内部的纠纷。③ 所谓的"外嫁女",顾名思义,就是嫁出去的女儿。在传统中国社会,正如俗话讲的那样,"嫁出去的女儿是泼出去的水",在大多数情况下外嫁女既不用承担赡养自己父母的义务,也没有权利继承父母以及家族的财产。④ 而改革开放以来,在大亚湾区这样的东南沿海地区,情况发生了变化。因为自己出生和长大的村庄比嫁往的村庄或者社区更加富裕,部分外嫁女不再把自己的户籍迁出娘家所在地。这样做的结果是,嫁出去的女儿不再是泼出去的水。由此产生的问题是:村集体在资产分红时,是否也需要给外嫁女特定的份额?在很多东南沿海地区,村集体根据之前的习惯,对户籍没有迁出的外嫁女也不给予资产分红。由此引发了大量的纠纷,其中部分纠纷升级为诉讼案件。

　　在大亚湾区,很多村庄在改革开放初期也遵从习惯,不给外嫁女分红,有些村集体甚至把习惯做法固化为成文的村规民约,明确不给外嫁女资产分红。不难想象,由此引发的纠纷数量并非少数。不过,近年来,大亚湾区的一些村集体开始改变做法,通过调解甚至修改村规民约的方式化解纠纷。其中,澳头街道妈庙村的例子很典型。

　　妈庙村是一个被商住楼包围的有着370余年历史的古村,全村常住人口约14 000人,其中户籍人口3600余人。21世纪初以来,在大亚湾区大规模开发建设的背景下,妈庙村的不少土地被征收,征地拆迁、回拨地转让、厂房出租等带来了大量的收益,使妈庙村成了一个比较富裕的古村落,各村民小组都积累了一定的集体资产。

　　在村委层面,妈庙村制定了不少村规民约,包括《妈庙村村民自治章程》《妈庙村村

①　除了下文列出的脚注,本案例材料较多引自张华等:《基层和美治理实现方式探究——基于大亚湾区本土社会规范的视角》,中国政法大学出版社2023年版,第103—126页。

②　参见《大亚湾概况》,载惠州·大亚湾(国家级)经济技术开发区官网。

③　有学者曾经以惠州市的"外嫁女"为例,对"外嫁女"权益保障问题进行了专门的调查研究。参见杨择郡等编著:《外嫁女法律问题研究》,湖北人民出版社2011年版。

④　参见瞿同祖:《中国法律与中国社会》,商务印书馆2017年版。

规民约》《妈庙村会计管理制度》《妈庙村内部控制制度》《妈庙村委会、村民小组农村集体资金管理办法》《妈庙村深化农村集体产权制度改革实施方案》和《村民卫生保洁公约》等 20 多种规范。其中一部分为综合性村规民约，另一部分为专门性村规民约。

就村民分红而言，妈庙村并没有形成全村统一的规范，因为每个村民小组的情况不一样。事实上，各个村民小组都面临着大量的外嫁女福利分配纠纷。为了解决这些纠纷，妈庙村各村民小组通过召开村民小组会议的形式制定村规民约。在早期阶段，各村民小组曾将历史上的习惯上升为村规民约，也就是"外嫁女嫁出去了就什么都没有了"。但在现实的执行过程中，不少外嫁女认为自身权益受到损害，纠纷日益增多，不少外嫁女积极进行诉讼、上访等活动。面对这些问题，澳头街道曾于 2008 年 1 月印发《关于村组福利分配相关事项的紧急通知》，要求各村民小组的福利分配必须符合国家政策、法律、法规和相关福利分配原则，并对村规民约开展备案审查工作。

为了解决好分配问题，并落实街道要求，妈庙村多数村民小组选择以调解的方式给予外嫁女一次性补偿，替代原有的习惯做法，实现了村规民约的转型与嬗变，并慢慢化解了村集体与外嫁女之间的矛盾。近年来，妈庙村涉及外嫁女的诉讼纠纷数量明显下降。

在前述欧某中因建房用地纠纷故意伤人致死案中，虽然纠纷当事人都是一个村庄共同体的成员，但是纠纷事项涉及人的生命健康，社会性共同体无权对此作出规范。同理，本书第一讲提到的"丰县生育八孩女子事件"中，杨某侠即便有精神障碍，也不能由家人或者村集体自行决定"上铁链"。但是，在很多外嫁女案件中，争议的对象是村集体所有的财产，如何分配也通常由村集体自己说了算。

在社会性共同体可以自治的事项范围内，共同体内部的规则就是关键。与大亚湾区关于外嫁女财产分配的村规民约一样，它们既可能是纠纷产生的源头，也可能是纠纷化解的钥匙。如果一个社会存在完备有效的规范体系，并且制定这些规范的社会组织能够依据它们有效自治，那么这些社会规范便能有效应用于防止纷争的升级与纠纷的转化，对纠纷进行"熔断"，化解纷争。因此，及时修改并形成符合法治精神的社会规范，便能够真正形成法治社会所期待的多元纠纷解决机制。相反，正是由于不存在有效的社会规范或者存在违背法治精神的社会规范，很多纠纷最后不得不诉诸国家法律，并通过法院诉讼的途径解决。因此，从诉讼的源头来缓解当前中国社会的"诉讼大爆炸"，策略之一是建设真正能够用来化解社会性共同体成员之间矛盾的社会规范，并把它们用起来。

另外，大亚湾区通过修改优化村规民约来化解外嫁女纠纷的实践，也离不开近年来政府关于"依法治村"的探索。事实上，惠州市也是全国较早探索村（居）委设立"法制副主任"岗位的地区，并通过在社会组织中培育能够有效解决组织内部矛盾的"涉法机制"来推动法治社会的建设。① 前述上海市黄浦区半淞园路街道《住户守则》的制定和浙江省桐乡市"三治融合"的实践,都和律师等法律专业人士深度参与社会规范的制定和执行相关。近年来,起源于江西省抚州市崇仁县并被司法部推广至全国的"法律明白人"培养工程,也非常有意义。② 一些专门为社区治理提供专业法律服务的非营利性社会组织的出现也对社会规范的制定和运作产生了非常积极的意义。③

二、 行业规范支撑法院解决纠纷的实践案例

有生命力的社会规范不仅可以直接用来化解社会性共同体成员之间的矛盾纠纷,还可以被法院在通过调解或者裁判方式化解纠纷时作为重要的参考。当国家法律没有规定的时候,社会规范就是社会性共同体成员之间的合意,应当得到法院的尊重。中国民航飞行员协会和中国航空运输协会牵头制定的《航空公司飞行员有序流动公约》为化解飞行员和航空公司之间的劳动纠纷提供了非常重要的规范依据。

实践案例6:《航空公司飞行员有序流动公约》有效化解行业矛盾纠纷

近年来,随着我国民航业的蓬勃发展,民航飞行员供不应求,这使得飞行员跳槽非常频繁。理论上讲,飞行员和航空公司之间签订了劳动合同,飞行员是否以及如何跳槽可以通过劳动合同法等法律规范来调整。然而,由于优秀甚至合格飞行员在市场上太紧俏,一些民航公司即便替飞行员支付高额离职违约金也要从其他航空公司挖人。在这种情况下,对于劳动纠纷的个案解决,并不存在法律规范上的空白,但是飞行员跳槽过于频繁,会导致整个航空业的无序发展,给飞行安全带来很大的安全隐患。

① 参见杨择郡等:《软法之治的乡土实践:惠州市村(居)委"法制副主任"制度的源流与嬗变》,世界图书出版公司 2014 年版;李步云、张舜玺:《论法治社会建设的基本要求——以惠州经验为参照》,载《法治社会》2016 年第 1 期。

② 参见中央党校(国家行政学院)科研部编:《社会治理案例集》,中共中央党校出版社 2022 年版,第145—158 页。

③ 比如,2017 年 8 月 2 日,上海市杨浦区首家专注于为社会治理提供综合性法律服务的非营利性专业社会组织——上海律佑社会治理法律服务中心成立。中心成员基本来自上海公义房屋征收法律服务中心。在 5 年多的房屋征收法律服务实践中,成员们发现,基于社会利益诉求的多元化和公民依法维权意识的不断提升,基层社会存在大量的法律服务需求。作为一个非营利性专业社会组织,上海律佑社会治理法律服务中心致力于成为居民身边的法律顾问,为政府部门、社区居民委员会、业主委员会、物业服务企业和社区居民等单位、个人提供主动、优质、便利、持续的非营利性法律服务,以及在法治宣传、维护公共利益、救助困难群众、帮教特殊人群、预防违法犯罪、化解社会矛盾纠纷等方面发挥积极的作用。当然,为社会治理提供专业——不一定是法律专业——服务的社会组织还有其他类型。比如,上海新家园社区治理发展中心在如下两个方面帮助社会组织开展依法依规有效自治:(1)帮助社会组织自身进行规范化建设,如帮助修改《员工手册》,增加防范性骚扰规范;(2)在居(村)委员会换届过程中,对街镇的工作人员进行培训,提高选举过程的程序合法性。

对此，中国 45 家航空运输企业、飞行员代表及相关行业协会于 2014 年 11 月在北京签署了《航空公司飞行员有序流动公约》。该公约明确，坚持持续安全、坚持自主流动、坚持有序流动、坚持有偿流动、坚持诚实守信等基本原则是飞行员流动的基本点，且流出调控幅度原则不超过 1%，以保持飞行队伍稳定，确保飞行安全和航班正常运行。

自 2014 年实施以来，该公约在促进民航飞行员有序流动、维护航空公司和飞行员的合法权益、保证航空安全和航班正常运营方面发挥了重要的作用。2016 年至 2018 年，协商流动的飞行员在流动飞行员总数中的占比超九成。相应地，飞行员和航空公司之间的劳动纠纷诉讼案件也大幅降低。上海市长宁区法院（管辖上海虹桥机场相关的案件）受理的飞行员劳动争议案从 2015 年的 192 件下降到 2018 年的 33 件。[①] 目前，该公约得到了航空公司的广泛认可和执行。截至 2020 年底，加入该公约的航空公司数量达到了 78 家，比首次签约时增加了 36 家。[②] 该公约虽仍存在完善执行机制等问题，但在很大程度上通过行业自治规范了飞行员的有序流动，为行业的健康发展提供了一定的规范保障。[③]

从《航空公司飞行员有序流动公约》规范从业人员有序流动的案例可以看出，虽然根据形式理性的法治要求，法院不能把社会规范当作裁判的直接依据，但法院可以依据实质理性的法治原理，把社会规范当作裁判的间接依据。当然，前提是涉诉的社会规范的制定程序是合法的，其内容是合理的。也就是说，该社会规范在内容上可能和相关法律规范不一致（不能发生冲突），但是完全符合该社会性共同体自身特殊情况。相较劳动合同法关于员工跳槽的一般性规定，《航空公司飞行员有序流动公约》对飞行员的流动设定了更严格的标准。设定更严格标准的道理在于飞行员的流动比普通行业从业人员的流动具有更大的负外部性。普通行业从业人员流动的通常只涉及雇主和雇员双方利益的再分配，最多再加上新雇主的利益，而不会影响到更大范围的利益相关者。相反，飞行员的过度频繁流动，不仅会影响航空公司的利益，还会潜在地增加飞行事故发生概率，并影响到不特定人数乘客的生命健康安全。这个道理是与航空业绑定的，不是一般的法理，因此把它纳入行业规范之中是更合理的，并且它也应得到国家法律的尊重。

因此，法院在审查涉及社会规范是否应当被遵从的纠纷案件中，不仅要依据法律规范对

---

① 参见严剑漪：《国际大都市里的"枫桥经验"——上海法院创新拓展多元化纠纷解决机制》，载《上海人大月刊》2019 年第 1 期。

② 参见曾敬：《对促进飞行员有序流动的思考》，载《民航管理》2021 年第 12 期。

③ 参见《2014 年国内民航重要新闻回顾》，载《空运商务》2015 年第 1 期；夏于燕等：《引导飞行员依法维权　保障飞行员合法权益》，载《人民法院报》2018 年 11 月 29 日；陈敏：《关于飞行员辞职劳动争议中如何处理档案转移诉求的探讨》，载《海峡法学》2019 年第 2 期；郭姝娜：《关于完善民航飞行员流动相关制度的探讨》，载《民航管理》2024 年第 7 期。

个案作出裁判以实现个案公正,更为重要的是对社会规范作出合法合规审查,①并通过直接裁定或者司法建议的方式优化社会规范的文本内容与执行机制,使得国家和社会性共同体在处理此类矛盾纠纷时形成合力。现在的理论研究和实践有种倾向,认为多元纠纷解决机制的建立使得纠纷在诉讼之外可通过更多的途径(如调解和仲裁)解决。该观点没有错,但同样关键的是在法律规范之外,还有更多的社会规范可以作为社会性共同体成员的纠纷解决规范基础。因此,纠纷解决的规范依据和纠纷解决的途径选择同等重要,两者共同构成一个完整的多元纠纷解决机制体系。

设想一下,同一个小区的两个居民因为停车问题发生纠纷。如果该小区有关于停车的有效规约,小区的业主委员会和物业管理公司在这个问题上有较好的发言权,那么此类问题很自然就会在小区内部消化掉,实现了"矛盾不上交",诉讼之前就解决了纠纷。但有些小区没有有效的自治规范,一旦发生纠纷就会大概率升级为诉讼。因此,小区治理问题能否得到妥善解决不仅取决于诉讼之外(之前)的纠纷解决途径(如常见的"××纠纷调解工作室"),还取决于本小区之内自治规范的建设和运行情况。正如看病不能只有三甲医院,还得有二甲医院和社区医院等,纠纷解决也不能只有"三甲医院",还得有"二甲医院"和"社区医院",甚至要有"西医""中医"和"中西医结合"。②

另外,在学理上,人们通常把社会性共同体内部的纠纷解决机制(如调解、协商、协调等)称为"非正式"纠纷解决机制,把国家主导的纠纷解决机制(如行政复议、诉讼等)称为"正式"纠纷解决机制。③ 从国家这个政治共同体治理的立场看,这种区分没有问题。不过,从社会性共同体自治的角度看,如此划分会导致实践中对社会性共同体内部的纠纷解决机制的相对轻视和忽视。从整个国家治理体系和治理能力建设看,应当把它们都视为正式的同等重要的纠纷解决机制。

第四节　规范遵守的实践探索

任何共同体的行为规范在制定之后,要得到有效执行并切实用来定分止争,必须得到共同体成员的广泛知悉和遵循。正因如此,对于国家来说,在全体公民中广泛宣传法律规范以使之得到普遍遵守,就非常重要。1985 年 11 月 22 日,六届全国人大常委会第十三次会议作出《关于在公民中基本普及法律常识的决议》,决定从 1986 年开始进行五年普法行动计划。

---

① 关于法院如何对社会规范(尤其是村规民约)进行审查,参见侯猛:《村规民约的司法适用》,载《法律适用》2010 年第 6 期。

② 这个形象的比喻是本书作者从一位法院系统的资深法官那里听到的。

③ 参见范愉:《纠纷解决的理论与实践》,清华大学出版社 2007 年版。

至今,中国已经进入"八五"普法阶段(2021—2025年),并形成非常体系化的法治宣传工作机制和体制。①

但是,对于社会规范的宣传普及,目前基本上处于没有太多章法的起步阶段。有些社会规范并没有得到有效的宣传推广,也因此很难说被普遍遵守。社会规范缺乏宣传推广的部分原因在于规范制定本身不科学以及规范不实用;而被宣传推广得比较全面深入并被成员普遍遵守的社会规范往往是科学制定并有很强实用性的规范。

在所有社会规范中,目前制定得相对科学、使用得相对普遍的是高校自治规范。但是,即便是高校的自治规范,其宣传推广的工作也是零星的,不够系统。实践中,高校有些师生实际上是不关心、不了解、不遵守高校自治规范的。当然,从第一讲提到的"未成年人因文身被取消入学资格事件"可以看出,有些学校的自治规范(尤其是非高校的自治规范)并不那么科学以及有效,也是个现实问题。

就法律规范的宣传普及而言,目前特别强调的是用法和普法的结合,这一点从"谁执法谁普法"这一工作机制可以清晰地看出来。② 这种工作机制对于社会规范的宣传普及也有重要的参考意义:要让共同体成员真正了解和理解社会规范的内涵和意义,最好的办法是让他们用规范,从遵守规范中受益或者/和从违反规范中接受教训;也要通过宣传社会规范,让共同体成员形成"勿以善小而不为,勿以恶小而为之"的行为习惯。

就目前社会规范的宣传普及并推动成员遵守规范的实践看,主要有如下一些做法。首先,从发现问题到规范定稿,尽量让共同体成员最大限度地参与进社会规范制定的全过程,在制定过程中宣传自治规范。③ 也可以采用更加人性化、多样化的意见征集方式,让成员感

---

① 参见莫纪宏等:《"总体法治宣传教育观"的理论与实践》,中国社会科学出版社2016年版;全国普法办编:《"七五"普法规划实施报告》,法律出版社2021年版。

② 参见中共中央办公厅、国务院办公厅印发的《关于实行国家机关"谁执法谁普法"普法责任制的意见》(2017年)。

③ 相关的案例可以参见北京市东城区朝阳门街道史家社区公约制定过程。2015年1月14日,史家社区的20多位居民在史家胡同24号博物馆会议室召开"胡同茶馆"活动。经过讨论,大家总结了现今胡同生活存在的问题:邻里情渐变,社区的环境治安、服务管理、风貌保护、文化传承、生活起居方面均有不足。为切实解决社区存在的问题,大家认为最好用制定"公约"的方式将大家提出的建议予以落实。随后,在"胡同茶馆"活动中,史家社区公约草案被逐条展示,参会人员细心审议草案内容,对条目设置和具体措辞提出了修改意见、建议。讨论后的史家社区公约共5个大项23条,社区居委会将讨论稿以海报的形式在社区张贴出来,把社区公约讨论稿发到每户居民手中,并在社区博客、微博、微信上广泛征求居民和社区单位的意见,经过8次"胡同茶馆"讨论会,反复修改,社区公约初稿形成。在社区居民代表会上,与会代表充分讨论并发表了自己的意见,最后一致表决通过。参见民政部发布的居民公约"优秀范例"之"北京市东城区朝阳门街道史家社区",载民政部官方网站。相关研究参见方世荣、景勤:《论法治社会建设中的公众参与式普法》,载《荆楚法学》2022年第4期。

受到制定者的诚意以及自己被尊重。① 其次,社会规范制定出来之后,可以通过竞赛、评选等多种方式,利用微信、QQ 群等新媒体工具有组织地宣传推广。② 再次,通过适用社会规范来宣传推广,并让成员遵守规范。前文提到的几个实践案例基本上都有类似的做法。最后,选编典型案例,让宣传范围更加广泛,并让成员遇到问题时有可以参考的真实案例。③

当然,对于法治社会乃至法治中国的整体建设而言,最重要的还是通过法律规范和社会规范的制定、适用和宣传,最终建成全面多层次的社会诚信体系。这也意味着,无论是作为公民还是作为社会性共同体的成员,个人实现了守信、守约、守规和守法的高度合一。如果在个人周围没有有效的多元规范体系,他便无从养成守信、守约、守规的行为习惯,守法也就遥遥无期。这个道理对于个人如此,对于企业也是如此。上海市浦东新区张江高科技园区通过建设"信用张江"体系,为探索全面多层次的社会诚信提供了一个值得参考的案例。

实践案例 7:"信用张江"体系的探索④

为解决科技型中小企业融资难题,打造园区可持续发展驱动力,上海市浦东新区张江高科技园区率先在信用建设方面创全国之先河,开启张江园区信用应用建设。2013年 3 月 21 日,张江园区企业信用促进中心(以下简称"中心")挂牌成立。在张江园区管委会的领导和指导下,中心发挥民办非企业机构的桥梁纽带作用,承担"信用张江"建设的促进工作,在信用应用领域取得了巨大成效。

中心主要承担张江管委会委托的企业信用体系建设工作、张江园区信用信息数据库的建设及维护工作、信用产品在园区的应用市场的拓展工作、张江园区信用文化建设等。中心的工作内容包括如下几个方面。

第一,建立覆盖张江全园区的企业信用档案。目前,园区已有 2900 余家企业建立了信用档案,覆盖了园区活跃经营企业总数的 80%。2013 年 10 月,"张江在线——信用张江"园区企业信用信息平台正式上线,平台包含多渠道、多维度信用数据:(1)数据来源广泛,包括企业自申报信息及征信大数据比对信息;(2)数据层次丰富,包括企业素质、管理层素质、产业前景、财务状况、创新能力、司法诉讼、舆情口碑以及企业族谱

---

① 比如,在湖南省湘潭县乌石镇石峰村的村规民约的制定过程中,曾就"操办丧事多少桌、随礼多少钱"事宜进行了问卷调查,然后根据问卷反馈来制定规约。这种方式既科学,也实际上对村规民约做了一个很好的宣传。参见赵冠群:《湘潭县向陈规陋习说"不"》,载民政部官方网站。

② 参见民政部发布的居民公约"优秀范例"之"宁夏回族自治区中卫市沙坡头区柔远镇范庙村",载民政部官方网站。

③ 相关的案例可以参见江苏省昆山市周市镇市北村村规民约组织实施典型案例。在践行村规民约过程中,市北村每年评选"十个一",来进一步促进村规民约的践行。参见民政部发布的居民公约"优秀范例"之"江苏省昆山市周市镇市北村",载民政部官方网站。

④ 本案例材料由张江园区企业信用促进中心向本书作者直接提供。另参见杨珍莹:《"信用张江"让企业有了"明白账本"——〈全国高新技术园区信用体系建设信用新标准〉即将出台》,载《浦东时报》2017 年 3 月 16 日。

信息。

第二,首创全国科技型中小微企业信用评价模式。目前,全国范围内只有张江园区推出了以企业科技含量为评价重点的创新评级模型,模型包含 176 项评价指标以及 4 个信用等级,通过为科技企业增信助力融资。目前,园区已与 11 家银行、8 家券商、6 家担保公司达成合作,创新评级模式成功获得金融机构认可。

第三,以信用促金融,以金融促产业,推出系列创新信用金融产品。以信用报告作为企业信用认证,带动了一批银行、一批券商和一批担保机构有效解决科技型中小企业融资难问题。目前,中心已帮助近 1000 家企业从银行机构融资约 50 亿元,从担保机构担保融资约 12 亿元,券商机构推荐"新三板"挂牌企业达 38 家。"信用张江"通过提供信用评级报告为企业融资信用加分,例如,上海斯丹赛生物技术有限公司获得额度为 200 万元的"科技卡",上海其明信息技术有限公司获得投资额 500 万元。在"信用张江"帮助下度过初创困境后,企业不断壮大。

第四,复制推广自贸区"信用张江"模式,成立全国高新技术园区信用联盟。"信用张江"作为张江自贸区内先行先试的典范,其模式可复制可推广,2016 年 6 月,张江管委会联合其他 5 家国家级高新技术园区发起成立全国高新技术园区信用联盟,张江管委会任联盟首任会长单位。目前,联盟常设理事单位为上海张江高科技园区、武汉东湖新技术开发区、长沙高新技术产业开发区、成都高新技术产业开发区、山东济宁高新技术产业开发区等 5 家园区,会员单位包括来自全国各地的 35 家园区。信用联盟职责为:统一并推广全国高新技术园区信用标准;实现全国园区信用信息资源共享;创新政府信用监管职能;推动信用金融产品的广泛应用;促进国家推行信用建设相关政策。

在张江管委会任联盟首任会长单位期间,联盟已完成全国统一的园区信用标准的制定,并正在推进各会员单位共同使用统一信用标准,实现信息互换、信用互评,从而打破各园区之间的信息壁垒,推动信用建设进程向前迈进。

从法治社会建设角度看,"信用张江"并非典型的社会规范制定和宣传的实践案例。不过,该案例的背后有着不同类型规范的影子,让企业守信、守约、守规和守法行为变成了量化的信息,并且让企业因自己遵从法律规范和社会规范而受益。从这个意义上讲,"信用张江"既是法治社会在守法领域进行主体建设的一个实践案例,也是辅助政府推动全民(企业)守法的实践案例。类似的还有贵州省清镇市"四位一体"推进诚信体系建设的实践。① 总之,"法治社会的最高境界在于全民守法成为习惯"②。

---

① 参见连玉明主编:《大国治理:中国社会治理创新的基层实践》,当代中国出版社 2014 年版,第 46—69 页。

② 宋玉波、赵子尧:《法治社会的最高境界在于全民守法成为习惯》,载《探索》2014 年第 6 期。

第五节 规范体系的"体系化"

本讲前四节分别从规范制定、规范执行、纠纷解决和规范遵守四个方面分析了当前中国法治社会建设的实践探索。很显然,本书能够讨论的案例也仅是众多实践案例中的九牛一毛。不过,本书希望通过对精心挑选的实践案例的介绍和讨论,让读者对"行动中的"法治社会建设有直观的了解,并且对现状有初步的把握。感兴趣的读者可以通过近距离观察自己所在的社会性共同体(如居住社区、就读学校、所在单位及行业等)的自治规范的制定和实施情况,对当前中国法治社会建设的现状作进一步思考。结合前面的学理分析和法治社会建设的政府规划,本节尝试为优化法治社会建设路径提出"体系化"的方法论主张和若干方向性建议。

一、 规范体系"体系化"的内涵

在学理方面,本书第四讲第三节归纳了法治建设目标任务的"体系性"。我们不妨先重温一下"体系性"的内涵:围绕立法、执法、司法和守法四大法治建设领域,法治政府和法治社会分别有主体建设和辅助建设两个层次的建设任务目标;法治政府和法治社会的主体建设目标是实现政府治理和社会治理体系和能力的现代化,而它们的辅助建设目标则是参与并协助彼此的任务建设,以实现两个治理体系的兼容;对于法治社会建设而言,其主体建设目标是建立完备有效的社会规范体系、实现社会依法依规有效自治、建立诉前多元纠纷解决机制和建构全面多层次诚信体系,其辅助建设目标分别是辅助政府实现科学立法、严格执法,支撑公正司法和全民守法;法治一体建设具体体现在法治政府和法治社会建设的 16 项任务之间是互联互通的,最终实现国家共同体和社会共同体合作治理的"规范之网"(参见表 4-2)。

根据这样的学理要求,通过前面的实践案例分析可以看出,当前中国"行动中的"法治社会建设虽然已经有了一定的自觉性,但是离"体系性"仍有一定距离,离理想的国家治理"规范之网"仍有一定距离。未来需要努力的方向是通过"体系化"方法衔接好各项建设工作,更好弥补"行动中的"法治社会和"书本里的"法治社会之间的鸿沟。

本书在这里倡导"体系化"方法,既是对前文有关法治一体建设和建设任务"一体性"的讨论的延续,也旨在强调法律方法中"体系化"方法对法治一体建设的方法论的启发。几乎所有的法律人都知道,仅就国家法律规范的制定与实施而言,体系化的方法是让法律规范变得更加科学的基本方法论。正如德国法学家卡尔·拉伦茨(Karl Larenz)所言:

法规范并非彼此无关地平行并存,其间有各种脉络关联,此点亦常被提及。例如,构成买卖法、租赁法或者抵押法的许多规则,其乃是一整体规整中彼此相互协调的部分,而此规整常以某些指导观点为基础。此规整本身又常是更加广泛规整的部分规整,例如前述规整即属债法或物上担保法之部分规整,而后者又是私法的部分规整。与此相应而且之前也已经指出,解释规范时亦须考量该规范之意义脉络、上下关系体系地位及其对该当规整的整个脉络之功能为何。此外,整个法秩序(或其大部分)都受特定指导性法律思想、原则或一般价值标准的支配,其中若干思想、原则,在今日甚至具有宪法位阶,关于此点,前亦已指出。其作用在于:诸多规范之各种价值决定得借此法律思想得以正当化、一体化,并避免彼此间的矛盾。其对法律内的及超越法律的法的续造助益更甚。发现个别法规范、规整之间,及其与法秩序主导原则间的意义脉络,并以得以概观的方式,质言之,以体系的形式将之表现出来,乃是法学最重要的任务之一。①

上述论述的大致意思是:法律规范体系类似于"俄罗斯套娃",是层层相套的,如果彼此不冲突,就可以套得更多、更好。这种体系化的方法可以让法律规范体系从规则到原则到指导思想,从最低位阶的法律规范到最高层级的宪法,都是相通的,彼此不冲突、不矛盾,并且在规范缺失时还可以及时填补。②

事实上,包括所有法律规范和社会规范在内的制度规范是整个国家治理的庞大规范体系有机组成部分。正如侯学宾指出的那样,中国的"法治体系"是法律规范主导性和其他社会规范补充性的有机统一。③

二、 规范体系"体系化"的路径

根据体系化的方法论,当前中国法治社会建设路径还有如下一些值得优化的空间。

第一,把体系化的方法运用于社会规范的制定之中,让社会规范的规则构成更具科学性,避免社会规范内部发生冲突。这一点容易理解,也相对容易做到。不过,需要指出的是,不能以制定法律规范的标准要求社会规范的制定,否则会因为过于理想化而一事无成。对于社会规范的制定而言,一个务实的现阶段策略是,但求有用,不求齐全。因此,从体系化的方法看,社会规范制定更重要的是避免规则之间的冲突,而不是填补规则的空白。此外,特别值得强调的是,法律规范的制定强调公民行为规范的确定性和一致性,而社会规范应当强

① [德]卡尔·拉伦茨:《法学方法论》,陈爱娥译,商务印书馆 2004 年版,第 316 页。

② 关于法学中的体系化方法,可以参见[德]克劳斯-威廉·卡纳里斯:《法学中的体系思维与体系概念:以德国私法为例》(第二版),陈大创译,北京大学出版社 2024 年版。

③ 参见侯学宾:《论法治体系概念》,载《中国社会科学》2024 年第 9 期。另参见徐勇:《"三治融合"的体系化建构》,载《治理研究》2023 年第 6 期。

调社会性共同体成员行为规范的可选择性和多元化。

第二，以体系化的方法指导法律规范和社会规范的制定，避免不同规范体系之间的冲突。前文提到，面对法律规范，社会规范的制定应当受到如下几个方面的限制：如果是国家法律明确保留的事项，只能遵循法律保留原则；不得违反国家法律的原则和禁止性规定；遵循公序良俗；在设定罚则时得有严格的限制，如必须来源于成员的自愿让渡，并严格遵循上述几个限制。①但是，在特定场合，考虑到社会性共同体运行的独特性（如前述案例中飞行员的流动现象），法律规范也应当适时修改，保持谦抑，尊重社会规范合理的独特性。

总的来说，用体系化的方法来指导法治社会建设实践，就是要解决本书第一讲提到的依法治理的三类挑战，尤其是其中的类型二挑战（依据社会规范进行治理的挑战）和类型三挑战（法律规范和社会规范协同治理的挑战），解决法律规范和社会规范的兼容性和协同性问题。其中，"兼容性"指的是法律规范和社会规范之间不能直接发生冲突，"协同性"指的是两者能够共同发力、一起解决问题。

目前，中国法律对法律规范和社会规范的"兼容性"作了明确规定。《中华人民共和国城市居民委员会组织法》第 15 条第 2 款规定："居民公约的内容不得与宪法、法律、法规和国家的政策相抵触。"《中华人民共和国村民委员会组织法》第 27 条第 2 款规定："村民自治章程、村规民约以及村民会议或者村民代表会议的决定不得与宪法、法律、法规和国家的政策相抵触，不得有侵犯村民的人身权利、民主权利和合法财产权利的内容。"但是，关于法律规范和社会规范是否协同以及如何协同，目前的制度规范并不清晰。

在前述实践案例 1 中，半淞园《住户守则》以合理的方式把《民法典》和《上海市非机动车安全管理条例》等国家和地方法律法规的相关内容融入居民公约，让法律规范和社会规范相互衔接，互相赋能，软硬兼施，是一种非常好的体系化方式。② 而这种探索的根本方法论就是实现法律规范和社会规范之间的体系化。不同于法律规范体系内部的体系化，这种体系化是法律规范体系与社会规范体系之间的体系化，是多重规范体系之间的体系化。在今后的社会规范制定中，应该大力推广这样的体系化方法。正如陈光主张的那样，关注并研究法治社会建设中多元规范的关系，并塑造一种合理有效的多元规范关系或者规范结构，成为推进法治社会建设的一个基本的理论问题。③

第三，体系化的方法还意味着"言行一致"，也就是法律规范和社会规范已经明确的行动规则，必须得到执行。本讲一再强调，社会规范的生命力不只在于制定得科学，还在于得到有效执行和遵从。事实上，已经制定的规范不被执行，还不如没有规范。避免社会规范沦为一纸空文，也是法治社会建设的重要内容。

---

① 参见朱最新：《法律多元与府际合作治理双重视角下的自治规范研究——兼论自治规范与国家法的关系》，载《法治社会》2017 年第 1 期。

② 参见黎明琳：《城市社区治理的法治化路径研究》，载《上海党史与党建》2023 年第 6 期。

③ 参见陈光：《法治社会与社区治理多元规范》，中国社会科学出版社 2021 年版，第 1—30 页。

第四,法治社会建设的体系化,也意味着要衔接好自下而上的实践探索和自上而下的政府规划,或者采取实际行动弥补"行动中的"法治社会建设和"书本里的"法治社会建设的鸿沟。上一讲对当前全国和地方的法治社会建设规划作了系统梳理,并认为仅就规划而言,需要重点思考"法治社会建设任务外延的开放与限定"和"法治社会建设任务的全面与重点"两对矛盾关系及其平衡。本讲的分析表明,应当结合建设规划的内容和实践中已经比较成熟的做法,在规范制定、规范执行、纠纷解决和规范遵守四个方面分别确定今后一段时间重点推进的工作任务,让"书本里的"法治社会和"行动中的"法治社会彼此慢慢靠近,而不是相互隔绝。只有这样,规划才能更好起到蓝图的作用,施工也才能有序开展。

思考题:

1. 您目前就读的学校、工作的单位或居住的社区(村庄)是否制定过自治规范? 其实施效果如何? 是否为相关成员所普遍知晓和遵守?

2. 针对真实发生的治理问题,尝试为您就读的学校、工作的单位或居住的社区(村庄)设计一部合理的自治规范。

第七讲　法治社会与"中国之治"

在对法治社会的理论争鸣、建设规范和实践探索进行系统分析之后,本讲回到第一讲所提出的依法治理挑战,思考"法治社会"这个概念及其建设工程对于中国式现代化的意义、对于"中国之治"①的启示。这也是对第一讲提到的"直面真实的国家治理问题,正是本书的出发点和终点"的呼应。

对于包括中国在内的所有现代国家来说,依法治理存在三类挑战,分别是依据法律规范直接治理的挑战、依据社会规范进行治理的挑战以及法律规范和社会规范协同治理的挑战。要解决这三类挑战,理想的解决方案不是让法律规范"一统江湖",而是建设法律规范和社会规范和谐共存的"规范之网"。之所以不能什么事情都由法律说了算,技术原因是法律没有办法做到面面俱到,深层次原因是国家这个政治共同体需要和社会性共同体共存才能繁荣昌盛。本讲从两个方面对法治社会建设之于"中国之治"的意义进行总结性讨论:一是法治社会对于当前中国依据法律规范和社会规范进行国家治理的意义;二是法治社会对于建设活力多元的中华民族共同体的意义。

第一节　法治社会和基于"规范之网"的中国治理

在第一讲提到的"孙某刚案件""未成年人因文身被取消入学资格事件"和"丰县生育八孩女子事件"中,虽然案件/事件相关的时间、地点、当事人和争议利益等都不一样,但它们都涉及行为规范问题:如果没有规范,该怎么办? 虽然有规范,但是规范不科学,该怎么办? 如果存在多种相冲突的规范,又该怎么办? 这些问题是常见的法治问题,但又远不止法治问题。就像规范包含了法律,但又远远超越了法律。

如果说仅是法治问题,那么我们必然会囿于从国家公权力的行使中找寻答案,从主权国

---

① 2019 年通过的《中共中央关于坚持和完善中国特色社会主义制度　推进国家治理体系和治理能力现代化若干重大问题的决定》被新闻和学术界称为"中国之治"方案。参见《增强制度自信,书写"中国之治"新篇章——学习贯彻党的十九届四中全会精神中央宣讲团宣讲活动综述》,载《人民日报》2019 年 11 月 22 日;《"中国之治"解码》编写组编:《"中国之治"解码》,新华出版社 2019 年版;李君如:《新时代中国之治:如何跳出治乱兴衰的历史周期率》,外文出版社 2022 年版;强世功、张佳俊主编:《大变局:从"中国之制"到"中国之治"》,中信出版社 2022 年版;杨开峰等:《中国之治与中国式现代化》,中国人民大学出版社 2024 年版;李林:《良法善治:中国之治背后的法治思想》,外文出版社 2024 年版。

家的历史中找寻答案。但是,当我们去思考"规范"的问题,就会发现通过规范治理的历史与人类的历史一样漫长。《孟子·离娄上》说:"不以规矩,不能成方圆"。此句中的"规矩"原意是圆规和尺子,常常被引申为行为规范,意思是如果没有行为规范,就很难形成可预见的秩序。为成员设置合理的行为规范,是人类历史上先后出现的各类共同体的共同任务,也是现代主权国家的重要使命。法治社会在理论上可以从如下几个维度帮助当代中国实现通过"规范之网"的国家治理。

首先,法治社会以社会性共同体的自治规范建设为核心,在很大程度上可以解决转型中国个人在日常生活中的行为失范问题,缓解规范缺失带来的社会自治危机。这也是对当前中国国家依法治理的类型二挑战(依据社会规范进行治理的挑战)的回应。

改革开放给当代中国带来了巨大的物质文明。但与此同时,传统村落的解体、人口的迁徙以及新型社区的膨胀等因素,加速了中国社会的原子化以及人们之间的陌生化的进程,并进一步带来交往的困难以及法国社会学家涂尔干所说的"社会失范"的问题——人们失去规范的指引,进而引发社会的无序。①

在当代中国,有很多原因导致社会失范。一方面,市场化转型让很多成员与原有的社会性共同体的关系不再紧密,甚至断裂,这导致原有的社会规范对其成员失去效力。在中国农村,大量青壮年村民长期在外务工,他们的子女也在外出生、就学,同辈之间越来越陌生、隔辈之间相互不认识。他们原先所在的血缘/地缘共同体的自治规范越来越没有用武之地,变成了故纸堆里的"本土资源"。② 同理,在城市,原有的社区被拆迁改造,大量的单位倒闭改制,个人也从原有的"社"与"会"中脱离,原有的社区/单位要么消失,要么对成员失去规范功能。

另一方面,城市化催生了大量新的居住社区,新职业和新技术也促成了新的行业,这些新兴的"社"和"会"都没有社会规范的"本土资源"可以依赖。就居住社区而言,例如,上海市浦东新区张江高科技园区南部区域原先是大片农田,因为有大量的人口涌入,新的居民区也像雨后春笋一样涌现。在这些新居民区里,主要居住着三类人。第一类人是业主,大部分是在附近高科技企业上班的技术专业人员,也通常是从外地到上海工作的"新上海人"。第二类人是这些"新上海人"的父母,他们是从全国各地过来帮助自己子女带孩子的老人。第三类人数量较少,通常是在居委会或者物业公司上班、实际掌握社区治理话语权的浦东本地人。这三类人在权利意识、规范偏好和价值观上有很大的差异,能够参与社区治理的时间和方式也非常不一样,因此,此类社区在治理方面很难形成利益、价值和规范共识,也就很难形成有生命力的社会性共同体。同时,新型"会"类社会性共同体的出现,也需要社会规范作为

---

① 参见[法]埃米尔·涂尔干:《社会分工论》,渠敬东译,生活·读书·新知三联书店 2024 年版。关于转型中国的社会失范研究,参见朱力:《变迁之痛——转型期的社会失范研究》,社会科学文献出版社 2006 年版。

② 参见苏力:《法治及其本土资源》(第三版),北京大学出版社 2015 年版。

黏合剂来团结共同体成员,让人群再次实现"熟悉化"。因此,新型社会规范的建设,能让原子化和陌生化的中国人有机会更加简单、舒服地处理人际关系。从这个意义上讲,社会规范的建设是我们必须行动的"保护社会"的重要环节,①可以固化新型共同体的共同利益和共同价值。陆学艺等人主张,为了缓解社会失范,现代社会规范建设的重点任务是"务实推进社会规范的系统建设"。② 据此可以看出,包括《住户守则》在内的社会规范制定、执行和推广具有重要意义。

其次,以体系化方法为指引的法治社会建设,提升社会规范制定的科学性,弥补社会规范和法律规范之间的鸿沟,减少彼此的冲突,推动规范制定和规范执行的"知行合一",通过链接社会治理体系与政府治理体系来筑牢国家治理体系。这也是对当前中国国家依法治理的类型三挑战(法律规范和社会规范协同治理的挑战)的回应。

在传统中国社会,皇权主导的政府治理和士绅主导的社会治理,彼此之间是协同的,至少是不相悖的。在政府治理体系中,代表皇权的官僚体系依赖一套儒法合一的法律规范体系来管理百姓。而在社会治理体系中,士绅阶层主导制定的乡规民约也融合了儒家伦理和当地习俗。因此,在传统中国,政府管理百姓的规范体系和士绅主导乡土秩序的规范体系基本上是相互兼容并且协同的。历史学家黄宗智的"集权的简约治理"理论很好地诠释了传统中国政府治理和社会治理的协同性:

> 现有治理理论多聚焦在正式的机构制度上,在国家与社会非此即彼的二元对立框架中,把正式制度等同于国家,区别于社会。然而,最近的档案研究表明,中国地方行政实践广泛地使用了半正式的行政方法,依赖由社区自身提名的准官员来进行县级以下的治理。与正式部门的官僚不同,这些准官员任职不带薪酬,在工作中也极少产生正式文书。一旦被县令批准任命,他们在很大程度上自行其是;县衙门只在发生控诉或纠纷的时候才会介入。这种行政实践诞生于一个高度集权却又试图尽可能保持简约的中央政府,在伴随人口增长而扩张统治的需要下,所做出的适应。③

当然,黄宗智提到的"简约治理"也在很大程度上依赖一个广泛存在并且扮演重要角色的士绅阶层。④ 虽然黄宗智认为这种国家和社会"二元合一"的简约治理方式仍可以在当前中国治理中扮演一定角色,但是自改革开放以来,中国的政府治理和社会治理整体上是按照不同

---

① 参见郑永年:《保卫社会:社会公正与我们的未来》(全新修订版),浙江人民出版社 2022 年版。

② 参见陆学艺主编:《当代中国社会建设》,社会科学文献出版社 2018 年版,第 216—226 页。

③ 黄宗智:《集权的简约治理——中国以准官员和纠纷解决为主的半正式基层行政》,载《开放时代》2008 年第 2 期。另参见黄宗智:《国家与社会的二元合一:中国历史回顾与前瞻》,广西师范大学出版社 2022 年版。

④ 参见费孝通、吴晗等:《皇权与绅权》,生活·读书·新知三联书店 2013 年版;张仲礼:《中国绅士研究》,上海人民出版社 2019 年版。

的轨迹在发展的。在政府治理领域,从改革开放初期的"社会主义法制"到世纪之交的"依法治国",再到如今的"全面依法治国",基本上沿着"法制—法治"的轨道在推进。其显著进展之一是,仅仅经过 30 年左右(1980—2010 年)的努力,中国在政府治理方面便基本建成了中国特色社会主义法律体系,也就是基本实现了有法可依、有法必依。① 但在社会治理领域,社会规范体系建设仍在艰难探索中,也就很难利用社会治理体系去支撑政府治理体系。

正因如此,法治社会建设不仅可以帮助解决中国社会失范问题,也可能通过体系化的方法制定出科学并能够与法律规范体系相互兼容、协同的社会规范体系,以此来支持政府治理。

最后,法治社会通过有生命力的社会规范实施,有效辅助法治政府建设,慢慢培养中国人的法律素养和法治意识,自下而上改变中国人的行为习惯,为整体的法治中国建设打下最坚实的法治信仰基石。这也是对当前中国国家依法治理的类型一挑战(依据法律规范直接治理的挑战)的回应。

《中共中央关于全面推进依法治国若干重大问题的决定》将全民守法方面存在的问题归纳为:"部分社会成员尊法信法守法用法、依法维权意识不强,一些国家工作人员特别是领导干部依法办事观念不强、能力不足,知法犯法、以言代法、以权压法、徇私枉法现象依然存在。"当个人不尊法、不学法、不守法、不用法时,他就可能会有意无意地损害其他公民的利益甚至生命。"孙某刚案件"的发生固然与收容遣送相关的法律规范已经变得越来越不合时宜有关,但悲剧的最终酿成是由于从民警到救治站工作人员都缺乏尊重他人自由、健康和生命的基本法律素养和法治意识。在"丰县生育八孩女子事件"中,也是如此。

成员对共同体所制定规范的知悉和遵循是国家治理的基石。虽然自上而下的规范供给是必要的,但这仍然不够。前文提及,江苏省是党的十八大以后,最早结合本地法治建设情况探索法治社会建设实施路径的省份,而"丰县生育八孩女子事件"恰恰发生在江苏省。由此可见,即使中国特色社会主义法律体系早已基本建成,整体中国人的法律素养和法治意识也还需慢慢培养。

事实上,这种挑战即便在经济最发达、规则意识最强烈的东部沿海城市里也仍然广泛存在。② 此类挑战折射的是中国公民传统的行为规范与现代依法治理之间的冲突与张力。经

---

① 参见全国人大常委会法制工作委员会研究室编著:《中国特色社会主义法律体系读本》,中国法制出版社 2011 年版。

② 前几年,本书作者在上海浦东新区的一个街道的调研中,了解到这样一个案例:一个再婚家庭,父亲去世,只剩下女儿和继母住在一个房子里。因为没有血缘关系,也没有长时间生活的感情基础,女儿和继母关系不好。继母要房子,但没有钱支付给女儿。女儿起诉到法院,继母没有到法院应诉。法院判决女儿拥有房子,但需支付 43 万给继母。继母觉得拿了这些钱也买不到房子,所以,她既不接受钱款,也不搬走。女儿要求法院强制执行,但是法院执行不了,只是联系相关部门给她办理了房产证。女儿没办法,打了报警电话,要求警察强制驱逐。但是,警察也不敢强制驱逐,怕闹出问题。女儿的男朋友就对警察说:"我们都记录下来了,如果你们不强制执行,之后就起诉你们不作为。"警察无奈就强制执行了,结果导致继母就天天睡派出所。在调研结束时,这个案子还没有了结。在某种意义上,这个案件反映了当前的治理难题。

过 40 多年的努力并取得巨大成就之后,当前中国的法治建设必须直面这一冲突与张力。如果说过去的法治建设更多是自上而下的改革,策略是改变法律规范不足的局面,那么现在的法治建设应开始关注社会规范及其与法律规范的关系。法治建设面临"传统文化的困扰"和"法治观念上的落后"等障碍,是大部分学者的共识。①

正因如此,《中共中央关于全面推进依法治国若干重大问题的决定》提出要"推动全社会树立法治意识""坚持把全民普法和守法作为依法治国的长期基础性工作,深入开展法治宣传教育,引导全民自觉守法、遇事找法、解决问题靠法"。全国和各地的法治社会建设规划也将普法宣传工作作为重要任务。《法治社会建设实施纲要(2020—2025 年)》为全国法治社会建设设定的总体目标的第一要义便是"法治观念深入人心",并且将为了"推动全社会增强法治观念"而需要开展的"维护宪法权威""增强全民法治观念""健全普法责任制"和"建设社会主义法治文化"工作置于 25 项工作任务的最前列(参见表 5-1)。

"行动中的"法治社会建设可以更加聚焦于规范制定和实施的"知行合一"。对于法律规范,知而不行,于事无补。普法宣传工作不仅要增进公民与领导干部对法律的了解(实现"量"的增加),也要提高公民与领导干部利用法律解决问题的意识与能力(实现"质"的突破)。② 只有当公民与领导干部既懂法又用法的时候,他们的法律素养和法治意识才能有实质性的提高。③ 法治社会建设的意义在于,可以让中国公民从小时候、从细微处、从各个方面有机会接触各类社会性共同体的自治规范,并逐步培育起利用社会生活中的软法规范去拓展人际关系、解决生活问题的意识与能力,进而逐步学会尊法、守法、用法。这种培养法律素养和法治意识的路径是渐进却扎实的。只有这样,法治政府建设才能有稳健的基础,法治中国建设才能有非常稳固的地基。从这一点也能进一步理解,为什么法治社会在法治一体建设中具有"基础地位"。

简言之,放在一个更长的历史时空看,法治社会建设通过从小、从细、逐步改变公民对规则、对法治的认知与行动,不仅能够回应依法治理类型一挑战(依据法律规范直接治理的挑战),在治理技术层面提高国家基于法律规范和社会规范的治理效能,还可能从深层次改变中国公民的认知结构,提高中国公民的法律素养和法治意识,为中国未来的法治发展提供更坚实的基础。

综上,本书主张一个宽泛的、多层次、具有差序格局的法治社会定义,在体系化方法指引下,法治社会和法治政府应当在立法、执法、司法和守法四大领域分别开展主体建设和辅助

---

① 参见甘藏春、梁超:《法治的中国道路》,外文出版社 2016 年版,第 363 页。另参见张文显:《法治的中国实践和中国道路》,人民出版社 2017 年版;张志铭、于浩:《转型中国的法治化治理》,法律出版社 2018 年版;徐显明主编:《当代世界法治与中国法治发展》,中共中央党校出版社 2020 年版;雷磊主编:《中国法治理论研究》,社会科学文献出版社 2023 年版。

② 参见程金华:《依法治国者及其培育机制》,载《中国法律评论》2015 年第 2 期。

③ 关于对中国公民日常生活中信仰法律规范和社会规范的研究,参见王启梁:《迈向深嵌在社会与文化中的法律》,中国法制出版社 2010 年版,第八章"法律能被信仰吗"。

建设,并挖掘"行动中的"法治社会的建设经验,以衔接"书本里的"法治社会的建设规划,让今后的法治社会建设重心更加突出,成效更加显著。基于这样的主张,假以时日,"法治社会"这个概念及其相关的法治建设工作可以克服本书第一讲归纳的国家依法治理所面对的三类挑战,形成真正有效的基于"规范之网"的中国治理。

第二节　法治社会与活力多元的中华民族共同体

当然,法治社会建设除了可以在制度和技术层面推动国家治理体系和治理能力的提升,还可以通过规范建设和规范实施推动中国社会的重构,实现个人、社会和国家相互关系的再造,推动建设活力多元的中华民族共同体。

某种程度上,中国的现代化建设历史也是一部社会建设的历史。清末以来,"社会问题"也是各派争论的焦点问题,并且这个问题迄今仍然存在。① 其核心的问题是:在传统中国社会几乎全面解体而新的社会整合机制没有完全形成之际,如何把个人有机地整合到符合现代工业社会和未来数字社会境况的多元社会性共同体中去,处理好国家和社会的关系,进而建构更加美好、活力多元的中华民族共同体? 正如费孝通先生晚年一直思考的那样,如何把新时代的中国建设成一个"美美与共"的"美好社会"?②

传统中国是一个乡土社会。③ 绝大部分中国人生活在由熟人组成的村庄里。大大小小的村庄是兼具血缘和地缘因素的社会性共同体。在万千个村庄中,懂得人情世故、维护关系,就是极其重要的社会规范。在一个抬头不见低头见的稳定血缘/地缘共同体内部,人与人之间的交往遵循的是长期互惠规则,而不是"一锤子买卖"的规则。这种关系不仅在邻里和亲友中存在,在不同阶层的人之间也存在。④ 美国政治学家詹姆斯·斯科特(James C. Scott)在研究东南亚农村社会经济时发现,地主和农民之间存在一种被称为"道德经济"(moral economy)的互惠生存方式:在常态时,地主剥削租种其土地的农民,但在饥荒或者战

---

① 参见孙中山:《建国方略》,生活·读书·新知三联书店 2014 年版;梁漱溟:《中国文化要义》,商务印书馆 2023 年版;郑永年:《保卫社会:社会公正与我们的未来》(全新修订版),浙江人民出版社 2022 年版。

② 费孝通著、麻国庆编:《美好社会与美美与共:费孝通对现时代的思考》,生活·读书·新知三联书店 2019 年版。

③ 费孝通:《乡土中国》,北京大学出版社 2016 年版。

④ 例如,在陈忠实所著的茅盾文学奖获奖小说《白鹿原》中,主人公白嘉轩和他的长工鹿三之间,一方面是地主和雇员之间的雇佣关系(也存在经济上的剥削关系),另一方面,当鹿三及其家庭成员面临生存挑战和其他重大家庭困难时,白嘉轩又会站出来帮着解决。这种描述当然有或多或少的美化成分,但并非缺乏事实的依据。

乱等非常态时,地主有"道义上的"责任去赈灾和领导保卫家园的斗争。① 不少学者认为,传统中国的村庄中也存在类似"道德经济"的互惠现象。

或许,在地主和农民之间并不存在"道德的"经济,但这些不同阶层成员之间的确存在共同的利益,因为他们至少属于同一个紧密的地缘(有时候还兼有血缘因素)共同体。地主个人的利益不仅直接取决于剥削农民得到的收益,还取决于他所生存的村庄共同体的存亡兴盛。也就是说,地主个人利益和村庄共同体利益有密切捆绑,事实上这种捆绑比农民个人利益和村庄共同体利益的捆绑更加明显、更加深入。根据本书前文的定义,共同体有共同的利益诉求、共同的价值认同和共同的行为规范。我们不妨把"道德经济"视为村庄共同体具有共同的长期利益的一种特别形态。

因为这种长期和整体的利益捆绑,在抬头不见低头见的封闭熟人社会里,与"道德经济"相伴随的必然是"人情社会"和"关系社会"。因为传统村庄是封闭的,共同体之间的边界通常是固定的,个体在不同共同体之间的流动性很低。村庄成员交往的对象也往往是数量有限的熟人。熟人之间,交往关系的类型可能并不复杂,但交往频繁。想象一下,在一个封闭的传统村庄里,村民常常以请托的方式满足需求,由于这种需求是日常性的频繁需求,也往往是相互的,所以交往双方把每一笔交往的利弊得失都计算得非常清楚是没有必要的,也会产生新的交易成本(想一下为什么夫妻需要共有财产,就会明白其中的道理),身边的其他村民,也会觉得你"斤斤计较"。相反,正如诺贝尔经济学奖获得者奥利佛·威廉姆斯(Oliver Williamson)所指出的那样,共同体成员更多选择以"关系合同"(relational contract)的方式指导自己的行为,并且一旦彼此之间发生纠纷,更倾向通过修复关系解决问题。② 与此同时,以修复关系为主的调解(而不是对眼前事件定是非的诉讼),成为封闭熟人社会的主要纠纷解决机制。简言之,人与人之间"算大账",而不是对眼前的事情"斤斤计较",是封闭熟人社会的基调。这种熟人社会的共同体行为规范,不仅在传统中国社会存在,在美国这样的国家也存在。前文提到,美国法社会学家麦考利在 20 世纪 60 年代的研究发现,非合同规范在美国的商业经营中扮演着非常重要的角色。③

不仅如此,熟人社会里讲人情、讲关系的行为规范也会穿透小共同体,影响国家这个大共同体的运作方式。这是因为,无论是村庄小共同体,还是国家大共同体,只要成员是相对封闭的,讲究长期互惠的"人情本位"和"关系本位"就在所难免,甚至具有合理性。从更深层次讲,历史上长期存在的国家公权力行使的"官本位"或者"权本位"和社会权力行使的"关系本位"或者"人情本位"是相辅相成的。翟学伟认为,官场上的"裙带关系"就是"官本

---

① See James C. Scott, *The Moral Economy of the Peasant Rebellion and Subsistence in Southeast Asia*, Yale University Press, 1976.

② Oliver E. Williamson, *The Mechanims of Governance*, Oxford University Press, 1996.

③ Stewart Macaulay, "Non-Contractual Relations and Business: A Premiminary Study," *American Sociological Review*, Vol. 28, 1963, pp. 55-69.

位"和"关系本位"一体化的典型写照。①

晚清以来,传统中国封闭的大小共同体在外力和内因的共同作用下慢慢解体。尤其是改革开放以来,以村庄为主的熟人社会已在历经"村落的终结"②后,出现了城市里"跨越边界的社区"③,转向"后乡土中国"④、"半熟人社会"和陌生人社会。⑤

因此,如何建设合理的新型大小共同体,成为社会建设和国家建设必须要回答的问题。社会建设和国家建设也由此经历了不同的阶段。⑥ 通常而言,中国的社会治理历史可以分为中国传统社会的治理历史、中华人民共和国成立后前30年的治理历史以及改革开放之后的治理历史。⑦ 李林认为,从大历史观看,中国的社会治理大体上有从"1.0版"到"4.0版"四种不同的形态:(1) 中国清末以前两千多年的"小政府、大社会"的"1.0版"阶段;(2) 从中华人民共和国成立到1978年的"大政府、小社会"的"2.0版"阶段;(3) 从改革开放到现在的"大政府、强社会"的"3.0版"阶段;(4) 面向未来的"智慧网络政府、网络信息社会"的"4.0版"阶段。⑧

在不同的历史阶段,也有不同的社会建设方案。比如,在20世纪30年代,南京国民政府提出了"新生活运动"。在同一时期,梁漱溟则倡导"乡村建设"。⑨ 自21世纪初以来,中国共产党对中国国家和社会关系也有不同的定位,并逐步形成了从社会管控到社会治理的政策嬗变:2004年,党的十六届四中全会将"社会管理"作为执政能力建设的重要内容;2006年,又提出"创新社会管理体制";2007年,党的十七大提出"加快推进以改善民生为重点的社会建设";2012年,党的十八大提出"社会体制"的概念,强调"加强社会建设,必须加快社

① 参见翟学伟:《人情、面子与权力的再生产——情理社会中的社会交换方式》,载《社会学研究》2004年第5期。

② 参见李培林:《村落的终结:羊城村的故事》,生活·读书·新知三联书店2019年版。

③ 参见项飙:《跨越边界的社区:北京"浙江村"的生活史》(修订版),生活·读书·新知三联书店2018年版。

④ 参见陆益龙:《后乡土中国》,商务印书馆2017年版。

⑤ 参见贺雪峰:《新乡土中国:转型期乡村社会调查笔记》,广西师范大学出版社2003年版;陈柏峰:《半熟人社会——转型期乡土社会性质深描》,社会科学文献出版社2019年版。

⑥ 参见魏礼群主编:《中国社会治理通论》,北京师范大学出版社2019年版;李友梅等:《中国社会治理转型(1978—2018)》,社会科学文献出版社2018年版。

⑦ 参见魏礼群主编:《中国社会治理通论》,北京师范大学出版社2019年版,第四章"中国社会治理变革"。

⑧ 参见李林:《中国法治变革》(上册),中国社会科学出版社2019年版,第420—428页。郁建兴等则认为,从国家与社会关系的角度看,既有研究把中国(基层)治理的历史分为三个阶段:一是传统乡村治理阶段,二是新中国成立后的乡村人民公社和城市街居制、单位制阶段;三是村民自治开始后到现在的基层自治阶段。而且,他们认为这三个阶段中国家权力和社会自治权的关系先后呈现了"双轨"(国家和社会共治背景下的国家有限干预)到"单轨"(国家单独管控)再到"双轨"(新的国家和社会共治背景下的强国家干预和弱社会自治)的过程。参见郁建兴等:《重构基层社会:浙江桐乡"三治融合"建设(2013—2023年)研究》,商务印书馆2023年版,第16—22页。

⑨ 参见梁漱溟:《乡村建设理论》,商务印书馆2023年版。

会体制改革";2013 年,党的十八届三中全会提出"创新社会治理体制";2014 年,党的十八届四中全会提出"推进社会治理体制创新"。当前,我们正在推进的国家治理体系和治理能力的现代化也包括社会治理体系和治理能力的现代化。①

社会建设和更宏大的国家建设有很多面向,与本书主题相关的核心问题是:个人与个人之间应该通过怎样的规范来组建各类社会性共同体(对应"社会建设")和国家这个政治共同体(对应"国家建设")? 在当前中国,个人组建的各类社会性共同体应该是封闭的、开放的还是半开放的? 它们又应该制定出什么样的共同行为规范,追求什么样的共同利益,以及捍卫什么样的共同价值?

针对百余年来中国现代化所带来的上述实际问题,法治社会建设可以有它独特的功能。相对于人情和关系等行为规范,法治社会建设的重心是"非个人化的"(impersonal)规范制定和规范适用,链接的主要是陌生化、原子化的个人,目标是建成人人平等、保障权利的治理秩序。简单来说,法治社会也是对传统中国熟人社会的重构。就此,江必新和王红霞认为:

> 法治社会就是要改变以人情为核心的人治社会,改变主要用权力命令、长官意志治理社会、管理国家和控制人;改变"人情"、"关系"、权力、门第、情感和意志等非制度因素对社会生活的全面支配;改变认"人"不认制度、重感情不顾规则的法治权威虚无状态。应当特别说明的是,这种变迁不是对社会伦理人情的否定与破坏,而是对传统中国社会反思后的重建。传统伦理具有重秩序、重自律等特质,为社会自治规则的提炼提供了重要的本土资源。人情社会曾对经济体制从计划经济向市场经济的转型发挥过重要作用,"人情"在一定意义上有利于社会的秩序和稳定。我们所要探寻的法治社会,是将情与理寓于广义的规则系统之中,形成有秩序的利益追求、个体发展和诉求表达机制。②

本书同意江必新和王红霞的说法,法治社会是"重构"人情社会,而不是彻底毁灭人情社会。当然,中国传统的人情社会通常和血缘/地缘共同体相关。共同的长期生活经历,让人与人之间容易形成人"情",正所谓"日久生情"。无论是好还是坏,当代中国的市场化和城镇化已经让很多传统的血缘/地缘共同体解体或者接近解体,那些解体后的共同体成员的"旧情"已经没有了寄存之地。相应地,这些共同体成员所形成的"人情社会"和"关系社会"也慢慢消解。在这个意义上,以规范制定和适用为重心的法治社会更重要的功能是"黏合"那些"旧情"已经消失的个体以及彼此之间从来没有"旧情"的个体,支撑新型社会性共同体

---

① 参见郁建兴、关爽:《从社会管控到社会治理——当代中国国家与社会关系的新进展》,载《探索与争鸣》2014 年第 12 期。

② 江必新、王红霞:《法治社会建设论纲》,载《中国社会科学》2014 年第 1 期。另参见付媛:《论法治社会与乡土社会的整合》,载《理论与改革》2017 年第 4 期。

的萌生和繁荣。正如张鸣起主张的那样,"当前法治社会建设面临着的是传统与现代的双重困扰。传统的典型代表是人情社会根深蒂固,牵扯制约着法治的发展;现代的典型代表就是网络技术渗透进各个领域,挑战传统社会治理方式。"①

当法治社会成功建构出各类新型社会性共同体之后,就势必要思考一个新的问题:(原子化的)个人、(新型的)社会性共同体和(具有悠久历史的)国家如何共存共荣?换言之,法治一体建设的国家治理体系应当如何处理个人权利、社会权力和国家权力的关系?

在西方,自启蒙运动以来,传统的各类共同体一头面临着个人及个人主义的崛起,另一头面临着国家及国家主义的崛起,处于两头挤压的窘迫境地。虽然个人主义与国家主义并不是天然的盟友,甚至是对抗的,但是它们在对传统共同体的态度上可能是一样的。个人需要从家庭、家族和村落等中解放出来,到更加开阔的天地中去追逐自己的梦想。而刚刚兴起的民族国家则试图"踩在传统共同体上的尸体上"搭建自己庞大的宫殿。在个人主义和国家主义的两头挤压之下,西方传统共同体的衰落不可避免。当代美国社会学家罗伯特·帕特南(Robert Putnman)于是发出感慨:现在的美国人越来越变得"自个儿玩"。② 缺乏社会性共同体的庇护,个人未必是幸福的;同理,没有社会的支持,国家治理就如同在沙滩上建楼阁。因此,自现代社会学创建以来,包括圣西门、傅立叶、孔德、涂尔干等在内的社会学先驱们都把社会整合和有机团结视为社会学研究的基石性问题。③

基于此,本书认为,对于任何一个共同体的建设而言,健康活跃的个人都是基石。以共同的行为规范保障成员的核心利益,并凝聚价值共识,是包括国家在内的所有共同体健康有活力的前提。然而,仅仅有活跃的个人是不够的。人类社会的发展,要避免任何形式的"每一个人对每个人的战争"④,因此国家也需要为个人的行为设定底线,并确保所有个人通过(无形的)社会契约方式授予国家并由政府代为行使的公权力不能被恣意行使。这就是法治,是个人和国家之间的基本行为规范。

因为美丽的误会,《现代外国哲学社会科学文献》在 1959 年把当年度《国际法律学家会议发表德里宣言》中的"a society under the Rule of Law"翻译成了中文的"法治社会"。事实上,该宣言在全球法治研究和实践的历史上有非常重要的里程碑意义。该宣言提出的"国家中的一切权力必须根源于法律,而且要依照法律来执行"以及"法律必须建筑在尊重人类人格的基础之上"的法治观念也是现代法治观念的重要基石。享誉全球的当代法学者约瑟夫·拉兹(Joseph Raz)在前人基础上发展出了著名的法治八原则:

---

① 张鸣起:《论一体建设法治社会》,载《中国法学》2016 年第 4 期。

② See Robert D. Putnam, *Bowling Alone: The Collapse and Revival of American Community*, Simon & Schuster, 2001.

③ 参见李英飞:《涂尔干早期社会理论中的"社会"概念》,载《社会》2013 年第 6 期。

④ [英]霍布斯:《利维坦》,黎思复、黎廷弼译,商务印书馆 2020 年版,第 94 页。

源于法治这一观点的许多原则取决于不同社会特定情况下它们的有效性和重要性。完全列述出它们是没有意义的,但是应当提及一些重要原则。(1)所有法律都应当可以预期、公开且明晰。……(2)法律应当相对稳定。……(3)特别法(特别法律指令)的制定应遵守公开的、稳定的、明确的和一般的规则。……(4)应确保司法机关独立审判。……(5)必须遵守自然正义的原则。……(6)法院应对其他原则的执行有审查权。……(7)法院应当便于进入。……(8)不应容许预防犯罪的机关利用自由裁量权歪曲法律。①

当然,上述法治原则不仅是个人和国家之间的基本行为规范,也应当成为个人和社会性共同体、社会性共同体和国家之间的基本行为规范。这也是本书在给"法治社会"下定义时首先明确"符合法治精神的前提下"的原因。当然,前文也提到,社会规范毕竟是自治规范,是软法,因此相较于法律规范,更应该强调选择性和多元化。

在坚持依法治原则处理个人、社会和国家关系的前提下,我们可以大胆憧憬如下美好的治理图景:自由有活力的众多个人,在国家法律规范所设定的刚性底线之上,自由地组建各种社会性共同体,在各种领域形成有机团结,合力开拓创新,建设"美美与共"的"美好社会"。在这个美好的治理图景里,个人权利、社会权力和国家权力既相互制衡,又相互扶持。正像江平主张的那样,个人权利的核心是"自由",社会权力的核心是"自治",国家权力的核心是"强制力"。② 早在两千多年前,孟子就曾经畅想了这样的家国情怀:"人有恒言,皆曰'天下国家'。天下之本在国,国之本在家,家之本在身。"这是个人、社会和国家三者"大同"的理想治理方式。法治社会概念的提出,以及法治国家、法治政府、法治社会一体建设的构想,在建构活力多元的中华民族共同体的深层次为这种三者"大同"的国家治理体系提供了一种可能。归根到底,作为习近平法治思想理论体系的一部分,法治社会的理论研究和建设实践是为了社会和谐。③

思考题:

1. 法治社会为什么可以帮助实现理想的"规范之网"的国家治理?

2. 法治社会如何对建构活力多元的中华民族共同体做贡献?

---

① [英]约瑟夫·拉兹:《法律的权威:关于法律与道德论文集》(第二版),朱峰译,法律出版社 2021 年版,第 256—261 页。

② 参见江平:《社会权力与和谐社会》,载《中国社会科学院研究生院学报》2005 年第 4 期。另参见李林:《中国法治变革》(上册),中国社会科学出版社 2019 年版,第 421 页。

③ 参见陈柏峰:《习近平法治思想中的法治社会理论研究》,载《法学》2021 年第 4 期;江必新、戴太雷:《习近平法治社会建设理论研究》,载《法治社会》2022 年第 2 期;张清:《习近平"法治国家、法治政府、法治社会一体建设"法治思想论要》,载《法学》2022 年第 8 期。

余论　法治社会相关的若干理论课题

虽然前文对法治社会的概念和建设实践进行了相对系统的讨论,但是仍然有两个与"法治社会"相关的重大理论课题有待开展。

一、 如何结合"法律多元"和"私人治理"等相关国际学术通行概念对法治社会开展跨国比较研究?

本书前言提到,把法治社会作为一个独立的概念提出来,并把法治社会建设作为一个专门的重大国家治理工程来推进,应该是中国首创,目前也是独有的。在英文中,还没有找到能够很好翻译"法治社会"的词汇。正因为这样,对法治社会的系统诠释,也是本书参与建构中国法学自主知识体系的一种努力。

但是,这并不意味着"法治社会"这个概念不可以进行跨国比较研究。其中,国际学术界(尤其是国际法社会学界)普遍关注"法律多元"(legal pluralism)这一概念,并形成了非常丰富的学说。① 在法律多元的理论体系里,法律规范和社会规范是可以合作互补、相互建构的,均为国家治理体系的重要组成部分。②

与"法律多元"相关的概念是"私人治理"(private governing)。"私人治理"相关研究通常认为,针对同一问题,基于社会规范的"私人治理"有时是有效的,甚至比法律规范更有效。③ 比如,埃里克森在关于美国加州夏斯塔县牧区邻人解决纠纷的研究中,发现那里存在"无需法律的秩序",其主要原因是牧区百姓觉得动用法律成本太高,也不适用于当地"大家都要活"的生活哲学。④ 而丽萨·伯恩斯坦(Lisa Bernstein)在针对纽约市钻石贸易的研究

① See Sally Engle Merry, "Legal Pluralism," *Law & Society Review*, Vol. 22, No. 5, 1988, pp. 869-896; Brian Z. Tamanaha, Caroline Sage & Michael Woolcock eds., *Legal Pluralism and Development: Scholars and Practitioners in Dialogue*, Cambridge Unversity Press, 2012; Paul Schiff Berman, *Global Legal Pluralism: A Jurisprudence of Law Beyond Borders*, Cambridge Unversity Press, 2012; P. S. Bermann, "The New Legal Pluralism," *Annual Review of Law and Social Science*, 2009.

② 参见苏力:《法律规避和法律多元》,载《中外法学》1993 年第 6 期;[美]布莱恩·Z. 塔玛纳哈:《法律多元主义阐释——历史、理论与影响》,赵英男译,商务印书馆 2023 年版。

③ See Edward P. Stringham, *Private Governance: Creating Order in Economic and Social Life*, Oxford Unversity Press, 2015; Barak Richman, *Stateless Commerce: The Diamond Network and the Persistence of Relational Exchange*, Harvard University Press, 2017.

④ [美]罗伯特·C. 埃里克森:《无需法律的秩序——相邻者如何解决纠纷》,苏力译,中国政法大学出版社 2016 年版。

中,也发现了"法律外合同"(extralegal contract),其主要原因是"法律内合同"不能满足钻石交易商对于保密更好、赔偿更高的交易偏好。①

不仅在法律社会学和法律经济学等领域有类似的发现,在公共管理领域,也有关于社会规范有效(甚至比国家法律规范更有效)的大量研究发现。诺贝尔经济学奖获得者埃莉诺·奥斯特罗姆(Elinor Ostrom)在研究森林等公共资源治理时发现,在一定条件下,无需依靠国家等外部权威,共同拥有公共资源的集体成员能够以多重博弈的方式形成一套合理解决公共资源治理问题的自发规则体系。②

所以,从"法律多元""私人治理"和相关概念出发,"法治社会"是可以开展跨国比较研究的,并且有很大的研究空间。

二、 如何结合"法治社会"相关的理论研究和实践凸显中国法律社会学研究的实践建构意义? 或者,如何从"法治社会"相关的理论研究和实践中凝练"解决问题的法律社会学"?

目前,国际主流的法学理论研究将法教义学作为正宗的法律科学。③ 从社会科学角度研究法律现象(包括法律社会学)通常被认为仅有知识上的贡献,而很少会对法律规范和法律制度产生建构作用。在中国的主流法学界,这种看法尤为明显。

当然,这种看法并不被从事法律和社会科学研究的学者所接受。④ 比如,《学术月刊》2021 年第 3 期曾经以"规范面向的法律经验研究"为主题刊发了一组文章。⑤ 在这组文章中,侯猛明确指出,法律的经验研究不仅可以解释问题,也可以围绕事实来解决问题——在立法论层面,经验研究可以转化为公共政策分析;在解释论层面,经验研究可以帮助形成证

---

① See Lisa Bernstein, "Opting out of the Legal System: Extralegal Contractual Relations in the Diamond Industry," *The Journal of Legal Studies*, Vol. 21, 1992, p. 115.

② 参见[美]埃莉诺·奥斯特罗姆:《公共事物的治理之道——集体行动制度的演进》,余逊达、陈旭东译,上海译文出版社 2012 年版。

③ 参见舒国滢:《法学的知识谱系》,商务印书馆 2021 年版。

④ 参见陈柏峰等编:《法学的 11 种可能:中国法学名家对话录》,中国民主法制出版社 2020 年版;侯猛:《法社会科学:研究传统与知识体系》,北京大学出版社 2024 年版;侯猛、代伟主编:《法社会科学研究方法指南》,北京大学出版社 2024 年版;刘思达:《法社会学信札》,北京大学出版社 2024 年版;王启梁、张剑源主编:《法律的经验研究:方法与应用》,北京大学出版社 2014 年版;周尚君:《法学观念史稿论》,法律出版社 2014 年版;周尚君、尚海明主编:《法学研究中的定量与定性》,北京大学出版社 2017 年版;程金华、张永健选编:《法律实证研究:入门读本》,法律出版社 2020 年版;左卫民:《实证研究:中国法学的范式转型》,法律出版社 2019 年版。

⑤ 参见侯猛:《法律的经验研究范式:以规范研究为参照》;贺欣:《经验地研究法律:基于社会科学的外部视角》;程金华:《事实的法律规范化——从农业社会到信息革命》。这 3 篇文章均载《学术月刊》2021 年第 3 期。

据事实,能够提升利益衡量和后果考量的准确性。① 之前,王鹏翔和张永健提出"差异制造事实"这个概念,认为法律实证研究可以通过发现"差异制造事实"为法律规范的建设提供知识支持。② 杨帆的一篇论文直接以"法社会学能处理规范性问题吗"为题,主张法律社会学可以解决规范性问题。③ 季卫东主张,通过"议论",法律社会学研究可以通过沟通寻找最大公约数。④ 本书作者也曾经以"利用实证研究解决规范问题的学术尝试"发表过学术论文。⑤ 结合前文关于法治社会的研究,本书呼吁建立迈向实践的中国法律社会学。正如本书作者在一篇研究中国司法过程的论文中所主张的:⑥

> 那么,如何面对具有"合奏"性质的中国司法过程? 首先当然是要把这个过程描述清楚,说明白这个过程中诸多行动者的角色、各自行动的逻辑,以及如果司法过程的"合奏"形成了一定的法律效果和社会效果,那么效果形成的机制怎样、效果如何。其次,更为关键的是,即使在司法过程中,法官与其他行动者一起合作来追求社会效果具有一定的合理性,但还要通过设置一定的程序机制,避免司法过程成为"脱缰的野马"。对于这些工作,坦诚讲,做得还不够多,主流的法教义学很难胜任。法教义学并没有储备太多关于法律与社会互动的知识,在学理层面也不能接受社会因素对司法过程的渗入。
>
> 相反,对于中国"合奏性"的司法过程,法律社会学大有作为的空间,并在中国独特的政法语境中,具有很强的实践性,即,为社会因素进入司法过程提供合理的知识指引,为法官在司法过程中与其他角色更好互动建构合理的程序机制,并因此而具有建构性。
>
> 当然,法律社会学的实践性来自它的学术旨趣与知识积累。法律社会学是一门研究法律与社会之间关系的学科,其重点不在于从规范上分析法律本身,而在于研究法律是怎样受到社会关系的制约的,在于研究国家制定的法律在什么程度上能够改变社会,在于研究法律的运作过程受到哪些因素的制约,法律运行的结果在多大程度上符合立法者要达到的目的。简言之,法律社会学者利用社会科学(主要是社会学)的理论武器,基于实证获得的经验资料,研究法律系统是否与社会因素互动,社会因素如何影响法律系统,以及法律系统如何影响并改造社会。法律社会学推动法律发展的功用在于"揭开

---

① 参见侯猛:《法律的经验研究范式:以规范研究为参照》,载《学术月刊》2021 年第 3 期。另参见侯猛:《法社会科学:研究传统与知识体系》,北京大学出版社 2024 年版。

② 参见王鹏翔、张永健:《经验面向的规范意义——论实证研究在法学中的角色》,载李昊、明辉主编:《北航法律评论》(2016 年第 1 辑),法律出版社 2017 年版。

③ 参见杨帆:《法社会学能处理规范性问题吗? ——以法社会学在中国法理学中的角色为视角》,载《法学家》2021 年第 6 期。

④ 参见季卫东编著:《议论与法社会学——通过沟通寻找最大公约数的研究》,译林出版社 2021 年版。

⑤ 参见程金华:《四倍利率规则的司法实践与重构——利用实证研究解决规范问题的学术尝试》,载《中外法学》2015 年第 3 期。

⑥ 程金华:《"合奏"的中国司法过程——兼论中国法律社会学的建构使命》,载周尚君主编:《法律和政治科学》(2019 年第 1 辑),社会科学文献出版社 2019 年版,第 12—13 页。

法律形式主义的面纱,并使法律制度对经验性探索敞开大门,一方面为研究提供了丰富的基础,另一方面为重塑法律基本思想提供了机会"。

本书希望上述两个与"法治社会"研究相关的理论问题得到广泛关注,并期待中国法律社会学学科随着相关研究的深入得到进一步发展。

附录：元宇宙的法律治理[①]

如果从 1992 年尼尔·斯蒂芬森（Neal Stephenson）在小说《雪崩》中首次明确提出"元宇宙"（Metaverse）开始计算，元宇宙这个概念至今已经有 30 年左右的历史。2021 年被众多媒体称为"元宇宙元年"，[②]这固然与 Facebook 改名为"Meta"有关，[③]但也说明元宇宙已经渗透到人类世界经济和生活的多个方面，并成为政府和企业投资布局的重点领域。[④] 然而，元宇宙至今还是一个内涵和外延并不清晰的概念，其指向的东西也不确定。

那么，对于元宇宙这样一个不确定的概念或者现象，我们是否有必要从法理的角度去探讨它的治理问题呢？答案是肯定的。元宇宙不再只是一个文学描述和游戏空间，它已经形成了"技术—经济""技术—政治""技术—哲学"和"技术—传媒"等方面的冲击。经济学学者朱嘉明指出，元宇宙需要面对如下六大富有挑战性的问题：如何确定元宇宙的价值取向、制度选择和秩序？如何制定元宇宙内在的经济规则？怎样避免元宇宙内在垄断？如何预防元宇宙的霸权主义和元宇宙之间的冲突？如何维系现实世界和元宇宙之间的正面互动关系？如何协调资本、政府和民众参与创建元宇宙？[⑤]哲学学者赵汀阳也提到，元宇宙表面上会带来更多的自由、平等和无穷信息资源，但所有好处的背后都存在着资本和技术合伙定义的"系统化权力"，即资本和技术的专制秩序。[⑥] 无论是元宇宙的内部秩序建构问题，还是元

---

① 中共中央印发的《法治社会建设实施纲要（2020—2025 年）》第六部分主题是"依法治理网络空间"，并指出"网络空间不是法外之地"，要"推动社会治理从现实社会向网络空间覆盖，建立健全网络综合治理体系"。本书认为，随着人工智能技术日益成熟地应用于网络空间，今后以元宇宙为代表的数字空间将是全新法律规范和社会规范制定和实施的重要阵地。不过，从法治社会建设角度看，目前的理论研究和实践探索还刚刚起步，因此此处把本书作者之前发表的一篇相关论文附上，供读者思考未来数字空间法治社会建设的任务及其与物理世界法治社会建设的协调与兼容问题时作为参考。该文章以"元宇宙治理的法治原则"为题发表于《东方法学》2022 年第 2 期，此处略有改动。

② 毛烁：《"元宇宙"元年》，载《中国信息化周报》2021 年 11 月 29 日；青月：《元宇宙元年"内卷"背后的场景之争》，载《大数据时代》2021 年第 12 期。

③ 杨清清：《Facebook 更名背后的"一盘大棋"：押注元宇宙》，载《21 世纪经济报道》2021 年 11 月 1日。

④ 参见彭茜、张晓茹：《科技巨头跑步入场"元宇宙"火在哪里》，载《新华每日电讯》2021 年 10 月 28日；王伟：《苹果"欲拒还迎"元宇宙》，载《中国电子版》2021 年 12 月 10 日；刘茜：《地方政府跑步入局元宇宙谁能建立先发优势》，载《21 世纪经济报道》2022 年 1 月 13 日；唐玮婕：《布局元宇宙新赛道，上海该怎么做》，载《文汇报》2022 年 1 月 22 日。

⑤ 朱嘉明：《"元宇宙"和"后人类社会"》，载《经济观察报》2021 年 6 月 21 日。

⑥ 赵汀阳：《元宇宙与可能世界》，载网易号。

宇宙与人类现实世界的关系问题,都离不开制度和规范。元宇宙不是法外之地。[①]

相应地,本文将在梳理不同学科对元宇宙研究的基础上,围绕治理问题,对元宇宙的治理架构和法治原则作一个分析。由于元宇宙所对应的数字虚拟世界至今还是一个不确定的事物,所以本文的分析只是初步的,部分内容甚至有一定程度的猜测性。从这个意义上讲,本文不仅试图为解决元宇宙的法律治理问题提供一些不成熟思考,同样重要的是提醒法学理论界同行认真对待元宇宙的崛起。

一、"元宇宙":一个具有现实性的数字虚拟社会

中文"元宇宙"是英文"metaverse"的翻译,目前并无约定俗成的定义。[②] 从字面意义上看,元宇宙是一个"超越"(英文单词中的"meta"之意)我们实际生活的物理世界的"宇宙"(英文单词中的"verse"之意)。[③] 不过,在人类知识体系中,超越现实物理世界的"宇宙"非常多元,包括形形色色的由文学、神话、宗教和哲学等知识体系构建的精神世界。元宇宙和精神世界都是超越现实物理世界的,但显然又不一样。进一步讲,元宇宙大致是生活在现实物理世界的自然人以"化身"或者"数字人"的方式,通过计算机操作系统,与其他数字人即时互动的 3D 数字虚拟空间,也是大部分人所认定的下一代互联网形态。[④]

元宇宙的概念源自文学,不过,如果把元宇宙本质上视为人们建构的一个想象的或者理想的与现实物理世界相对应的"可能世界",那么毫无疑问,在小说《雪崩》之前就有大量的哲学思考和文学建构。在哲学层面,理想世界和真实世界的二元比对,以及对真实世界之外

[①] 经济学者聂辉华和李靖认为,现阶段的元宇宙有不完全契约的典型特征,缺乏基本的规则,存在如下的治理问题:在技术标准方面,缺乏互联互通的规则;在内容方面,没有明确的道德和法律标准;在产权方面,存在很多模糊地带;在国际监管方面,法律法规非常不完善。参见聂辉华、李靖:《元宇宙的秩序:一个不完全契约理论的视角》,载《产业经济评论》2022 年第 2 期。

[②] 在国内学术界,朱嘉明是较早关注元宇宙的学者。他认为元宇宙比较有代表性的定义是:元宇宙是一个平行于现实世界,又独立于现实世界的虚拟空间,是映射现实世界的在线虚拟世界,是越来越真实的数字虚拟世界。相较而言,维基百科的描述更符合元宇宙的新特征:通过虚拟增强的物理现实,呈现收敛性和物理持久性特征的,基于未来互联网的,具有链接感知和共享特征的 3D 虚拟空间。元宇宙向人类展现出构建与传统物理世界平行的全息数字世界的可能性。参见朱嘉明:《"元宇宙"和"后人类社会"》,载《经济观察报》2021 年 6 月 21 日。

[③] See John David N. Dionisio, William G. Burns Ⅲ & Richard Gilbert, "3D Virtual Worlds and the Meta-verse: Current Status and Future Possibilities," *ACM Computing Surveys*, Vol. 45, 2013, pp. 1 - 38;胡泳、刘纯懿:《"元宇宙社会":话语之外的内在潜能与变革影响》,载《南京社会科学》2022 年第 1 期。

[④] See Haihan Duan, Zhonghao Lin, Jiaye Li, Xiao Xu, Sizheng Fan & Wei Cai, "Metaverse for Social Good: A University Campus Prototype," *Proceedings of the 29th ACM International Conference on Multimedia*, 2021, pp. 153 - 161.

各种可能世界的畅想与讨论，一直是哲学和神学的根本性问题之一。① 当代美国哲学家希拉里·普特南（Hilary Putnam）在1981年提出"缸中之脑"的思想实验，更是把人脑和计算机的对接纳入"现实世界 vs 虚拟世界"的哲学考问中。② 文学方面，至少从第二次世界大战以来，就有不少名篇也在描绘可能存在的虚拟世界。比如，《指环王》系列、《真实姓名》和《神经漫游者》等小说就对后来的元宇宙想象产生了重大影响。③ 其中，加拿大科幻小说家威廉·吉布森（William Gibson）在1984年出版的短篇科幻小说《神经漫游者》中提出了"赛博空间"概念，描绘了一个存在于现实世界之外，由计算机定义的兼容物质和代码的另一个世界。赛博空间已经具有很高程度的元宇宙想象。腾讯公司发布的元宇宙发展报告提出了"元宇宙率"，并认为从1.5万年前的岩洞壁画开始，先后在中国出现的篝火故事、甲骨文、形声汉字、戏剧、敦煌壁画、浪漫小说和漫画、广播影视剧，直到最近才出现的VR，都是在现实世界之外创造一个想象的世界，具有不同程度的"元宇宙率"。④

文学和哲学对元宇宙的畅想，打响了全球元宇宙关注热潮的"第一枪"。影视和电子游戏行业非常敏感地捕捉到了其中的商机。在《雪崩》出版之后不久上映并大获成功的好莱坞电影《黑客帝国》里，有两个平行但可以通过人机对接方式链接的人类居住世界 Zion 和计算机设计并主宰的虚拟世界 Matrix。Matrix 可以被理解为一个具有高度沉浸感的元宇宙，甚至在某种意义上是个理想的元宇宙。当然，在千禧年之交上映的《黑客帝国》意在反思计算机技术的无限发展可能对人类社会形成的致命性挑战，并思考寻找人类和人工智能（或者元宇宙）两个宇宙的某种平衡。大约在《黑客帝国》成功上映20年之后，于2018年上映的另一部好莱坞电影《头号玩家》则更加直接形象地表达了元宇宙的运作逻辑及其与现实物理世界的复杂关系。与此同时，与影视作品所建构的直观虚拟世界不一样，借助计算机、互联网和其他信息技术设计的电子游戏，不仅使得虚拟世界可以像影视作品一样可视化，还实现了人机交互，并且在虚拟世界中搭建了数以百万计的玩家可以进行实时交流的大型网络社交平台。⑤

在游戏产业界，以 Second Life 和 Roblox 为代表的新一代网络虚拟游戏也比照元宇宙的概念，为无数的玩家提供了进行游戏和创作的数字空间平台，创设了与上几代电子游戏完全

---

① 20年前，中国哲学学者韩民青曾经在《哲学研究》上撰文提出"元宇宙"概念。虽然，他所谓的"元宇宙"和当下热议的"元宇宙"概念并不相同，但都指向多重宇宙的可能性。参见韩民青：《宇宙的层次与元宇宙》，载《哲学研究》2002年第2期。

② 参见［美］希拉里·普特南：《理性、真理与历史》，童世骏、李光程译，上海译文出版社2005年版；张昌盛：《人工智能、缸中之脑与虚拟人生——对元宇宙问题的跨学科研究》，载《重庆理工大学学报（社会科学）》2021年第12期。

③ See John David N. Dionisio, William G. Burns Ⅲ & Richard Gilbert,"3D Virtual Worlds and the Metaverse:Current Status and Future Possibilities,"*ACM Computing Surveys*,Vol.45,2013,pp.1-38.

④ 参见腾讯科技、复旦大学：《2021—2022元宇宙报告》，载腾讯新闻网。

⑤ 参见方凌智、沈煌南：《技术和文明的变迁：元宇宙的概念研究》，载《产业经济评论》2022年第1期。

不一样的沉浸式体验。相较文学和影视作品,游戏公司出于商业推广的需要,更加系统地表达了对元宇宙的阐释。2004 年在美国创建并于 2021 年在纽约证券交易所上市交易的"元宇宙第一股"Roblox 公司在其上市招股书中表示,一个真正的元宇宙应该包括以下八种关键特征:身份、朋友、沉浸感、低延迟、多元化、随地、经济系统和文明。①

对于超越现实物理世界的虚拟世界,从文学和哲学的主观想象,到影视的可听可视,再到全方位的感知沉浸式体验,都是革命性的变化。这种变化的本质在于虚拟世界从人类的主观想象演化成一种客观存在,从"平行宇宙"演化成深度勾连的关联世界。当然,虚拟世界能够实现这种革命性变化,主要得益于科学研究和技术发明。

早在 1967 年,德国计算机科学先驱康拉德·楚泽(Konrad Zuse)就提出了一个非常著名的理论,认为人类生活的宇宙就是一台大型计算机。② 而在《雪崩》出版了 3 年之后,乔·弗劳尔(Joe Flower)在英国的《新科学家》杂志上发表了一篇文章,基于《雪崩》的构想,讨论如何利用虚拟现实(VR)技术去建构一个元宇宙世界。③ 2003 年,几位来自美国肯塔基大学计算机科学系的研究者,在美国国家科学基金会资助下,提出了元宇宙的技术进路。他们认为元宇宙的本质是一种网络集合,其特征是低成本、自我配置和沉浸式环境。④ 2021 年,香港中文大学(深圳)的蔡玮教授团队在第 29 届国际计算机协会国际多媒体会议上发表文章,从宏观角度提出一个三层的元宇宙架构并总结出元宇宙的七个特征:区块链、VR/AR、数字孪生、用户内容生成器、UGC、经济学和人工智能。⑤ 并且,他们根据自己的研究在香港中文大学(深圳)设计运行了一个真实的校园元宇宙模型"CUHKSZ Metaverse"。⑥

基于上文简短的跨学科回顾,本文作一个不十分周全的定性判断:元宇宙是一种具有现实性的数字虚拟社会。元宇宙的"数字虚拟"比较容易理解。元宇宙与文学和哲学所描述的精神世界一样,都是不同于现实物理世界的虚拟世界。只不过,精神世界是纯粹的主观想象,元宇宙则是通过计算机语言编码出来的数字世界。下文重点对上述判断中"现实性"和"社会"两个概念进行展开说明。

---

① 参见赵国栋、易欢欢、徐远重:《元宇宙》,中国出版集团、中译出版社 2021 年版,第 13 页。

② See B. Jack Copeland, Oron Shagrir & *Mark Sprevak*, "Zuse's Thesis, Grandy's Thesis, and Penrose's Thesis," in M. E. Cuffaro & S. C. Fletcher eds. , *Physical Perspectives on Computation, Computational Perspectives on Physics*, Cambridge University Press, 2018, pp. 39–59.

③ See Joe Flower, "How to Build a Metaverse," *New Scientist*, October 14, 1995.

④ See C. Jaynes, W. B. Seales, K. Calvert, Z. Fei & J. Griffioen, "The Metaverse—A Networked Collection of Inexpensive, Self-Configuring, Immersive Environments," *Eurographics Workshop on Virtual Environments*, 2003, pp. 115–124.

⑤ See Haihan Duan, Zhonghao Lin, Jiaye Li, Xiao Xu, Sizheng Fan & Wei Cai, "Metaverse for Social Good: A University Campus Prototype," *Proceedings of the 29ᵗʰ ACM International Conference on Multimedia*, 2021, pp. 153–161.

⑥ 参见秦晓峰:《港中大(深圳)诞生首个校园元宇宙模型"CUHKSZ Metaverse",深度专访设计师蔡玮教授》,载《Odaily 星球日报》2021 年 9 月 24 日。

首先，我们来讨论元宇宙"现实性"的内涵与意义。大约 10 年前，任职于美国洛约拉马利蒙特大学计算机系的几位教授在全球计算机学科领域最具影响力之一的期刊 *ACM Computing Surveys* 上发表了一篇关于 3D 虚拟现实与元宇宙发展现状与未来可能的综述论文。在该文章中，几位专家梳理了 3D 虚拟现实的五个发展阶段，并提炼了元宇宙的四个核心特征，即现实性、无处不在、互操作性和可扩展性。对于元宇宙第一个核心特征的"现实性"，这些研究者把它定义为"沉浸现实性"，所对应的是如下问题："虚拟空间是否足够现实，让用户在心理上和情感上都能够沉浸到这个不一样的场所？"根据这个定义，元宇宙要具备沉浸现实性，就要尽可能让所有感觉（视觉、听觉、触觉、味觉和嗅觉等）有接近真实物理世界的效果，并且化身数字人的姿态、表达和外形都要尽可能接近真实自然人。目前，虚拟现实（VR）和增强现实（AR）等技术已经可以实现元宇宙的视觉直接可见和听觉直接可听，以及一定程度实现触觉或者力量反馈——也就是把虚拟接触转换成物理接触。① 正因如此，有研究者认为，元宇宙中的虚拟现实不再是对现实的虚拟，而是可以直接创造出相对于身体经验而言的"新现实"，这个"新现实"世界与体感技术、物联网、社会规则相互交织。②

在技术和应用上，元宇宙的"现实性"使得它更具应用性，同时使得其运作结果更具"实质性"。在传统的虚拟世界中，现实世界的人可以通过自己的想象或者行为去影响虚拟世界的人、事与物，但虚拟世界的人、事与物无法反过来影响现实世界的人、事与物。而元宇宙的"沉浸现实性"使得数字虚拟世界中的人、事与物会对现实物理世界的人、事与物产生直接的利弊影响。从治理的角度看，这就发生了本质的变化。在刑法领域有个著名的格言："任何人不因思想受处罚。"③元宇宙的现实性使得发生在元宇宙这个虚拟数字世界的行为对现实物理世界产生实质性的影响，这就使得对元宇宙行为的法律规制有重大的现实意义和必要性。当然，对于现实世界的法律介入而言，元宇宙的现实性所产生的实质性后果还远不止此。

接下来，我们再分析元宇宙的"社会"属性。在当前的新闻报道或者学术研究中，有一种观点把元宇宙等同于更加发达的虚拟游戏空间。这是对元宇宙的片面和狭隘理解。固然，像 Second Life 和 Roblox 这样的著名元宇宙推广者的确是游戏公司。但是，让 2021 年成为"元宇宙元年"的主要原因并非这些游戏公司的影响。从单个事件来看，最大的影响来自 Facebook 在 2021 年的改名，而 Facebook 公司（今 Meta 公司）并非一个游戏平台，而是世界最著名的大型社交网络平台。其创始人马克·扎克伯格（Mark Zuckerberg）在对公司改名的说明中提到，这是公司发展战略的变化，计划之一是把 Meta 发展成一个用于社交和工作的元宇宙空间。

---

① See John David N. Dionisio, William G. Burns Ⅲ & Richard Gilbert, "3D Virtual Worlds and the Metaverse: Current Status and Future Possibilities," *ACM Computing Surveys*, Vol. 45, 2013, pp. 1-38.

② 参见周志强：《元宇宙、叙事革命与"某物"的创生》，载《探索与争鸣》2021 年第 12 期。

③ 张明楷：《任何人不因思想受处罚》，载《法律与生活》2016 年第 11 期。

换句话说,元宇宙的真正发展前景在于它的"社会"属性,或者其他研究者提到的"社区""共同体"或者"生态系统"属性。① 在社会科学的研究中,这种观点有很大的共识。比如,喻国明认为,元宇宙是"从互联网进化而来的一个实时在线的世界,是由线上、线下很多个平台打通所组成的一种新的经济、社会和文明系统"。② 胡泳和刘纯懿也主张可以把元宇宙抽象为一套依托网络集合的全面数字化媒介系统,借由这个系统,一种另类的经济运作形式、社会组织模式、文化生产方式、人类生存方式都得以发生。他们进一步认为,作为媒介迭代的产物,元宇宙本质上处理的还是人与人之间的连接问题,更准确地说,是现代社会建立以来,在以陌生人为主要组成部分的社会关系中进行整合、沟通和共生的现代性问题。③ 于京东认为,对元宇宙的拥护者而言,无论是"文明"还是"生态系统",都意味着虚拟的游戏社交已经不再局限于娱乐消遣,而是依托一种新型组织形式,朝着身份、理念与价值共同体方向发展。④

当然,自然科学的研究者也有支持者。比如,前述香港中文大学(深圳)的蔡玮认为,元宇宙的终极目标是建构一个完全能够模拟现实世界的虚拟世界,因此它涵盖了非常多的领域。元宇宙虽然目前还处在一个比较基础的阶段,但是已经在大型集会、艺术创作、文化保护、学术讨论等领域得到应用。⑤

元宇宙的开放目的性和社会属性,将元宇宙同单纯的网络游戏区分开来。换句话说,元宇宙会带有游戏性,但游戏并非元宇宙的唯一目的,甚至不是主要目的。正因为元宇宙已经远远超越了单纯的游戏世界,它对于人类未来世界的发展更加重要,更需要从法律的角度思考它的治理架构。

二、 元宇宙的系统构造与治理逻辑

在上文中,我们把元宇宙定性为一个新型的"具有现实性的虚拟数字社会"。元宇宙的现实性和社会性,使得我们非常有必要思考其作为一种独特数字虚拟空间的治理架构问题。为了更好探讨元宇宙的治理架构,有必要先讨论它的系统构造。在这个部分,本文先从宏观

① 在社会学研究中,"社会""社区""共同体"和"生态系统"是含义不同的概念。但本文不作严格区分。

② 参见喻国明:《未来媒体的进化逻辑:"人的连接"的迭代、重组与升维——从"场景时代"到"元宇宙"再到"心世界"的未来》,载《新闻界》2021年第10期。

③ 参见胡泳、刘纯懿:《"元宇宙社会":话语之外的内在潜能与变革影响》,载《南京社会科学》2022年第1期。

④ 参见于京东:《游戏史视角的元宇宙——变化世界中的政治秩序重构与挑战》,载《探索与争鸣》2021年第12期。

⑤ 参见秦晓峰:《港中大(深圳)诞生首个校园元宇宙模型"CUHKSZ Metavers",深度专访设计师蔡玮教授》,载《Odaily星球日报》2021年9月24日。

的视角说明元宇宙与真实物理世界之间的整体关系，然后再简要说明元宇宙治理的基本逻辑。

先讨论元宇宙的构造。目前，基于元宇宙概念的不确定性和不同论者的不同理解，人们对于元宇宙构造的理解也相去甚远。并且，研究出发点不同，大家分析元宇宙构造的维度也不同。从已有文献看，大部分研究者更多考虑的是元宇宙发展所需要的技术支持和经济后果，而较少从"社会"建设的角度思考这个问题。例如，游戏开发平台 Beamable 公司创始人乔·拉多夫(Jon Radoff)提出了元宇宙构造的七个层次(由外到内)，即体验、发现、创作者经济、空间计算、去中心化、人机互动和基础设施。① 肖超伟等人从地理空间的研究视角认为元宇宙具有"虚拟空间与现实空间中人、物多层嵌套的结构"，并具有实体环境层、实体设施层、虚拟网络层、虚拟角色层和实体角色层五个层次。②

不过，蔡玮教授团队在第 29 届国际计算机协会国际多媒体会议上发表的文章，更好地兼顾了元宇宙的技术支持、经济后果和社会目标。他们认为，元宇宙虽然是虚拟世界，但是可以对现实世界提供如下四个方面的"社会产品"：(1) 可达性，也就是让世界各地的人们可以安全地接入元宇宙，而不受地理位置等因素的影响；(2) 多样性，也就是让爱好不同、想法不同、类型不同的人们可以同时在同一个空间开会、学习和工作等；(3) 平等性，也就是可以通过虚拟化身来消除在现实世界客观存在的歧视；(4) 人文性，也就是通过虚拟世界来保护文化遗产等。基于上述社会产品建设的考虑，蔡玮教授团队从宏观的视角提出了元宇宙系统的三层次架构，包括基础设施、交互和生态系统。③

结合蔡玮教授团队关于元宇宙系统的三层次架构的观点，本文对元宇宙及其与现实物理世界的关系作如下几点进一步的诠释：(1) 现实物理世界和虚拟数字世界是两个不同但相交的世界。这一点可以呼应前文对元宇宙的定性判断。在交互层，主要通过用户的沉浸式体验，现实世界和虚拟世界产生了联系与互动。这种联系不只体现为现实世界对虚拟世界的影响，还体现为虚拟世界对现实世界的反作用。元宇宙的虚拟世界可以对真实世界发生实质性的反作用，是元宇宙区别于其他虚拟(数字)世界的本质特征。从这个意义上讲，现实物理世界和元宇宙不是平行世界，而是交叉世界。同时，在交互层，所有的人、事与物都呈现为"数字孪生"状态，同时具备现实世界和虚拟世界的属性。(2) 除了与现实世界交互的领域，元宇宙还有自己独立的空间，并且是一个生态系统。在这个独立生态系统里，用户的化身(以"数字人"的方式存在)自主创设自己的生活、学习、工作和娱乐环境(或者"社区")，并与其他数字人一起建设虚拟数字世界的大生态(或者"社会")。(3) 除了与元宇宙

---

① 参见朱嘉明：《"元宇宙"和"后人类社会"》，载《经济观察报》2021 年 6 月 21 日。
② 参见肖超伟等：《"元宇宙"的空间重构分析》，载《地理与地理信息科学》2022 年第 2 期。
③ See Haihan Duan, Zhonghao Lin, Jiaye Li, Xiao Xu, Sizheng Fan & Wei Cai, "Metaverse for Social Good: A University Campus Prototype," *Proceedings of the 29th ACM International Conference on Multimedia*, 2021, pp. 153 −161.

交互,现实物理世界还为元宇宙的发展提供基础设施建设。目前,产业界的共识是:可以用"BIGANT"来概括元宇宙的基础技术,其中,"B"指代区块链技术,"I"指代交互技术,"G"指代电子游戏技术(Game),"A"指代人工智能技术(AI),"N"指代网络及运算技术(Network),"T"指代物联网技术(Internet of Things)。① 不过,除数字基础设施的建设外,现实世界还应当为元宇宙提供制度基础建设。

基于上述三个层次的元宇宙构造,本文进一步主张三个相对应的元宇宙基本治理逻辑:(1)现实世界为元宇宙发展提供法治;(2)现实世界与元宇宙交互时进行共治;(3)元宇宙内部生态系统建设和运行实现自治。

至今,元宇宙对人类社会是否产生以及如何产生重大影响还存在很多可能性。但是信息技术的发展存在很强的内驱力,势头不可遏制。因此,现实物理世界的人们不仅要为元宇宙提供技术基础设施建设,更要提供前瞻性和体系性的制度基础建设以确保其能够有序发展。事实上,从原始社会到农业文明、从农业文明到工业文明以及从工业文明到信息文明的历史发展,都在一定程度上伴随着技术发展,一些重大技术突破甚至对人类社会建设产生了根本性影响。② 比如,在从农业文明向工业文明转换过程中,铁路运输技术及相关行业的发明与推广,极大地拓展了人类的经济系统和社会空间。同理,大数据、区块链与人工智能等信息技术与相关行业的发明与推广,也会极大地拓展人类的经济系统和社会空间。又如,工业技术对人类社会空间的拓展让我们可以进入现实物理世界中更多的"不毛之地"。类似地,信息技术对人类社会空间的拓展则让我们可以进入我们之前未曾抵达的数字虚拟空间。但是,无论哪一次重大的文明革命,必然会出现局部的前进与倒退,带来很多未知的影响甚至灾难。面对快速发展的元宇宙技术,最好的策略是为其"装好"合理的制度架构,给它发展空间的同时,也确保它不会像脱缰的野马,给人类现实世界制造灾难。在交互层,元宇宙和现实世界的人、事与物直接互动,此时数字孪生应当受到两个世界的制度规范的共同制约。换句话说,在交互层,现实世界的法律规范和元宇宙的制度规范实行共治。而元宇宙的最深处,则是一个独立的生态系统,从社会建设的角度看,可以通过区块链的去中心化技术和去中心化自治组织(Decentralized Autonomous Organization,简称 DAO)来实现元宇宙内部充分的自治。

三、 元宇宙的若干法治原则

在宏观层面大致说明了元宇宙的系统构造与基本治理逻辑之后,本文继续讨论元宇宙

---

① 参见赵国栋、易欢欢、徐远重:《元宇宙》,中国出版集团、中译出版社 2021 年版,第 26 页。

② 参见[以色列]尤瓦尔·赫拉利:《人类简史:从动物到上帝》,林俊宏译,中信出版社 2014 年版;[美]贾雷·德戴蒙德:《枪炮、病菌与钢铁:人类社会的命运》,谢延光译,上海世纪出版集团 2006 年版。

治理的基本规则体系和规则背后的潜在法治立场。之所以说是"基本"规则体系和"潜在"法治立场，是因为人们对元宇宙的实际构造还停留在理论探讨层面并且尚未精准认识元宇宙的运作模式，所以，人们也没有办法精确讨论法律规则的内容。本文简要讨论三点与元宇宙治理紧密相关的法治原则。

首先，建构治理元宇宙的"法律+技术"二元规则体系。在上述法治、共治和自治的治理逻辑里，元宇宙会有哪些形式的治理规则？简单地回答是应该建构"法律+技术"的规则体系。随着信息化时代的到来，越来越多的学者在思考我们所生活的"双重空间"——现实物理社会和数字虚拟社会里面的规则体系和法治秩序。① 张文显认为，智能社会的法律秩序有科学和共治等五个要素，而共治的第一个方面就是法律和科技共治。② 就元宇宙中的经济运行而言，李晶提出了对元宇宙中通证经济的风险采取"法律+技术"的规制思路，以契合现实世界的法律规则与数字世界的自治规则。③

现实世界的法律是元宇宙治理的主要规则形式，这是毫无疑问的。而技术成为规则的一部分，则是网络时代的产物。其中，最具有震撼力的观点莫过于美国哈佛大学法学院教授劳伦斯·莱斯格（Lawrence Lessig）在 1999 年的开创性著作《代码及网络空间的其他法律》中提出的观点："代码即法律"。④ 元宇宙几乎全部是由计算机硬件和软件系统——代码建构出来的。在元宇宙诸多代码中，有一项至关重要的底层技术——区块链。区块链技术自问世以来，因其去中心化的分布式记账特征，被比喻为一种"信任机器"。郑戈认为，法治在本质上也是一种信任机制，是维持社会秩序和可预期人际关系的依赖国家主导的各种中介机构来运行的信任机制。作为"信任机器"的区块链技术因此具有制度技术或者法律技术的属性。⑤ 作为具有社会属性的一种数字虚拟社会，元宇宙存在大量数字人之间的交易。元宇宙中的交易通常由智能合约——一种由计算机代码表述并自动执行的合同予以保障与实现。⑥ 除了区块链技术，元宇宙基础技术"BIGANT"中的其他五类技术也几乎都由代码来实现。因此，把智能技术纳入具有规范意义的制度体系之中，对于元宇宙的治理非常有现实意义。法律和技术的共治，就是既要实现"代码即法律"以实现技术的规范性和正当性，也要尽可能实现"法律即代码"以实现规范的技术性和效率性。⑦ 当然，"代码即法律"和"法律即

① 参见马长山：《迈向数字社会的法律》，法律出版社 2021 年版。

② 参见张文显：《构建智能社会的法律秩序》，载《东方法学》2020 年第 5 期。

③ 参见李晶：《元宇宙中通证经济发展的潜在风险与规制对策》，载《电子政务》2022 年第 3 期。

④ Lawrence Lessig, *Code, and Other Laws of Cyberspace*, Basic Books, 1999；时飞：《网络空间的政治架构——评劳伦斯·莱斯格〈代码及网络空间的其他法律〉》，载《北大法律评论》（2008 年第 9 卷·第 1 辑），北京大学出版社 2008 年版。

⑤ 参见郑戈：《区块链与未来法治》，载《东方法学》2018 年第 3 期。

⑥ 参见夏庆峰：《区块链智能合同的适用主张》，载《东方法学》2019 年第 3 期。

⑦ 参见赵蕾、曹建峰译：《从"代码即法律"到"法律即代码"——以区块链作为一种互联网监管技术为切入点》，载《科技与法律》2018 年第 5 期。

代码"至今还只是一个应然的描述,在实然上还有很大的努力空间。

其次,确立元宇宙治理中"以现实物理世界为本"的"法律中立原则"。前文提到,现实物理世界的法律肯定是当前治理元宇宙的主要规则形式。但问题在于,在现实物理世界中,由谁来制定规制元宇宙的法律规范? 最容易被想到的首先是可以制定法律的主权国家。到目前为止,我们还不能想象数字人自己是元宇宙的发起者和建设者;反过来讲,一定是现实物理世界中的自然人或者组织才可能发起并建设元宇宙。既然元宇宙的发起者和建设者是现实物理世界中的自然人或者组织,那么发起并建设元宇宙的行为当然得受制于发起者/建设者所在主权国家的法律规制。目前,虽然还没有主权国家出台直接规制元宇宙的法律规范,但大部分国家已经陆续出台了规制数字虚拟世界运行以及建设元宇宙的各种底层技术的法律规范。不难预测,随着元宇宙的持续发展,会有越来越多的国家出台法律进行规制。

然而,用现实物理世界主权国家制定的国内法去规制元宇宙,明显受制于以下现实:(1)虽然元宇宙的发起者和建设者未必一定是跨越主权国家的,但元宇宙的参与者(主要是玩家)必定是跨越主权国家边界的,否则就不能成为元宇宙。(2)元宇宙如果要拓展内部的数字虚拟空间,就必须在现实物理世界和数字虚拟世界之间、多重数字虚拟世界之间、现实物理世界的不同主权国家之间实现底层技术的标准统一,并最好能够实现自然人和数字人个人信息在上述所有空间的自由跨界/跨境流动。

这是一盘危险的大棋:一方面,如果要人力发展元宇宙,则需要现实物理世界大部分甚至所有主权国家达成共识,并形成统一的技术和规则体系;另一方面,如果大部分甚至所有主权国家合力建设元宇宙,则非常有可能出现一个真正的全球性帝国——整合现实物理世界和虚拟世界力量的"超级利维坦"。如何在这两者之间实现最优的平衡,需要各个主权国家形成某种共识,并为未来元宇宙的建设与发展确立现实物理世界的全球性法律架构。

就此而言,当今各国针对人工智能和算法的法律规制原则的讨论和确立,很有参考性。同元宇宙治理一样,各国对人工智能和算法的立场也颇为纠结。① 对此问题,英国萨里大学的法学教授瑞恩·艾伯特(Ryan Abbott)在其《理性机器人:人工智能未来法治图景》专著中,提出了非常具有借鉴性的"人工智能法律中立原则"。在该书中,艾伯特主张,我们需要一个新的指导原则来规范人工智能,该原则是人工智能法律中立原则。根据他的阐述,法律中立原则在"以人为本"的前提下,要求法律不歧视人工智能,避免给人工智能的发展制造不必要的障碍,并最大可能地通过发展人工智能来提升人类福祉。② 类似的,法律中立原则可以同样成为现实物理世界对待元宇宙发展的基本法治立场。只不过,相对于人工智能的"以人为本"而言,对于元宇宙的法律中立原则应当坚持"以现实物理世界为本"。同时,建议主

---

① 参见郑戈:《人工智能与法律的未来》,载《探索与争鸣》2017 年第 10 期;季卫东编著:《AI 时代的法制变迁》,上海三联书店 2020 年版;张凌寒:《权力之治:人工智能时代的算法规制》,上海人民出版社 2021 年版。

② 参见[英]瑞恩·艾伯特:《理性机器人:人工智能未来法治图景》,张金平、周睿隽译,上海人民出版社 2021 年版,第 1—23、179—192 页。

权国家和国际组织比照对待人工智能发展的做法，尽快发布基于法律中立原则的元宇宙建设伦理/法律规范。

当然，虽然现实物理世界的法律制定者是主权国家及国际组织，但是如果没有元宇宙的发起者和建设者（主要是平台企业、计算机系统设计者和投资者）深度参与法律的制定，现实物理世界的法律便很难做到对元宇宙发展保持中立。反过来讲，如果主权国家和国际组织不能够及时明确合理的法律立场，元宇宙就有可能会处于一种无序开发、野蛮生长的境地。目前全球各国对个人信息采集和保护的立法争议（是否立法以及如何立法），就是元宇宙立法的一面镜子。

最后，以现实物理世界的刚性法律确认并保障元宇宙"去中心化治理"机制的实现。目前，积极支持元宇宙建设的人们持有一种"乌托邦式"的期许，希望在元宇宙的数字虚拟世界中，通过区块链和 DAO 等去中心化的技术和组织，建设一个真正的自下而上的、民主的、自由的自治社区/共同体/社会。比如，在虚拟现实平台 Decentraland（顾名思义是"一片去中心化的乐土"）中就存在一个分散的自治组织 DAO，用户可以在这里投票并且决定平台运行的政策和规定。另一种方式是虚拟世界中的数据开源，给玩家在元宇宙中施展自己的建设才华的充分自由。但是，在现实操作中，去中心化治理很难真正实现。比如，游戏《雪崩世界》在上线后将会完全开源，理论上所有玩家都将成为元宇宙世界的设计者和建设者，但具体运作"提案—投票"流程时，为避免无意义提案，只有持有一定财产的大户才有权发起提案，然后所有用户可以参与投票。

对此，于京东认为，DAO 的应用至少蕴含着以下四个方面的治理风险：（1）安全漏洞与技术缺陷很可能导致治理失灵与新的无政府状态；（2）去中心化交易及监管缺失会侵犯现实世界与主权国家的法律准则；（3）投票机制所寓意的"直接民主"和"全员参与"不排除极低的投票率，因为并不是所有玩家都有意愿和能力来审议所有提案，而财产动议权也会导致虚拟世界的选票操纵与寡头统治；（4）自助式、无国界的全球治理，一方面会带来原子化社会与公民性的丧失，另一方面也会引起公共事务治理的快消化、游戏化与非权威化。①

---

① 参见于京东：《游戏史视角的元宇宙——变化世界中的政治秩序重构与挑战》，载《探索与争鸣》2021 年第 12 期。另外，郑磊和郑扬洋也指出了 DAO 的潜在如下局限：DAO 的治理分为链上治理和链下治理两部分。链上治理建立在"代码即法律"的理念之上，特点是匿名、可信网络和智能合约自动执行。然而，目前智能合约并不能有效行使全部的治理功能。链下治理依靠工具对组织中的个人实现弱约束，其特点与现实世界中的治理类似，需要验证真实身份，通过诚信记录建立信任和声誉，由现实社会的法律法规提供保障。显然 DAO 本身的这种链上治理和链下治理结合特征，也从另一个侧面说明绝对去中心化的虚拟数字世界并不能独立存在。比如，很多区块链项目一开始就是由中心化团队开发的，尽管定位于去中心化，随着时间推移，参与者可能会基于自身利益，结成不同的利益群体。链下的非正式治理结构可能要比链上治理更强大。DAO 在不同应用场景有不同的类型，如协议型、投资型、赠款型、服务型、媒体型、社交型和收藏型等。目前来看，DAO 存在的普遍问题是用户参与治理的门槛较高，参与的比例较低，DAO 的决策权依然掌握在少数人手中，没有比中心化结构的自治程度高。参见郑磊、郑扬洋：《"元宇宙"经济的非共识》，载《产业经济评论》2022 年第 1 期。

正因如此,赵汀阳说得更加直白:"至于……'去中心化',这也是元宇宙的广告词,我一点也不相信。虽然在理论上是可以,但是玩家都是真实的人,人是要得到利益的,只有集中才有利益。除非只想元宇宙里当个隐士,不需要利益。"①在这个意义上,元宇宙中的去中心化(分权)治理与中心化(集权)治理是存在悖论的:一方面,存在区块链技术和 DAO 组织这样的去中心化治理机制,以便元宇宙的参与者能够实现最大限度的自主和自由;但另一方面,一定也需要一个中心化的治理机制来提供最底层的技术统筹,并在缺乏外在干预时,扮演元宇宙秩序的主宰和最高权威——这个角色通常由元宇宙的开发者和建设者来承担。Facebook 就是一个典型的例子。2021 年底,当马克·扎克伯格信誓旦旦宣传把 Facebook 改名为 Meta 是为了给数十亿用户建设一个更加理想的元宇宙社会时,美国《大西洋月刊》的执行主编阿德里安娜·拉弗朗斯(Adrienne LaFrance)给予了非常尖锐的批评。她犀利地指出,Facebook 与其说是个网络出版商、社交平台、公司或程序,不如说是一个"国家"。扎克伯格一直坚持以"治理"的逻辑和理念来管理平台并塑造自身形象,甚至尝试建立类似立法机关的下属机构。过去一段时间,通过疑似影响选举、"封杀"特朗普等行为,它也事实上展现了对现实政治的影响力。但同时,Facebook 所服务的对象,依然是以扎克伯格为首的公司股东,无论它如何标榜自己的"民主机制",股东的投票权和利益显然更为重要。它当前对社会的伤害大于对社会的促进作用:一个有着 29 亿用户体量的平台,却在释放大量有害信息,这无疑令人忧虑。②

那么,如何通过合理的规则设计来给区块链和 DAO 这样的去中心化治理机制保留"火种"?胡泳和刘纯懿的观点很具有启发性。他们认为,元宇宙能否真正实现颠覆式社会秩序,绝不简单地取决于元宇宙背后的技术支持和内嵌于技术的价值倾向及政治诉求。更重要的是,元宇宙社会之外的现实社会是否也同样产生了在结构意义上而非话语意义上的变革。③ 言下之意,只要现实世界的人和组织还持原有的想法,并且通过资本等方式介入元宇宙的运作,就一定会把现实世界的治理逻辑和游戏规则渗透到元宇宙中去。反过来,如果现实世界能够改变原有的想法,并以实际行动来支持,元宇宙内部的去中心化治理机制就会更有希望。

幸运的是,这种希望也真实存在。一个具有历史性意义的重要法律事件是,DAO 这种去中心化组织于 2021 年 4 月 21 日在美国怀俄明州得到立法保护。该法案的全称是《怀俄明分布式自治组织法案》(Wyoming Decentralized Autonomous Organization Supplement)。这一法案有几个亮点:(1)将 DAO 定义为一种有限责任公司,除非该法案或者州务卿另有规定,

---

① 赵汀阳:《元宇宙与可能世界》,载网易号。

② 参见阿德里安娜·拉弗朗斯:《突然改名"元宇宙",扎克伯格的野心被大西洋月刊一语道破》,载微信公众号"文化纵横"。

③ 参见胡泳、刘纯懿:《"元宇宙社会":话语之外的内在潜能与变革影响》,载《南京社会科学》2021 年第 1 期。

由该州的有限责任公司法予以规制。这就明确了 DAO 的合法地位，但同时明确 DAO 适用于已经存在的有限责任公司法。（2）明确算法治理与人工治理并行，都属于合法的治理方式。这意味着，技术治理成为一种新的治理方式。（3）明确了智能合约的法律构造，主要涉及成员之间的权利和义务。（4）明确了 DAO 应当被强制解散以及可以被解散的情形。①

对于怀俄明州 DAO 法案的发布，我们可以从不同的角度进行解读。可以理解为，作为元宇宙自治基石的 DAO 得到了真实世界法律的保护，由此得到了进一步发展的更好机会。反过来讲，如果没有真实世界法律的保护，元宇宙内部的自治可能只是沙滩上的楼阁。当然，无论是何种解读，真实世界法律对 DAO 的确认，也事实上确认了在虚拟数字世界中"代码即法律"的逻辑。

上述三点关于元宇宙治理的法治原则还只是初步的探索，不能包含元宇宙法律治理所必需的全部法治原则，比如在数字虚拟世界内部形成的"游戏规则"或者制度规范的地位。当然，我们可以考虑比照现实世界中非国家共同体所制定的制度规范，视其为相对于国家"硬法体系"的数字虚拟社会的"软法体系"。不过，元宇宙的"软法体系"能否成型以及内容如何，目前对此作出明确判断还为时尚早。

四、 余论：元宇宙对法治秩序的挑战

前文从治理角度对元宇宙的本质属性进行了解读，然后分析了元宇宙的构造，并在此基础上讨论分析了治理元宇宙的基本法治原则。这样的分析充其量只是"应景的"，既没有对元宇宙的法治原则作全面分析，也未能对具体的法律规则作精准分析。但是，本文确信一点：元宇宙所呈现的可能数字虚拟世界一定会对人类社会的发展产生重大影响，并且也需要一种新的法律治理架构。正如卡多佐（Benjamin N. Cardozo）大法官在 1925 年告诫美国一些法学院毕业生时指出的那样："新一代人带来的新问题，需要新规则来解决。这些规则可用旧规则做蓝本，但必须要适应未来的需求，必须要适应未来的正义。"②像对待人工智能和算法一样，法学和法律界需要对元宇宙现象进行积极回应。

此外，法学和法律界对元宇宙的回应不应仅仅限于如何设计治理元宇宙的合理法治秩序，还需要思考硬币的另一面：作为"一个具有现实性的数字虚拟社会"，元宇宙的建构是否以及怎样影响甚至冲击现实物理世界的法治秩序？於兴中和沈岿已经迈出了回应这个问题的第一步，指出了元宇宙对于主权、人权、财产权、知识产权等领域法律体系的潜在冲击。③

① 参见樊晓娟、印磊、竺雨辰：《智能合约掌握 DAO 话语权——怀俄明州 DAO 法案亮点解读》，载中伦律师事务所网站。

② 转引自［英］瑞恩·艾伯特：《理性机器人：人工智能未来法治图景》，张金平、周睿隽译，上海人民出版社 2021 年版，第 4 页。

③ 参见於兴中、沈岿：《"元宇宙"：玩家的利益和知识分子的责任》，载微信公众号"中国法律评论"。

当然,这些思考只是初步的,还有待后来人进行更加细致的深入思考。简言之,"元宇宙元年"之后,法学和法律界有必要全方位思考元宇宙的法治意涵,并积极应对它所带来的法治挑战。对于人类的多元共同体建设、经由"规范之网"的治理和法治社会建设而言,元宇宙和其他类型虚拟数字空间的出现提出了超越个人权利、社会权力和国家权力三者关系的新问题。一方面,在形式上,数字社会的出现给人类带来的机遇和挑战与工业社会的出现所带来的机遇和挑战并不一致。但是,另一方面,从人类的共同体建设与治理角度看,我们现在所要思考的问题和滕尼斯在《共同体与社会》中所要思考的问题又具有共通性,这一问题就是,当技术发展给人类带来一片新的星辰大海时,如何通过合理的治理革新继续把人与人有效地凝聚在一起,而不至于让人类迷失在这片星辰大海之中。

阅读文献

1. 江必新、王红霞:《法治社会建设论纲》,载《中国社会科学》2014 年第 1 期。

2. 陈金钊、宋保振:《法治国家、法治政府与法治社会的意义阐释——以法治为修辞改变思维方式》,载《社会科学研究》2015 年第 5 期。

3. 蒋晓伟:《论中国特色的法治社会》,载《政法论丛》2015 年第 5 期。

4. 马长山:《法治社会研究的现状与前景——基于国家与社会关系视角的考察》,载《法治现代化研究》2017 年第 1 期。

5. 程金华:《也论法治社会》,载《中国法律评论》2017 年第 6 期。

6. 周恒、庞正:《法治社会的四维表征》,载《河北法学》2018 年第 1 期。

7. 张清、武艳:《包容性法治社会建设论要》,载《比较法研究》2018 年第 4 期。

8. 陈柏峰:《中国法治社会的结构及其运行机制》,载《中国社会科学》2019 年第 1 期。

9. 庞正:《法治社会和社会治理:理论定位与关系厘清》,载《江海学刊》2019 年第 5 期。

10. 彭小龙:《法治社会的内涵及其构造》,载《中国人民大学学报》2023 年第 5 期。

11. 姚建宗:《中国语境中的法治社会及其地方性》,载《当代法学》2024 年第 4 期。

12. 孙辙:《法治社会建设中社会规范体系的完善》,载《中国应用法学》2025 年第 3 期。

阅读文献
详情请扫
此二维码

读者意见反馈

为收集对教材的意见建议,进一步完善教材编写并做好服务工作,读者可将对本教材的意见建议通过如下渠道反馈至我社。

咨询电话　400-810-0598

反馈邮箱　gjdzfwb@pub.hep.cn

通信地址　北京市朝阳区惠新东街4号富盛大厦1座
　　　　　高等教育出版社总编辑办公室

邮政编码　100029